HUBERT WEIS

Regierungswechsel in den Bundesländern

Schriften zum Öffentlichen Recht

Band 371

Regierungswechsel in den Bundesländern

Verfassungspraxis und geltendes Recht

Von

Dr. Hubert Weis

DUNCKER & HUMBLOT / BERLIN

Gedruckt 1980 bei Buchdruckerei Bruno Luck, Berlin 65
Printed in Germany
ISBN 3 428 04541 6

Vorwort

Die vorliegende Arbeit wurde im Sommersemester 1979 von der Rechts- und Staatswissenschaftlichen Fakultät der Universität Bonn als Dissertation angenommen. Herrn Professor Dr. Ossenbühl, der sie anregte und betreute, bin ich für die Überlassung des wichtigen Themas und für vielfältige Unterstützung zu großem Dank verpflichtet. Zu danken habe ich auch der Studienstiftung des Deutschen Volkes für die Förderung durch ein großzügiges Dissertationsstipendium.

Die Arbeit wurde im wesentlichen Ende 1978 abgeschlossen; die saarländische Verfassungsreform vom 4. Juli 1979 konnte jedoch noch eingearbeitet werden.

Ein erheblicher Teil der Arbeit entstand in der Bibliothek des Bundesrates. Frau Hamann und Frau Leonhardt, ohne deren tatkräftige und bereitwillige Hilfe das grundlegende Tatsachenmaterial nicht hätte gesammelt werden können, gilt mein besonderer Dank.

Bonn, im Oktober 1979 *Der Verfasser*

Inhaltsverzeichnis

Abkürzungsverzeichnis

Abg.	=	Abgeordneter
AdG	=	Archiv der Gegenwart
AöR	=	Archiv des öffentlichen Rechts
Art.	=	Artikel
bayLV	=	Bayerische Landesverfassung
BayVBl.	=	Bayerische Verwaltungsblätter
BayVerfGHE	=	Entscheidungen des Bayerischen Verfassungsgerichtshofs
bayVerfGHG	=	Gesetz über den Bayerischen Verfassungsgerichtshof
BayVGH	=	Bayerischer Verwaltungsgerichtshof
bayWahlG	=	Bayerisches Landeswahlgesetz
berlLV	=	Verfassung von Berlin
berlSenG	=	Berliner Senatorgesetz
berlWahlG	=	Berliner Wahlgesetz
BK	=	Bonner Kommentar
BP	=	Bayernpartei
BRAO	=	Bundesrechtsanwaltsordnung
bremLV	=	Bremische Landesverfassung
bremStGHG	=	Gesetz über den Bremischen Staatsgerichtshof
bremWahlG	=	Bremisches Landeswahlgesetz
BW	=	Baden-Württemberg
BWahlG	=	Bundeswahlgesetz
bwLV	=	Baden-württembergische Landesverfassung
bwWahlG	=	Baden-württembergisches Landeswahlgesetz
CDU	=	Christlich-Demokratische Union
CVP	=	Christliche Volkspartei
DDP	=	Deutsche Demokratische Partei
Disk.	=	Diskussionsbeitrag
DJZ	=	Deutsche Juristenzeitung
DNVP	=	Deutschnationale Volkspartei
DöV	=	Die öffentliche Verwaltung
DP	=	Deutsche Partei
DPS	=	Demokratische Partei Saar
DRZ	=	Deutsche Rechts-Zeitschrift
DVBl.	=	Deutsches Verwaltungsblatt
DVP	=	Demokratische Volkspartei
DZP	=	Deutsche Zentrumspartei
Erl.	=	Erläuterung
EuR	=	Europarecht
FDP	=	Freie Demokratische Partei
GG	=	Grundgesetz
GOAbgH	=	Geschäftsordnung des Abgeordnetenhauses von Berlin
GObayLT	=	Geschäftsordnung des Bayerischen Landtages
GOBgsHH	=	Geschäftsordnung der Bürgerschaft zu Hamburg
GObremB	=	Geschäftsordnung der Bremischen Bürgerschaft
GObwLT	=	Geschäftsordnung des Landes Baden-Württemberg
GOhessLT	=	Geschäftsordnung des Landtags Hessen
GOndsLT	=	Geschäftsordnung des Niedersächsischen Landtags
GOnwLT	=	Geschäftsordnung des Landtags Nordrhein-Westfalen
GOrhpfLT	=	Geschäftsordnung des Landtags Rheinland-Pfalz

GOsaarLT	=	Geschäftsordnung des Landtags des Saarlandes
GOshLT	=	Geschäftsordnung des schleswig-holsteinischen Landtags
hambLV	=	Hamburgische Landesverfassung
hambSenG	=	Hamburgisches Senatsgesetz
HdbDStR	=	Handbuch des Deutschen Staatsrechts
hessLV	=	Hessische Landesverfassung
HessStGH	=	Hessischer Staatsgerichtshof
hessStGHG	=	Gesetz über den Hessischen Staatsgerichtshof
hessWahlG	=	Hessisches Landeswahlgesetz
i. d. F.	=	in der Fassung
i. V. m.	=	in Verbindung mit
Jg.	=	Jahrgang
JöR	=	Jahrbuch des öffentlichen Rechts
JR	=	Juristische Rundschau
JuS	=	Juristische Schulung
JZ	=	Juristenzeitung
KPD	=	Kommunistische Partei Deutschlands
lit.	=	littera
LS	=	Landessatzung
LV	=	Landesverfassung
ndsLV	=	Niedersächsische Landesverfassung
ndsMinG	=	Niedersächsisches Ministergesetz
ndsStGHG	=	Gesetz über den Niedersächsischen Staatsgerichtshof
ndsWahlG	=	Niedersächsisches Landeswahlgesetz
n. F.	=	neue Folge
NJW	=	Neue Juristische Wochenschrift
nwLV	=	Nordrhein-westfälische Landesverfassung
nwMinG	=	Nordrhein-westfälisches Ministergesetz
nwVerfGHG	=	Gesetz über den Verfassungsgerichtshof Nordrhein-Westfalen
o. J.	=	ohne Jahrgang
preußLV	=	preußische Landesverfassung
PrVBl.	=	Preußisches Verwaltungsblatt
Rdn.	=	Randnummer
rhpfLV	=	Rheinland-pfälzische Landesverfassung
rhpfMinG	=	Rheinland-pfälzisches Ministergesetz
rhpfWahlG	=	Rheinland-pfälzisches Wahlgesetz
saarLV	=	Saarländische Landesverfassung
saarMinG	=	Saarländisches Ministergesetz
saarVerfGHG	=	Gesetz über den Verfassungsgerichtshof des Saarlandes
saarWahlG	=	Saarländisches Landeswahlgesetz
shLS	=	Schleswig-holsteinische Landessatzung (= Landesverfassung)
shMinG	=	Schleswig-holsteinisches Ministergesetz
shWahlG	=	Schleswig-holsteinisches Landeswahlgesetz
Sp.	=	Spalte
SPD	=	Sozialdemokratische Partei Deutschlands
StaatsGH	=	Staatsgerichtshof
StRegG	=	Gesetz über die Rechtsverhältnisse der Mitglieder der Staatsregierung (= bayerisches Ministergesetz)
Tgb.	=	Tagebuch
VerfGH	=	Verfassungsgerichtshof
VerwRspr.	=	Verwaltungsrechtsprechung
Vorb.	=	Vorbemerkung
VVDStRL	=	Veröffentlichungen der Vereinigung der Deutschen Staatsrechtslehrer
WAV	=	Wirtschaftliche Aufbau-Vereinigung
WRV	=	Weimarer Reichsverfassung

ZfP	= Zeitschrift für Politik
ZgesStW	= Zeitschrift für die gesamte Staatswissenschaft
ZParl.	= Zeitschrift für Parlamentsfragen
ZRP	= Zeitschrift für Rechtspolitik

Einleitung

Kein Land ohne Regierung — kein Bundesland ohne Regierungswechsel: der geregelte und wiederkehrende, also doppelt regelmäßige Regierungswechsel ist ein typisches Kennzeichen praktizierter Demokratie. Auf sie sind, aus eigenem Bekenntnis und durch Art. 28 I S. 1 GG, die Verfassungen aller Länder festgelegt. Ihn zu ermöglichen, ist daher ihre Aufgabe; ihn zu behindern, freilich ebenso ihr Anliegen, wenn die Stabilität des Staatswesens es zu erfordern scheint.

Aufstieg und Fall der Regierung stehen im Spannungsfeld zwischen diesem doppelten Bedürfnis. Zu seiner Regelung haben die Landesverfassungen mannigfaltige Instrumente ersonnen, die dem Bundesrecht unbekannt sind und bisher kaum aus dem Schatten des Grundgesetzes herauszutreten vermochten. Zu ihnen gehören die Bindung der Ernennung von Regierungsmitgliedern an die Zustimmung des Landtages und andere parlamentarische Einflußmöglichkeiten auf die Regierungsbildung[1], Auflösungsdrohungen gegen zur Regierungsbildung unfähige Parlamente[2], der Ausschluß förmlicher Mißtrauensvoten in Bayern[3], die Einrichtung von Mißtrauensvoten gegen Minister[4] und die Ministeranklage[5]. Ihre Darstellung und Überprüfung auf die Vereinbarkeit mit dem Grundgesetz hin trägt nicht nur zur Aufhellung des jeweils geltenden Landesverfassungsrechts bei. Sie unterstreicht die Eigenstaatlichkeit der Länder und beleuchtet das Bild des deutschen Staatsrechts insgesamt, indem sie dem alles überragenden Motiv des Grundgesetzes die Motive der elf Gliedstaaten hinzufügt.

Die teils vom Grundgesetz abweichenden, teils darüber hinausgehenden Regelungen haben für das Verfassungsrecht der Länder neue Fragen entstehen zu lassen. Zu ihnen gehört nicht nur der Streit um die verfassungsrechtlich nicht festgelegte, von der Wahlperiode der Parlamente also möglicherweise unabhängige Amtszeit der Regierungen in Berlin, Hamburg, Rheinland-Pfalz und Schleswig-Holstein, der für Schleswig-Holstein bereits vor dem Bundesverfassungsgericht ausgetragen[6], im Saarland vor der Verfassungsreform 1979 zuletzt im Jahre

---

[1] s. Kap. IV.

[2] s. Kap. V.

[3] s. Kap. VII 2.

[4] s. Kap. IX.

[5] s. Kap. XIV.

[6] s. Kap. VI 3 e) aa).

1975 akut geworden[7] und im übrigen durch eine trotz gleichlautender Verfassungsnormen unterschiedliche Praxis der fünf Länder akzentuiert ist[8].

Gegenstand kontroverser parlamentarischer Debatten war auch, ob in Niedersachsen die Einbringung eines konstruktiven Mißtrauensvotums möglich ist, ohne den Kandidaten für die Nachfolge des angegriffenen Ministerpräsidenten zu benennen[9]. In Bayern suchten Gruppen von Abgeordneten, oftmals vergebens, in Mißtrauensresolutionen und Mißbilligungsanträgen einen Ersatz für die Abschaffung des förmlichen Mißtrauensvotums[10]. Um die Zulässigkeit von Mißbilligungsbeschlüssen wurde auch in anderen Parlamenten gestritten[11]. In einigen Ländern waren die Landtage unsicher, ob ihre Einschaltung in den Prozeß der Regierungsbildung auch die Bestätigung einer nur umgebildeten Landesregierung erforderte[12] und ob die Entlassung eines Ministers auf seinen eigenen Wunsch hin parlamentarischer Zustimmung bedurfte[13]. Im Saarland kam es zu einer heftigen Debatte, als nach dem Rücktritt eines Ministerpräsidenten einzelne Minister ihre Rechtsstellung von diesem Schritt unberührt glaubten und weiterhin im Amt bleiben wollten, es sei denn, der neuzuwählende Nachfolger würde sie förmlich entlassen[14]. Der Einfluß des Ausscheidens des Regierungschefs auf die übrigen Mitglieder der Regierung, im Saarland 1979 durch eine Verfassungsreform entschieden, ist in anderen Ländern noch heute nicht geregelt und erhält in Berlin seinen besonderen Akzent dadurch, daß neben dem Regierenden Bürgermeister auch alle Senatoren über eine eigene, vom Abgeordnetenhaus durch Wahl vermittelte Legitimation verfügen. Nicht geregelt ist in den betroffenen Ländern auch, welche Möglichkeiten ein Landtag hat, wenn er einem gerade gewählten Regierungschef die notwendige Bestätigung für seine Regierung versagen, gleichzeitig aber auch der drohenden Auflösung entgehen will[15]. Zusätzliche, ebenfalls an der Mehrstufigkeit der Regierungsbildung anknüpfende Fragen entstehen, wenn ein im Wege des Mißtrauensvotums designierter Regierungschef für die von ihm vorgestellte Regierung zunächst keine Bestätigung erhält, aber mehrfach von seinem Vorschlagsrecht Gebrauch machen will[16].

---

[7] s. Kap. VI 3 h).

[8] s. Kap. VI 3 c).

[9] s. Kap. VIII 2.

[10] s. Kap. VII 2 b), Kap. X 2 a).

[11] s. Kap. X 2 a).

[12] s. Kap. IV 2 a) bb).

[13] s. Kap. IV 2 c) bb).

[14] s. Kap. XII 2.

[15] s. Kap. V.

[16] s. S. 130 f.

Einiges ist nur von landesspezifischem Interesse, erregt aber Aufmerksamkeit durch seine anscheinende Kuriosität. Kann in Hessen kein Fürst[17], obgleich längst dem Tropfen demokratischen Öls huldigend, und in Bayern nur ein Bayer Ministerpräsident werden[18]? Die Antwort auf solche Fragen ist schnell gegeben. Praktisch wichtiger ist, ob in Nordrhein-Westfalen der Ministerpräsident, der bei seiner Wahl dem Landtag angehören muß, sein Mandat niederlegen darf oder die Abgeordneteneigenschaft während seiner gesamten Amtszeit beibehalten muß[19].

Verfassungsfragen sind Machtfragen — das berühmte Wort von *Lassalle,* das die Verfassung eines Landes nicht aus Rechtsregeln, sondern nur aus den „reellen tatsächlichen Machtverhältnissen" ablesen will[20], verliert zwar an Gewicht, wenn Verfassungsurkunde und Verfassungswirklichkeit nicht auseinanderklaffen, das geschriebene Recht also wirklich „gilt". Für die Beschäftigung mit dem Regierungswechsel hat es dennoch eine doppelte Bedeutung: zum einen läßt es die Schwerpunkte da setzen, wo am stärksten um Macht gerungen wird, und zum anderen lenkt es den Blick auf die an diesem Ringen Beteiligten und ihre Anschauungen über die Verfassung. Hat diese vielfach nur Rahmencharakter, so wird ihr Inhalt erst in dem von ihr ermöglichten Verfassungsleben erkennbar. Hier gewinnt die Verfassungspraxis eigenständige Bedeutung schon als Beispiel konkretisierter Verfassung[21], nicht erst, wenn sie in den Verdacht verfassungswidriger Wirklichkeit gerät[22]. Sie macht die wichtigsten Probleme sichtbar. Sie kompensiert den Mangel an Realitätserkenntnis, der andernorts durch den Stoff umfangreicher Rechtsprechung, im Bereich des Regierungswechsels aber nur marginal durch Verfassungsgerichtsbarkeit behoben werden kann. Hier verringert nur der Reichtum der Verfassungsdebatten das argumentative Defizit, das aus der spärlichen wissenschaftlichen Auseinandersetzung um das Staatsrecht der Länder resultiert.

Der Regierungswechsel in den Bundesländern berührt eine Reihe von Problemkreisen, die weit über das spezifische Landesrecht hinaus von Bedeutung sind. Zu ihnen gehört die Frage nach dem normativen Rang der Staatspraxis, die sich im durch eingeschränkte Regelungsintensität gekennzeichneten Rahmen der Verfassungen als eine von jedenfalls ursprünglich mehreren Möglichkeiten entwickelt hat. Zu ihnen gehören auch die heuristischen Möglichkeiten von Argumentationsmustern, die

---

[17] s. Kap. II 2 a) dd).

[18] s. Kap. II 2 a) cc).

[19] s. Kap. II 2 a) ee).

[20] *Lassalle* S. 56.

[21] *Scheuner,* DöV 1974, S. 433.

[22] *Hesse,* Grundzüge, S. 20.

sich an gemeindeutschem Verfassungsrecht und innerdeutscher Rechtsvergleichung orientieren. Diese allgemein interessierenden Fragen spielen im Bereich des Regierungswechsels vor allem für die Amtszeit der Landesregierungen eine wichtige Rolle; daher werden sie in diesem Zusammenhang behandelt, nicht zuletzt, um dem Leser die Last zahlreicher Verweisungen zu ersparen[23].

Die hervorragende politische Bedeutung der Regelungen über den Regierungswechsel läßt auch nach den interdisziplinären Erkenntnismöglichkeiten, vor allem den Beiträgen der Politikwissenschaft, für den Untersuchungsgegenstand fragen. Diese Möglichkeiten sind um so größer, je mehr es um die Beschreibung des Funktionierens von Regierungssystemen und ihre politische Bewertung geht. Ihre eigenständige Bedeutung verringert sich jedoch, sobald auch normative Ansprüche befriedigt werden müssen, wie es bei der Behandlung geltenden Rechts unerläßlich ist. Hier, wo es um die Geltungskraft von Entscheidungskriterien geht, wird der Jurist für einen begrenzten Bereich vom Gesetzgeber aus dem Elend der Maßstablosigkeit befreit, während die Normativität des Politologen fordernd und beschreibend zwischen Utopie und Anpassung schwanken muß, ohne einen verbindlichen Geltungsanspruch erheben zu können[24]. Die sich hieraus ergebende Unbestimmtheit schließt nicht nur eine einheitliche politikwissenschaftliche Doktrin, sondern erst recht den Versuch aus, Einzelfragen unter Berufung auf allgemeine Grundsätze von Parlamentarismus und Demokratie zu beantworten[25].

Auf der Grundlage dieser Überlegungen sollen die Regelungen über den Regierungswechsel dargestellt werden, die das heutige Landesverfassungsrecht trifft. Historische Rückblicke sind nur notwendig, wenn sie zum Verständnis des geltenden Rechts Entscheidendes beitragen können. Die gewählte Form des Vergleichs soll nicht die Eigenstaatlichkeit der elf Länder verwischen; sie kann sie vielmehr verdeutlichen, indem sie neben Gemeinsamkeiten auch Unterschiede klarer hervortreten läßt. Je unbekannter landesrechtliche Regelungsmuster im Schatten des Grundgesetzes geblieben sind, desto eher kann eine vergleichende Betrachtung Schlüssel zum Verständnis ihrer Funktion und Bedeutung sein. Dem soll auch die Einordnung wichtiger Rechtsinstitute in das System der jeweiligen Landesverfassung dienen. Nur das auf dieser Grundlage beschriebene, um Verstöße gegen das Grundgesetz bereinigte Verfassungsrecht der Länder kann Ausgangspunkt für den Versuch sein, das Bild vom deutschen Staatsrecht insgesamt um einige Farbtupfer zu beleben.

---

[23] s. Kap. VI 3 e) dd), f) bb).

[24] Vgl. *Scharpf* S. 19, 92 f.; *Grosser*, Festschrift Scupin, S. 107 ff., 114 ff.

[25] Vgl. *Kluxen* S. 17.

I. Aufbau der Landesregierungen

Regelungen über den Regierungswechsel sind Teil des Organisationsrechts; sie sprechen die Regierung als Verfassungsorgan an[1] und setzen sie in Bezug zu anderen Institutionen des Staates. Mit der materiellrechtlichen Frage nach dem Bereich der Regierung[2], die den Inhalt der Regierungstätigkeit unabhängig von ihrer Zuweisung zu einzelnen Staatsorganen zum Gegenstand hat, haben sie nichts zu tun; für sie ist nur entscheidend, wer einer Regierung angehören und daher auch von einem Regierungswechsel betroffen sein kann.

Die Verfassungen der Länder kennen gewählte und ernannte Regierungsmitglieder. Ihre Gewichtung ist jedoch unterschiedlich: in den drei Stadtstaaten Berlin, Bremen und Hamburg werden alle Mitglieder der Landesregierung (Senatoren) direkt vom Landesparlament gewählt. In den übrigen Ländern wählt der Landtag hingegen nur den Ministerpräsidenten, der seinerseits die übrigen Mitglieder der Regierung ernennt. Zu ihnen gehören neben den Ministern in Bayern auch die Staatssekretäre (Art. 43 II bayLV), in Baden-Württemberg Staatssekretäre und ehrenamtliche Staatsräte (Art. 45 II Satz 2 bwLV). Ihre rechtliche Stellung entspricht zwar nicht derjenigen der Minister; im Bereich des Regierungswechsels macht sich dieser Unterschied aber nicht bemerkbar, so daß — von ausdrücklich bezeichneten Ausnahmen abgesehen — die die Minister betreffenden Ausführungen auch für Staatssekretäre und Staatsräte in Bayern und Baden-Württemberg gelten.

Die Unterscheidung zwischen gewählten und ernannten Regierungsmitgliedern ist entscheidender Anknüpfungspunkt für Differenzierungen der Landesverfassungen bei der Regelung des Regierungswechsels. Weit weniger bedeutend ist die landläufige Trennungslinie zwischen Regierungschef und den übrigen Mitgliedern des Kabinetts, die zwar — außer in Berlin — parallel zu der Unterscheidung zwischen gewählten und ernannten Regierungsmitgliedern verläuft, diesen staatsrechtlich entscheidenden Unterschied aber nicht hervorhebt. Zu beachten ist auch, daß Bremen und Hamburg keinen Regierungschef im eigentlichen Sinne kennen, da der in diesen Ländern von den Senatoren zu wählende Präsident des Senats nicht über entscheidende eigene Befugnisse verfügt, sondern in einem durch das Kollegialprinzip geprägten Regierungsaufbau eher einem „primus inter pares“ nahekommt.

---

[1] Vgl. *Frotscher* S. 174.

[2] *Scheuner*, Festschrift Smend, S. 253, 277; *Kassimatis* S. 30 ff.

II. Bedingungen für den Amtsantritt der Regierung

1. Begriffsbestimmung

Die Beantwortung der Frage nach dem Amtsantritt der Regierung setzt eine genaue Festlegung des Begriffs „Amtszeit" voraus. Unter „Amtszeit" ist die Periode zwischen dem Zeitpunkt, in dem Regierungsmitglieder erstmals Amtshandlungen vornehmen können, und dem Zeitpunkt zu verstehen, in dem sie entweder völlig aus dem Amt scheiden oder nach dem sie nur noch geschäftsführend tätig sind. Der Begriff „Amtszeit" schließt damit den Zeitraum der Tätigkeit einer geschäftsführenden Regierung nicht ein. Dieser verfassungsrechtliche Sprachgebrauch kommt besonders in Art. 55 II, III bwLV sowie in Art. 62 II, III nwLV zum Ausdruck, die eine Reihe von Gründen für die Beendigung des Amtes und damit der Amtszeit nennen und gleichzeitig seine Weiterführung, nicht etwa Verlängerung, bis zur Übernahme durch Nachfolger anordnen.

Der Begriff „Amtszeit" darf nicht mit der Bezeichnung „Amtsverhältnis" gleichgesetzt werden, wie sie in den Minister- bzw. Senatsgesetzen der Länder verwendet wird. Das öffentlich-rechtliche Amtsverhältnis der Mitglieder der Landesregierung dauert an, solange sie noch geschäftsführend tätig sind, da auch während dieser Zeit etwa die Bestimmungen über die Unvereinbarkeit des Regierungsamtes mit einer anderen Tätigkeit sowie die Besoldungsregelungen gelten sollen. Dieser Tatsache tragen die entsprechenden Gesetze in den Ländern Baden-Württemberg, Berlin, Bremen, Hamburg, Niedersachsen, Rheinland-Pfalz und Saarland Rechnung, indem sie den Begriff „Amtsverhältnis" unterschiedslos auf voll im Amt befindliche und nur noch geschäftsführend tätige Landesregierungen anwenden. Hessen verfügt über kein Ministergesetz. Im bayerischen „Gesetz über die Rechtsverhältnisse der Mitglieder der Staatsregierung" gilt ein doppelter Amtsverhältnis-Begriff: in den Art. 8 und 9, die Bestimmungen über das Ende des Amtsverhältnisses enthalten, ist er an der Amtszeit orientiert; gem. Art. 10 IV gilt aber kraft besonderer Legaldefinition ein umfassenderer Begriff, soweit es um die Amtsbezüge geht. Diese Zusatzregelung vermeidet immerhin die Folgen, die sich aus der Gleichsetzung von Amtsverhältnis und Amtszeit in den Ministergesetzen von Nordrhein-Westfalen und Schleswig-Holstein ergeben. Dort sind die Mitglieder der Landesregierung zwar im Falle ihres Rücktritts (Art. 21 IV shLS) oder auch einer sonstigen Beendigung ihres Amtes (Art. 62 III nwLV) zur Weiterführung der Geschäfte verpflichtet. Da ihr Amtsverhältnis aber gem. § 6 shMinG bzw. § 5 nwMinG anläßlich derartiger Ereignisse endet und sie gem. § 7 shMinG bzw. § 7 nwMinG nicht über den Schluß des Monats, in den das Ende des Amtsverhältnisses fällt, Amtsbezüge erhalten, dürfen sie, wenn sie nur noch geschäftsführend tätig sind, nach dem Wortlaut der Gesetze nicht mehr besoldet werden, sondern nur noch für eine begrenzte Zeit Übergangsbezüge erhalten.

Die unterschiedliche Diktion und Zielsetzung der Verfassungen und Ministergesetze bedeutet nicht, daß aus einer Regelung über das Amtsverhältnis keine Rückschlüsse auf die Amtszeit abgeleitet werden dürften, wenn hierfür eine ausdrückliche Regelung fehlt. Zu beachten ist nur, daß die Ministergesetze mit den Einzelheiten der öffentlich-rechtlichen Stellung der Regierungsmitglieder primär einen anderen Regelungsgegenstand haben als die auf grundlegende Normen beschränkten Verfassungen, und daß aus den einfachgesetzlichen Bestimmungen über das Amtsverhältnis keine Modifikationen verfassungsrechtlicher Amtszeitregelungen hergeleitet werden können.

2. Bedingungen für den Amtsantritt gewählter Regierungsmitglieder

a) Persönliche Voraussetzungen

aa) Deutsche Staatsangehörigkeit

Zum Mitglied einer Landesregierung kann nur gewählt werden, wer die deutsche Staatsangehörigkeit besitzt. Dies ergibt sich in einer Reihe von Ländern aus besonderen Bestimmungen. In Hamburg ist das Erfordernis „Deutscher" ausdrücklich in der Verfassung verankert (Art. 34 II hambLV), in Bayern kann es aus dem Kriterium „Bayer" hergeleitet werden, ebenso auch daraus, daß der Ministerpräsident selbst das aktive Wahlrecht besitzen muß (Art. 44 II bayLV), das gem. Art. 1 bayWahlG nur Deutschen im Sinne des Art. 116 I GG zusteht. Ähnlich ergibt sich die Notwendigkeit der deutschen Staatsangehörigkeit in den Ländern Baden-Württemberg, Bremen und Nordrhein-Westfalen aus einer Verknüpfung des passiven Wahlrechts (Art. 46 I S. 2 bwLV, Art. 11 I, 8 I bwWahlG, Art. 107 S. 4 bremLV, §§ 5 I, 1 I bremWahlG) oder sogar der Abgeordneteneigenschaft (Art. 52 I nwLV, §§ 4 I, 1 Nr. 1 nwWahlG) mit der Wählbarkeit zum Ministerpräsidenten oder Senator.

In den Ländern Berlin, Hessen, Niedersachsen, Rheinland-Pfalz, Saarland und Schleswig-Holstein hingegen fehlt eine entsprechende Regelung. Der Besitz der deutschen Staatsangehörigkeit kann hier nicht schon deshalb gefordert werden, weil die Mitglieder der Landesregierung nach den einleitenden Bestimmungen des jeweiligen Ministergesetzes (§ 1 berlSenG; § 1 ndsMinG; § 1 rhpfMinG; § 1 saarMinG; § 1 shMinG iVm. Art. 28 I, II shLS; in Hessen besteht kein Ministergesetz) in einem öffentlich-rechtlichen Amtsverhältnis stehen. Denn dieses Amtsverhältnis gilt nach Maßgabe des jeweiligen Gesetzes, das nirgends die deutsche Staatsangehörigkeit verlangt.

Die Notwendigkeit der deutschen Staatsangehörigkeit ergibt sich aber aus dem Inhalt der Regierungstätigkeit und ihrem Zusammenhang mit der Funktion anderer Verfassungsorgane. Eine Landesregierung übt deutsche Staatsgewalt aus. Die ihr zur Verwirklichung dieser Aufgabe unterstellten Landesbeamten müssen, abgesehen von dringenden dienstlichen Bedürfnissen, deutsche Staatsangehörige sein (§ 4 I Nr. 1 BRRG). Aufgrund der Vorschriften über das passive Wahlrecht müssen alle Mitglieder des Parlaments, eines ebenfalls zur Ausübung von Staatsgewalt berufenen Verfassungsorgans, die deutsche Staatsangehörigkeit besitzen (§§ 5 I, 1 I berlWahlO, §§ 5, 2 I hessWahlG, § 6 I ndsWahlG, § 29 I rhpfWahlG, §§ 18, 13 saarWahlG, § 9 I shWahlG). Ebenso müssen die mit der Ausübung der dritten Gewalt betrauten Richter ausnahmslos Deutsche sein (§ 9 Nr. 1 RichterG). Die Summe dieser Einzelvorschriften erlaubt im Wege der Gesamtanalogie[1] den Schluß, daß deutsche Staatsgewalt nur von deutschen Staatsangehörigen ausgeübt werden kann. Mitglieder einer Landesregierung, die nicht die deutsche Staatsangehörigkeit besitzen, hätten in diesem System keinen Platz[2].

bb) Mindestalter

In einer Reihe von Bundesländern ist für den Ministerpräsidenten ein Mindestalter festgelegt, das in Bayern mit 40 Jahren am höchsten liegt (Art. 44 II bayLV). Hier wurde während der Verfassungsberatungen zwar in Zweifel gezogen, daß eine derart hohe Altersgrenze angemessen sei; zu einer Diskussion kam es jedoch nicht[3].

In den übrigen Ländern liegt das Mindestalter niedriger. In Baden-Württemberg beträgt es 35 Jahre (Art. 46 I bwLV); für die Senatoren in Bremen und Hamburg ist es an das Alter für die Wählbarkeit in die Bürgerschaft geknüpft, das in Hamburg 21, in Bremen 18 Jahre beträgt (Art. 107 bremLV, §§ 5, 1 bremWahlG; Art. 34 II hambLV, § 10 I hambWahlG). In Nordrhein-Westfalen ergibt sich die Notwendigkeit eines Mindestalters mittelbar aus Art. 52 I nwLV, der nur die Wahl von Landtagsabgeordneten zum Ministerpräsidenten zuläßt, die gem. §§ 4 I nwWahlG, 2 BGB mindestens 18 Jahre alt sein müssen. Der Eintritt der

[1] Vgl. *Larenz* S. 369, 371.

[2] *Zinn / Stein*, Art. 101 Anm. 2 c.

[3] Abg. *v. Prittwitz und Gaffron* (CSU), Verfassungs-Ausschuß der Bayerischen Verfassunggebenden Landesversammlung, 24. Sitzung am 28. 8. 1946, S. 517 f.

Volljährigkeit ist selbstverständlich auch in den übrigen Bundesländern erforderlich, damit überhaupt rechtswirksame Handlungen vorgenommen werden können. Die mit der Einführung von — auch relativ hohen — Altersgrenzen verbundene Differenzierung begegnet keinen Bedenken, da es zulässig ist, für die Übernahme eines bedeutenden öffentlichen Amtes eine gewisse Lebenserfahrung zu verlangen.

cc) „Bayer" (Art. 44 II bayLV)

In den Verdacht unzulässiger Differenzierungen gerät hingegen schnell die in Art. 44 II bayLV gleichfalls enthaltene Wählbarkeitsvoraussetzung „Bayer". Die sich hiergegen richtenden Bedenken sind allerdings nicht aktuell, solange es weiterhin nicht zum Erlaß eines Gesetzes über die bayerische Staatsangehörigkeit kommt. Ohne ein derartiges Gesetz kann das Merkmal „Bayer" nicht angewendet werden, da sich derzeit nicht feststellen läßt, wer die bayerische Staatsangehörigkeit besitzt[4]. Denn an die in Art. 6 I bayLV genannten Kriterien Geburt, Legitimation, Eheschließung und Einbürgerung kann nicht angeknüpft werden, solange nicht festgestellt werden kann, ob die Eltern oder der Ehepartner bayerische Staatsangehörige sind[5].

Ob die Einführung einer bayerischen Staatsangehörigkeit und die damit verbundene Anwendbarkeit des Merkmals „Bayer" des Art. 44 II bayLV zu einer Diskriminierung der deutschen Nichtbayern nach bayerischem Recht führen würde, ist nicht ganz klar, da Art. 8 bayLV vorsieht, daß alle deutschen Staatsangehörigen, die in Bayern ihren Wohnsitz haben, die gleichen Rechte wie die bayerischen Staatsangehörigen besitzen. Eine Diskriminierung ist nur zu befürchten, wenn Art. 44 II bayLV als lex specialis der Regelung des Art. 8 bayLV vorgeht[6]. Gegen eine derartige Diskriminierung bestehen grundgesetzliche Bedenken. Dabei kommt es nicht entscheidend darauf an, ob die Chance, in Bayern Ministerpräsident zu werden, als „staatsbürgerliches Recht" im Sinne des Art. 33 I GG anzusehen ist[7], oder ob auf Art. 3 GG zurückzugreifen

[4] Vgl. *Kalkbrenner*, BayVBl. 1976, S. 714.

[5] BayVGH, BayVBl. 1959, S. 59, 60 (Ablehnung eines Antrages auf Ausstellung eines Ausweises über den Besitz der bayerischen Staatsangehörigkeit); die hiergegen gerichtete Verfassungsbeschwerde wurde zurückgewiesen, BayVerfGE n. F. 12 II, S. 171, 176. — Die Grenzen individualrechtlicher Ansprüche gegen den Gesetzgeber mußte ein „Bayer" erfahren, der mit einer — als unzulässig abgewiesenen — Verfassungsbeschwerde den Erlaß eines bayerischen Staatsangehörigkeitsgesetzes erzwingen wollte, BayVerfGE n. F. 18 II, S. 79.

[6] So *Hoegner*, Lehrbuch, S. 83 und *Nawiasky / Leusser / Schweiger / Zacher (Schweiger)*, Art. 44 Rdn. 4; anders jedoch ebd. *Nawiasky*, III 8.2 (S. 28).

[7] So allerdings *Nawiasky / Leusser / Schweiger / Zacher*, Art. 44 Rdn. 4 unter nicht ganz zutreffender Berufung auf *Kratzer*, BayVBl. 1964, S. 79, 81, der die Beschränkung der Wählbarkeit auf Bayern für — wenn nicht sonst — jedenfalls durch Art. 33 I GG verboten hält.

ist, wiewohl Art. 33 I GG als offensichtlicher Ausgangspunkt der Prüfung erscheint[8]. Dies gilt um so mehr, als der Art. 33 I GG bestimmende Gleichheitssatz nicht unabhängig von Art. 3 GG formuliert werden kann[9]. Danach ist der Ausschluß nichtbayerischer Staatsangehöriger von der Besetzung des Amtes des bayerischen Ministerpräsidenten als eine an Heimat und Herkunft anknüpfende Diskriminierung verboten. Dagegen kann nicht eingewendet werden, die Differenzierung sei unbedenklich, da sie der klassischen Aufgabe der Bundesstaatlichkeit deutscher Prägung, nämlich der Bewahrung regionaler Vielfalt, diene[10]. Dieses legitime Ziel kann nicht unter Verstoß gegen Grundrechte angestrebt werden.

dd) Ausschluß der Dynastien (Art. 101 III hessLV)

Den Anforderungen des Art. 33 I GG genügt auch nicht Art. 101 III hessLV, der Angehörige der Häuser, die bis 1918 in Deutschland oder einem anderen Lande regiert haben oder dort noch regieren, von der Mitgliedschaft in der Landesregierung ausschließt. Zur Rechtfertigung dieser — in der hessischen Verfassung vom 12. 12. 1919 nicht enthaltenen[11] — Bestimmung ist angeführt worden, es handele sich hier letztlich um eine Maßnahme zum Schutze des Verfassungssatzes „Republik". Die Mitglieder ehemals oder noch regierender Häuser würden nicht wegen ihrer Abstammung oder Herkunft benachteiligt, sondern als potentielle Träger monarchistischen Gedankenguts und als Kristallisationskern bestehender oder zu erwartender monarchistischer Bestrebungen von der Landesregierung ferngehalten. Diese ratio der Bestimmung zeige, daß es sich nicht um eine durch Art. 3 GG untersagte willkürliche Unterscheidung handele[12].

Diese Überlegung kann nicht darüber hinwegtäuschen, daß der Wortlaut des Art. 101 III hessLV, der den Anwendungsbereich dieser Vorschrift bestimmt, nicht an einer Gesinnung, sondern an einer Abstammung anknüpft. Die aus dieser Herkunft gezogenen Schlüsse auf eine bestimmte politische Einstellung mögen für die Entstehungsgeschichte der Norm wichtig gewesen sein; sie rechtfertigen sie aber nicht als republikanische Schutzmaßnahme, sondern disqualifizieren sie als unwiderlegliche Vermutung einer verfassungsfeindlichen Gesinnung, die

---

[8] *Gallwas*, Festgabe Maunz, S. 103.

[9] Vgl. *Maunz / Dürig / Herzog / Scholz*, Art. 33 Rdn. 4.

[10] So aber *Gallwas*, Festgabe Maunz, S. 103, 113.

[11] Text bei *Ruthenberg* S. 113 ff.

[12] Vgl. *Zinn / Stein*, Art. 101 Erl. 9 b mit Hinweis auf die Entstehungsgeschichte; Abg. *Schlitt* (CDU), Verfassungberatende Landesversammlung Groß-Hessen, 5. Sitzung am 1. 10. 1946, S. 173 mit Hinweis auf den Staatsstreich Napoleons III.

nicht nur dem Gleichheitssatz widerspricht, sondern auch in einem rechtsstaatlichen System keinen Platz finden kann.

ee) Abgeordneteneigenschaft (Art. 52 I nwLV)

Art. 52 I nwLV ist die einzige Bestimmung einer Landesverfassung, die die Zahl der Bewerber für das Amt des Ministerpräsidenten auf den Kreis der Landtagsabgeordneten einengt. Eine entsprechende Bestimmung hatte im Jahre 1946 auch in die Bremer Landesverfassung aufgenommen werden sollen. Dahinter stand der Druck der damals für Bremen zuständigen britischen Militärregierung[13], die vielleicht ebenso wie die Bremer Befürworter einer derartigen Regelung von der Vorstellung ausging, der Senat sei seinem Charakter nach ein Vollzugsausschuß der Bürgerschaft[14]. Diese Auffassung wird allerdings dem Rang einer Regierung, auch des Bremer Senats, als selbständiges Verfassungsorgan mit eigenen, nicht lediglich vom Parlament übertragenen Befugnissen nicht gerecht und war auch schon in der Weimarer Diskussion, an die die Verfassungsdebatten der Nachkriegszeit weitgehend anzuknüpfen suchten, zu Recht zurückgewiesen worden[15]. Sie entspricht insbesondere auch nicht der Stellung der Regierung nach der nordrhein-westfälischen Verfassung[16].

Diese Feststellung ist für die Frage von Bedeutung, ob aus Art. 52 I nwLV der Schluß gezogen werden muß, der Ministerpräsident habe während seiner gesamten Amtszeit Landtagsabgeordneter zu sein, ein Verlust dieser Eigenschaft ziehe also gleichzeitig den Verlust des Amtes nach sich[17]. Dieses Problem wird akut, wenn der Ministerpräsident sein Abgeordnetenmandat niederlegen will. Der Wortlaut des Art. 52 I nwLV gibt hierauf keine Antwort. Das Gefüge der Verfassung legt eher eine restriktive Auslegung nahe: Mit dem Bild von der Regierung als Parlamentsausschuß steht hinter Art. 52 I nwLV keine ratio, die den grundlegenden Bestimmungen der Verfassung über die Zuordnung von Regierung und Parlament entspricht. Dies gilt um so mehr, als der nordrhein-westfälische Verfassunggeber für die übrigen Mitglieder der Regierung, die Minister, zu keinem Zeitpunkt die Abgeordneteneigenschaft vorschreibt. Daher kann zugelassen werden, daß der Ministerpräsident während seiner Amtszeit das Abgeordnetenmandat verliert. Dadurch

[13] Vgl. *Kulenkampff / Coenen*, JöR n. F. 3 (1954), S. 179, 182.

[14] So Präsident *Kaisen* (SPD), Bremische Bürgerschaft (ernannte Bürgerschaft), Drs. Nr. 6, Sitzung vom 4. 7. 1946, S. 69; so allgemein *Hatschek*, Staatsrecht I, S. 52, 577 f.; *Nawiasky*, Stellung der Regierung, S. 7; *Kimminich*, VVDStRL 25, S. 2, 23.

[15] *Anschütz*, Art. 17 Anm. 4; *Preußischer Justizminister*, JR 1925, Sp. 122, 124; *Lucas*, JR 1925, Sp. 516, 520.

[16] *Kleinrahm*, JöR n. F. 11 (1962), S. 313, 324.

[17] So *Geller / Kleinrahm*, Art. 52 Anm. 2.

wird die beabsichtigte Verknüpfung von Amt und Mandat nicht vollständig aufgehoben; Art. 52 I nwLV behält seine Bedeutung, indem nur die Wahl einer im politischen Leben stehenden, von einem begrenzten Wählerkreis bereits akzeptierten Persönlichkeit zugelassen, aber der Rückgriff auf Außenstehende — etwa unter dem Aspekt expertenähnlicher Qualifikation — ausgeschlossen wird.

b) Wahlverfahren

Das bei der Wahl des Regierungschefs und der Senatoren einzuhaltende Verfahren ist in einigen Ländern in den Landesverfassungen, in anderen hingegen nur in den Geschäftsordnungen der Landtage geregelt. Das Verbot einer vorhergehenden Aussprache ist in Art. 46 I bwLV, Art. 101 hessLV, Art. 52 I nwLV, Art. 98 II rhpfLV, Art. 21 II shLS sowie in § 28 II GOBgsHH niedergelegt. Auch soweit diese Verfahrensbestimmung in den Rang einer Verfassungsnorm erhoben ist, führt ein Verstoß nicht zur Ungültigkeit der Wahl. Denn mit dem Verbot der Aussprache soll nicht eine Einflußnahme auf das Verhalten der Abgeordneten und damit auf den Ausgang der Wahl ausgeschlossen, sondern nur das Ansehen des zu Wählenden geschützt werden[18].

Ebenso wie das Verbot einer vorhergehenden Aussprache ist auch die Notwendigkeit einer geheimen Wahl nur in einem Teil der Landesverfassungen oder Ministergesetze verankert (Art. 46 I bwLV, § 2 hambSenG, Art. 52 I nwLV). Entsprechende Bestimmungen enthalten die Geschäftsordnungen einiger Landtage, die die Geheimheit der Wahl entweder einschränkungslos (§ 49 I 3 GObayLT, § 58 VI GObremBg, § 32 S. 1 GOhessLT) oder jedenfalls dann vorschreiben, wenn sich Widerspruch gegen eine offene Abstimmung erhebt (§ 74 II 1 GOAbgH, § 86 I 2 GOndsLT). Die in § 49 GOrhpfLT getroffene Regelung, eine Wahl könne durch Zuruf erfolgen, falls kein Abgeordneter dem widerspreche, bedeutet nicht, daß im Falle eines Widerspruchs über die dann notwendige Auszählung hinaus auch eine geheime Wahl stattfinden müsse. Hier könnte ebenso wie in den Ländern Saarland und Schleswig-Holstein eine geheime Wahl des Regierungschefs nur durch eine Änderung der Geschäftsordnung des Landtages, des Ministergesetzes oder der Verfassung durchgesetzt werden.

Die unterschiedliche rechtliche Verankerung der Geheimheit der Wahl hat erhebliche praktische Bedeutung. Während ein Verstoß gegen die Geschäftsordnung nach allgemeiner Auffassung ohne Einfluß auf die Gültigkeit des vorgenommenen Rechtsaktes bleibt[19], bedeutet die Miß-

---

[18] Vgl. *Geller / Kleinrahm*, Art. 52 Anm. 2; zur entsprechenden Bestimmung des Grundgesetzes bei der Wahl des Bundeskanzlers vgl. *Maunz / Dürig / Herzog / Scholz*, Art. 63 Rdn. 3.

[19] Vgl. etwa *Maunz / Dürig / Herzog / Scholz*, Art. 40 Rdn. 23 m. w. H.

achtung des von der Verfassung angeordneten Verbots einer offenen Abstimmung nicht nur eine (rechtliche folgenlose) Verletzung einer bloßen Ordnungsvorschrift. Mancher Abgeordnete mag nicht bereit sein, in der Öffentlichkeit gegen den Kandidaten seiner eigenen Fraktion zu stimmen. Daher kann es für den Ausgang der Wahl entscheidend sein, ob sie geheim oder offen durchgeführt wird; eine verdeckte Wahl dient gleichzeitig der Verwirklichung der freien Gewissensentscheidung[20], die in den meisten Landesverfassungen den Abgeordneten ausdrücklich zugesichert ist[21]. Eine Wahl, die trotz einer anderslautenden Verfassungsbestimmung nicht geheim durchgeführt wird, ist ungültig[22].

In den Ländern Baden-Württemberg, Hamburg und Nordrhein-Westfalen ist es somit nicht möglich, einen Regierungschef oder Senator in offener Abstimmung zu wählen; in den übrigen Ländern besteht diese Möglichkeit wegen des eingeschränkten Rechtscharakters der Geschäftsordnungen der Landtage letztlich doch.

c) Die notwendige Mehrheit

In der überwiegenden Zahl der Länder ist für die Wahl des Regierungschefs oder der Senatoren eine qualifizierte Mehrheit, die der Mitglieder des Landtages bzw. der Bürgerschaft jedenfalls im ersten Wahlgang erforderlich (Art. 46 I bwLV, Art. 34 I hambLV, Art. 101 I hessLV, Art. 20 I ndsLV, Art. 52 I nwLV, Art. 98 II rhpfLV, Art. 87 I saarLV, Art. 22 I shLS). In Art. 21 II ndsLV, in Art. 52 II nwLV und in Art. 22 II shLS ist allerdings die Möglichkeit vorgesehen, in einem späteren Wahlgang den Ministerpräsidenten mit einfacher Mehrheit zu wählen, wenn sich für die Regierungsbildung keine qualifizierte Mehrheit finden ließ; diese Regelungen lassen sogar zu, daß schließlich ein Kandidat gewählt wird, der nicht einmal die Mehrheit der anwesenden Abgeordneten für sich gewinnen kann, sondern nur die relativ meisten Stimmen erhält. Ein solcher Fall ist im Jahre 1951 in Schleswig-Holstein eingetreten, als Ministerpräsident Lübke (CDU) mit 28 : 37 : 2 Stimmen gewählt wurde[23].

Diese Bestimmungen sind ebenso wie der in Art. 44 I i. V. m. Art. 23 bayLV, Art. 41 I berlLV und Art. 107 bremLV von vornherein ausgesprochene Verzicht auf eine qualifizierte Mehrheit Ergebnis der Bemühungen, die Einsetzung einer nicht nur geschäftsführenden Regierung

[20] Vgl. *H. H. Klein*, ZRP 1976, S. 81, 84 und *Hofmann*, ZfP 1978, S. 33, 49 gegen *Buschmann / Ostendorf*, ZRP 1977, S. 153, 156.

[21] Art. 27 III S. 2 bwLV, Art. 13 II S. 2 bayLV, Art. 83 I S. 3 bremLV, Art. 7 S. 2 hambLV, Art. 3 I S. 2 ndsLV, Art. 30 II nwLV, Art. 79 S. 2 rhpfLV, Art. 66 II saarLV, Art. 9 II S. 1 shLS.

[22] Vgl. etwa *Geller / Kleinrahm*, Art. 52 Anm. 2.

[23] Schleswig-holsteinischer Landtag, 2. Wahlperiode, 11. Tagung am 27. 6. 1951, S. 21, 23.

um fast jeden Preis zu ermöglichen[24]. Soweit in einzelnen Ländern auf die Notwendigkeit einer qualifizierten Mehrheit für die Wahl des Ministerpräsidenten von vornherein verzichtet wurde, lassen die Äußerungen der unmittelbar Beteiligten auch eine tiefe Skepsis im Hinblick auf die Bereitschaft der Abgeordneten zu verantwortungsvoller Zusammenarbeit bei der Regierungsbildung erkennen[25].

Unmöglich bleibt die Wahl des Regierungschefs durch eine Minderheit damit in den Ländern Baden-Württemberg, Hessen, Saarland, Hamburg und Rheinland-Pfalz. Die Einsetzung einer Minderheitsregierung vorzusehen bestand in den beiden letztgenannten Ländern allerdings auch kein Anlaß, weil dort die Amtszeit der Landesregierung nach dem Wortlaut der Verfassung nicht begrenzt ist.

d) Annahme der Wahl

Ein Amtsantritt des Ministerpräsidenten oder eines Senators bereits mit Annahme der Wahl kann nur in den Ländern Bremen, Nordrhein-Westfalen und Saarland erfolgen, in denen die Übernahme der Geschäfte weder von einer vorherigen Vereidigung noch von einer Bestätigung der Landesregierung abhängig ist.

In Nordrhein-Westfalen wird die Auffassung, der Amtsantritt des Ministerpräsidenten erfolge mit der Annahme der Wahl[26], durch die Praxis ausdrücklich bestätigt[27]. Ihr steht nicht etwa entgegen, daß der Ministerpräsident gem. § 2 I S. 2 nwMinG „über seine Ernennung" eine Urkunde erhält, die vom Landtagspräsidenten vollzogen wird. Eine Ernennung des Ministerpräsidenten — etwa durch den Präsidenten des Landtages — ist weder in der nordrhein-westfälischen Landesverfassung noch im Ministergesetz dieses Landes vorgesehen; die Überreichung der Urkunde kann daher keine konstitutive Bedeutung für den Beginn der Amtszeit haben. Da der Ministerpräsident über erhebliche

---

[24] So z. B. Abg. *Hofmeister* (CDU) als Berichterstatter, Niedersächsischer Landtag, 1. Wahlperiode, 120. Sitzung am 8. 3. 1951, Sp. 6625: der Ausschuß habe weder eine längere geschäftsführende Regierung noch eine Parlamentsauflösung in Kauf nehmen wollen, sondern sich in Anlehnung an das Grundgesetz für die Möglichkeit einer Minderheitswahl entschieden. Zum entgegengesetzten Ergebnis (Hinnahme einer geschäftsführenden Regierung) kam allerdings der Verfassungsausschuß in Baden-Württemberg, vgl. Abg. *Krause* (SPD) als Berichterstatter, Verfassunggebende Landesversammlung Baden-Württemberg, 53. Sitzung vom 8. 10. 1953, S. 2299.

[25] Vgl. *Nawiasky* (als Sachverständiger), Verfassungs-Ausschuß der Bayerischen Verfassunggebenden Landesversammlung, 24. Sitzung am 28. 8. 1946, S. 518; *Hoegner*, Lehrbuch, S. 83: es müsse ausgeschlossen werden, daß einige (*Nawiasky:* „ein paar") Abgeordnete die Wahl verhindern könnten.

[26] *Vogels*, Art. 52 Anm. 2; *Geller / Kleinrahm*, Art. 52 Anm. 2.

[27] Vgl. die Ausführungen von Landtagspräsident *Gockeln* (CDU) anläßlich der Wahl von Ministerpräsident *Steinhoff* (SPD), Landtag Nordrhein-Westfalen, 3. Wahlperiode, 33. Sitzung am 20. 2. 1956, S. 1042.

eigene Kompetenzen verfügt, wird ein sofortiger Amtsantritt auch nicht durch die Tatsache in Frage gestellt, daß die Landesregierung gem. Art. 51 nwLV aus dem Ministerpräsidenten *und* den Landesministern besteht, der Ministerpräsident also nicht etwa allein regieren kann.

Nicht mit der Annahme der Wahl beginnt hingegen die Amtszeit des Ministerpräsidenten in Baden-Württemberg und Schleswig-Holstein, obwohl §§ 2 S. 1 bwMinG, 2 I shMinG eine entsprechende Vermutung nahelegen, indem sie sein Amtsverhältnis in diesem Zeitpunkt beginnen lassen. Diese Bestimmungen müssen im Lichte der Unterscheidung zwischen „Amtszeit" und „Amtsverhältnis" gesehen werden[28]. Sie können die Landesverfassungen nicht modifizieren: weder macht § 2 S. 1 bwMinG die gem. Art. 46 III bwLV erforderliche Bestätigung, noch macht § 2 I shMinG die gem. Art. 23 I shLS erforderliche Vereidigung entbehrlich, die jeweils vor der Amtsübernahme erfolgen müssen. Im übrigen läßt das baden-württembergische Ministergesetz erkennen, daß es die Möglichkeit von Amtshandlungen bereits nach Annahme der Wahl nicht unterstellen will: § 8 I bwMinG läßt das Amtsverhältnis des Ministerpräsidenten nicht schon mit der Wahl seines Nachfolgers, sondern erst mit der Bestätigung der neuen Regierung enden. Diese Regelung findet ihren Sinn darin, daß der Nachfolger erst nach der Bestätigung Amtshandlungen vornehmen kann.

e) Bestätigung der Regierung

Die Verfassungen der Länder Baden-Württemberg, Hessen, Niedersachsen und Rheinland-Pfalz machen die Übernahme der Geschäfte durch die Landesregierung von einem ausdrücklichen Vertrauensvotum des Landtages abhängig (Art. 46 III bwLV, Art. 101 IV hessLV, Art. 20 III ndsLV, Art. 98 II rhpfLV). Die Bestätigung ist freilich nur Voraussetzung für den tatsächlichen Akt der Geschäftsübernahme, ohne ihn selbst zu bewirken[29]. Ein Amtsantritt des Ministerpräsidenten vor der Bestätigung der gesamten Regierung durch den Landtag ist ausgeschlossen[30]. In Niedersachsen gilt allerdings eine Ausnahme, wenn es nicht zu einer Bestätigung kommt, weil nur eine Minderheitsregierung im besonderen Verfahren nach Art. 21 II ndsLV eingesetzt werden kann. In diesem Fall kann der Ministerpräsident in Ermangelung weiterer Bedingungen sein Amt bereits mit der Annahme der Wahl antreten. Dem entspricht § 2 S. 1, 2. Halbsatz ndsMinG, der das Amtsverhältnis des Chefs einer Minderheitenregierung bereits mit der Annahme der Wahl beginnen läßt.

[28] s. o. Kap. II 1.

[29] Vgl. *Zinn / Stein*, Art. 101 Erl. 12.

[30] Zur restriktiven Auslegung der §§ 2 S. 1 bwMinG, 2 I shMinG, die das Amtsverhältnis des Ministerpräsidenten mit der Annahme der Wahl beginnen lassen, s. o. Kap. II 2 d).

f) Vereidigung

Mit Ausnahme der Verfassung von Berlin (dort aber § 3 berlSenG) sehen alle Landesverfassungen die Vereidigung der gewählten Regierungsmitglieder vor. Sie muß jedoch nur in Bayern, Berlin, Hamburg und Schleswig-Holstein vor der Amtsübernahme erfolgen und ist daher nur in diesen Ländern hierfür eine entscheidende Voraussetzung (Art. 56 bayLV, § 3 II berlSenG, Art. 38 hambLV, Art. 23 shLS). Hier unterstreicht der Rang der Vereidigung die Zielsetzung des politischen Eides als Instrument zur Gewährleistung der Verfassung[31].

In den übrigen Ländern ist der Eid nur bei der Amtsübernahme abzulegen (Art. 48 bwLV, Art. 109 bremLV, Art. 111 hessLV, Art. 22 ndsLV, Art. 53 nwLV, Art. 100 rhpfLV, Art. 89 saarLV). Seine Bedeutung kann nicht mit Hilfe einer extrem weiten Auslegung des Begriffs „Wahl", die neben der Abstimmung und Annahme auch noch die Eidesleistung umfassen soll[32], erweitert werden. In diesen Ländern begleitet der Eid die Amtsübernahme nur, ohne sie zu bedingen[33]. Die Verweigerung der Vereidigung bedeutet hier zwar eine Verfassungsverletzung, die ggf. mit einer Anklage vor dem Verfassungsgerichtshof geahndet werden kann, hindert den betroffenen Regierungschef oder Senator aber nicht, Amtshandlungen vorzunehmen.

g) Ergebnis: Zeitpunkt der frühesten Amtshandlung

Nach alledem sind Amtshandlungen des Ministerpräsidenten oder eines Senators in Bremen, Nordrhein-Westfalen und im Saarland schon nach der Annahme der Wahl[34], in Baden-Württemberg, Hessen, Niedersachsen und Rheinland-Pfalz nach der Bestätigung der Landesregierung durch den Landtag und in Bayern, Berlin, Hamburg und Schleswig-Holstein erst nach der Vereidigung möglich. Nur in Bremen, Nordrhein-Westfalen und im Saarland kann es daher niemals gleichzeitig zwei Senate oder zwei Ministerpräsidenten geben, von denen der eine zumindest noch geschäftsführend im Amt ist, aber möglicherweise nicht mehr das Vertrauen des Landtages besitzt, während der andere als gewählter, aber zunächst nur designierter Regierungschef um eine Regierungsbildung bemüht ist, eine politisch mißliche Situation, die in den

---

[31] Vgl. *Friesenhahn* S. 14, 21; *Scheuner,* Bundesverfassungsgericht und Grundgesetz I, S. 1, 4.

[32] So *Spitta,* Art. 107, Anm. zu Absatz 3.

[33] *Geller / Kleinrahm,* Art. 53 Anm. 2; *Schranil,* Art. 91 Anm. 2. — Dem steht nicht § 2 I saarMinG entgegen, der das Amtsverhältnis des Ministerpräsidenten mit der Vereidigung beginnen läßt. Die Bestimmung modifiziert nicht Art. 89 saarLV, sondern muß im Lichte der Unterscheidung zwischen „Amtszeit" und „Amtsverhältnis" gesehen werden, vgl. oben Kap. II 1.

[34] Ebenso Amtshandlungen des Chefs einer Minderheitsregierung in Niedersachsen.

Verfassungsberatungen, soweit sie erkannt wurde, aber ausdrücklich in Kauf genommen worden ist[35].

3. Bedingungen für den Amtsantritt ernannter Regierungsmitglieder

a) Persönliche Voraussetzungen

Eine Reihe der von den gewählten Regierungsmitgliedern zu erfüllenden persönlichen Voraussetzungen gilt auch für Minister, Staatssekretäre und Staatsräte; insoweit treffen die bisherigen Ausführungen auch auf sie zu. Diese ernannten Regierungsmitglieder müssen daher gleichfalls die deutsche Staatsangehörigkeit besitzen und dürfen die Fähigkeit zur Bekleidung öffentlicher Ämter nicht verloren haben. Die Bestimmung des Art. 101 III hessLV, nach der Angehörige der Häuser, die bis 1918 in Deutschland oder in einem anderen Land regiert haben oder noch regieren, nicht Mitglieder der Landesregierung sein können, kann wegen Verstoßes gegen den in Art. 33 I, 3 III GG verankerten Gleichheitssatz auch nicht auf Minister angewandt werden.

Im übrigen sind die ernannten Regierungsmitglieder von der Erfüllung der für die Ministerpräsidenten und Senatoren geltenden persönlichen Voraussetzungen weitgehend befreit. Für das Parlament des Landes, dessen Regierung sie angehören, müssen sie nicht wählbar sein; daher kann in jedem Land auch ein Politiker eines anderen Landes oder des Bundes zum Minister berufen werden. Ein besonderes Mindestalter — abgesehen vom Eintritt der Volljährigkeit — ist für ernannte Regierungsmitglieder nicht vorgeschrieben.

b) Ernennung

Die nicht zu wählenden Regierungsmitglieder werden vom Ministerpräsidenten ernannt. Diese Ernennung ist in der überwiegenden Zahl der Länder an die Zustimmung des Landtages gebunden. Dies ergibt sich in Hessen und Rheinland-Pfalz aus den Bestimmungen über die Bestätigung der Landesregierung vor der Übernahme ihrer Amtsgeschäfte (Art. 101 IV hessLV, Art. 98 II S. 3 rhpfLV)[36], in den Ländern Baden-Württemberg, Bayern, Niedersachsen und Saarland aus einer ausdrücklichen Anordnung der Verfassung (Art. 46 IV bwLV, Art. 45 bayLV, Art. 20 IV ndsLV, Art. 87 I S. 2 saarLV). In all diesen Ländern sind die Voraussetzungen für eine wirksame Ernennung erst erfüllt, wenn die Zustimmung des Landtages erteilt ist.

---

[35] Vgl. Abg. *Krause* (SPD) als Berichterstatter, Verfassunggebende Landesversammlung Baden-Württemberg, 53. Sitzung am 8. 10. 1953, S. 2299 f. — vgl. auch Kap. VIII 7 a).

[36] Vgl. dazu ausführlich unten Kap. IV 2 bb).

Die Erteilung der Zustimmung als Bedingung für die Rechtswirksamkeit der Ernennung markiert aber nur in Baden-Württemberg, Hessen und im Saarland den Beginn der Amtszeit der nicht gewählten Regierungsmitglieder. Dies ergibt sich teils aus einer ausdrücklichen Regelung (§ 2 bwMinG), teils daraus, daß weder die Verfassung noch ein Ministergesetz[37] eine zusätzliche Voraussetzung aufstellen. In Niedersachsen und in Rheinland-Pfalz ist hingegen für den Beginn der Amtszeit noch die Aushändigung der Ernennungsurkunde erforderlich (§ 3 ndsMinG, § 3 rhpfMinG).

In den Ländern Nordrhein-Westfalen und Schleswig-Holstein werden die Minister vom Ministerpräsidenten ohne parlamentarische Zustimmung ernannt. Der Beginn ihrer Amtszeit ist in Schleswig-Holstein an die Aushändigung der Ernennungsurkunde geknüpft (§ 2 II shMinG). Die Ausstellung einer derartigen Urkunde ist auch in Nordrhein-Westfalen vorgesehen; sie ist aber kein konstitutiver Bestandteil der Berufung zum Minister, sondern nur ein Dokument „über die Ernennung" (§ 2 I S. 1 nwMinG), der lediglich deklaratorische Bedeutung zukommt[38].

c) Vereidigung

Die Vorschriften über die Vereidigung der ernannten Regierungsmitglieder unterscheiden sich im allgemeinen nicht von denjenigen, die Ministerpräsidenten und Senatoren betreffen; insoweit kann auf frühere Ausführungen verwiesen werden[39]. Der Eid der ernannten Regierungsmitglieder ist daher lediglich in Bayern eine Voraussetzung für die Amtsübernahme (Art. 56 bayLV), in den Ländern Baden-Württemberg, Hessen, Niedersachsen, Nordrhein-Westfalen, Rheinland-Pfalz und Saarland begleitet er sie nur, ohne sie zu bedingen. Dies gilt — im Gegensatz zur Vereidigung des Ministerpräsidenten — auch in Schleswig-Holstein, wo zwar der Regierungschef vor dem Amtsantritt, die Minister jedoch erst nach ihrer Berufung (unverzüglich) vereidigt werden (Art. 23 I, II shLS).

d) Ergebnis: Zeitpunkt der frühesten Amtshandlung

Nach alledem wird der Zeitpunkt der frühesten Amtshandlung eines ernannten Regierungsmitgliedes in Baden-Württemberg, Hessen und im Saarland durch die parlamentarische Bestätigung, in Bayern durch die Vereidigung, in Niedersachsen, Rheinland-Pfalz und Schleswig-Holstein durch die Aushändigung der Ernennungsurkunde und nur in Nordrhein-Westfalen bereits durch die Ernennung selbst bestimmt.

---

[37] In Hessen existiert kein Ministergesetz.

[38] *Geller / Kleinrahm*, Art. 52 Anm. 3 d.

[39] s. o. Kap. II 2 f).

III. Inkompatibilitäten

1. Vorbemerkung

Bestimmungen über die Unvereinbarkeit des Regierungsamtes mit einer anderen Tätigkeit sind Ausdruck des Anspruchs der Verfassung auf den uneingeschränkten Einsatz der Regierungsmitglieder für die ihnen übertragene Aufgabe. Sie sollen, quasi als personelle Maßnahmen, die Verwirklichung wichtiger Verfassungsprinzipien in der Praxis sichern. Inkompatibilitätsregelungen[1] stellen keine typischen Voraussetzungen für den Amtsantritt auf; sie schließen den Erwerb einer Doppelstellung nicht von vornherein aus, sondern verpflichten ihren Inhaber nur, sich unverzüglich für die Wahrnehmung einer der beiden für miteinander unvereinbar erklärten Aufgaben zu entscheiden[2].

2. Erwerbstätigkeit

Eine Reihe von Bestimmungen soll die Verquickung persönlicher Interessen mit dem Regierungsamt verhindern und damit das Ansehen der Regierung vor jedem Anschein von Korruption schützen. Mit Ausnahme von Hessen und Schleswig-Holstein, die keinerlei Unvereinbarkeitsregelungen kennen, ist es daher den Mitgliedern aller Landesregierungen untersagt, neben ihrer Regierungstätigkeit ein anderes besoldetes Amt oder einen Beruf auszuüben oder der Leitung eines auf wirtschaftliche Betätigung gerichteten Unternehmens anzugehören (Art. 53 II bwLV, Art. 57 bayLV, § 6 berlSenG, Art. 113 bremLV, Art. 39 hambLV, Art. 25 II ndsLV, Art. 64 II, III nwLV, § 5 rhpfMinG, § 4 saarMinG). Eine grundsätzliche Ausnahme hiervon gilt in Bayern für Gesellschaften, bei denen der überwiegende Einfluß des Staates sichergestellt ist. In Baden-Württemberg kann der Landtag, in den übrigen Ländern die Landesregierung Ausnahmen zulassen. In Hamburg ist hierfür zusätzlich noch die Zustimmung des Bürgerausschusses, eines gem. Art. 26 II hambLV aus dem Präsidenten der Bürgerschaft und 20 von ihr aus ihrer Mitte zu wählenden Mitgliedern gebildeten Organs, erforderlich; in Nordrhein-Westfalen muß für die Wahl in den Vor-

[1] Grundlegend W. *Weber*, AöR 58 (1930), S. 161 ff.

[2] So zutreffend das Gutachten des Rechtsausschusses des Deutschen Bundesrates vom 16. 10. 1964, Drs. Nr. 457/64; vgl. Justizminister *Sträter* (Nordrhein-Westfalen/CDU) als Berichterstatter, Deutscher Bundesrat, 274. Sitzung am 6. 11. 1964, S. 198; ähnl. *Ziller*, DVBl. 1962, S. 577, 579; StaatsGH Baden-Württemberg, DöV 1970, S. 239, 240.

stand, Verwaltungsrat oder Aufsichtsrat wirtschaftlicher Unternehmungen die Zustimmung des Hauptausschusses eingeholt werden, der gem. Art. 40 nwLV die Aufgaben eines ständigen Ausschusses wahrnimmt.

3. Mitgliedschaft in weiteren Verfassungsorganen

a) Landesparlament

Wichtiger als die genannten „Berufsverbote" ist freilich die Frage, ob Mitglieder der Landesregierung anderen Verfassungsorganen ihres Landes, des Bundes oder eines anderen Landes angehören dürfen. Hierauf wird eine vorläufige Antwort in den Ländern Baden-Württemberg, Bayern, Bremen, Hamburg, Niedersachsen, Nordrhein-Westfalen, Rheinland-Pfalz und Saarland bereits durch die erwähnten Inkompatibilitätsregeln gegeben, die die Ausübung eines anderen (öffentlichen oder besoldeten) Amtes neben dem Regierungsamt ausschließen. Diese Antwort bleibt aber unvollständig, da Ausnahmen teils vom Landtag, teils von der Landesregierung zugelassen werden können; zudem gilt sie mangels entsprechender Vorschriften nicht für die Länder Berlin, Hessen und Schleswig-Holstein.

Im Bereich der Verfassungsorgane eines Landes ist die wichtigste Frage, ob eine Doppelmitgliedschaft in Regierung und Parlament zulässig ist. Dies wird in Bremen und Hamburg ausdrücklich ausgeschlossen (Art. 108 I bremLV, Art. 38 a I hambLV); die Verfassungen ziehen insoweit im personellen Bereich Konsequenzen aus dem allgemeinen Grundsatz der Gewaltentrennung, der in Art. 67 bremLV mit der Gegenüberstellung von gesetzgebender, vollziehender und richterlicher Gewalt besonders unterstrichen wird[3].

In den übrigen Ländern gilt dieses Verbot der Doppelmitgliedschaft nicht. In Nordrhein-Westfalen[4] ist es teilweise schon durch den Wortlaut des Art. 52 I nwLV ausgeschlossen, der vorsieht, daß der Landtag den Ministerpräsidenten „aus seiner Mitte" wählt. Sonst ergibt sich die Zulässigkeit aus dem Fehlen einer ausdrücklichen Unvereinbarkeitserklärung. Sieht die Verfassung vor, daß der Regierungschef und möglicherweise noch weitere Regierungsmitglieder vom Parlament gewählt werden, so liegt nichts näher, als daß das Parlament die von ihm zu wählenden Kandidaten in seinen eigenen Reihen sucht. Die entstehende Doppelmitgliedschaft ist eine typische, seit Jahrzehnten unangefochten praktizierte[5] Durchbrechung des Gewaltenteilungsprinzips im parlamentarischen Regierungssystem[6].

---

[3] *Spitta*, Art. 108; *Drexelius / Weber*, Art. 38 a Anm. 1.

[4] Vgl. dazu *Geller / Kleinrahm*, Art. 52 Anm. 3 c.

[5] Vgl. die statistischen Übersichten bei *A. Hess*, ZParl. 1971, S. 262 ff.

Ein merkwürdiges Licht auf dieses anscheinend so gesicherte Bild eines Teilbereichs des parlamentarischen Regierungssystems wirft freilich das sog. Diätenurteil des Bundesverfassungsgerichts aus dem Jahre 1975, das — ausdrücklich nur für den Bundestag und den saarländischen Landtag — die Abgeordnetentätigkeit als einen den ganzen Menschen verlangenden „full-time-job" und den Abgeordneten selbst als Inhaber eines öffentlichen Amtes bezeichnet[7]. Besonders auf die Formulierung vom „öffentlichen Amt" des Abgeordneten, die allerdings auch schon in einer Entscheidung des Jahres 1971 verwendet wird[8], stützt sich die These, aus der verfassungsgerichtlichen Sicht vom Abgeordnetenberuf folge zwangsläufig die Einbeziehung dieser Tätigkeit in die Inkompatibilitätskataloge[9]. Ihr ist zwar zuzugeben, daß der Sprachgebrauch des Bundesverfassungsgerichts mehr als mißverständlich ist[10]. Jedoch dürfen Anlaß und Ausgangspunkt des Diätenurteils nicht außer acht gelassen werden: das Bundesverfassungsgericht hat sich mit der Abgeordnetentätigkeit unter dem Gesichtspunkt der Versorgung befaßt und sie auf dieser Ebene mit der Ausübung eines öffentlichen Amtes vergleichen können[11]. Daß unter anderen Aspekten keine Parallelen bestehen, der Abgeordnete also nicht etwa bestimmte Dienste schuldet, sondern weiterhin in Unabhängigkeit sein Mandat wahrnimmt, hat das Gericht selbst zugestanden[12]. Um Inkompatibilitäten ging es nicht. Daher entbehrt auch die These, das Gericht habe gerade in seiner neueren Rechtsprechung die Zeichen „eindeutig auf Ausdehnung der Inkompatibilität gesetzt"[13], einer ausreichenden Grundlage[14]. Es wäre auch nicht

---

[6] StaatsGH BW, DöV 1970, S. 239, 240; DöV 1973, S. 673, 677; Hess-StaatsGH NJW 1977, S. 2065, 2068; BGH NJW 1978, S. 2098; *Maunz / Dürig / Herzog / Scholz,* Art. 20 (1960) Rdn. 80; *Nawiasky,* Grundgedanken, S. 104; *Sturm* S. 92; *Beyer* S. 216; *Stern* S. 832; *W. Weber,* AöR 58 (1930), S. 161, 176; *Friesenhahn,* VVDStRL 16, S. 9, 34, 37 mit Fn. 71; *Schmidt-Jortzig,* ZgesStW 130 (1974), S. 123, 125.

[7] BVerfGE 40, S. 296, 313 f.

[8] BVerfGE 32, S. 157, 166.

[9] So *Dittmann,* ZRP 1978, S. 52, 54 zu Art. 66 GG.

[10] So mußte inzwischen der BGH für die Feststellung bemüht werden, daß das Abgeordnetenmandat weder im Sinne des § 47 II BRAO ein öffentliches Amt ist, das die Ausübung des Anwaltsberufs ausschließt, noch gem. § 7 Nr. 8 BRAO eine Tätigkeit, die mit der Ausübung des Anwaltsberufs aus tatsächlichen Gründen unvereinbar ist, BGH NJW 1978, S. 2089 ff.

[11] Ebenso auch in BVerfGE 32, S. 157, 166.

[12] BVerfGE 40, S. 296, 316; ebenso dissenting opinion *Seuffert,* S. 334, 337; vgl. auch *Häberle,* NJW 1976, S. 537, 541, mit der Bemerkung, das Gericht habe nicht mit der „verfassungswidrigen Waffe eines Nebentätigkeitsverbots zugestoßen".

[13] *Zuck,* ZRP 1978, S. 189, 192.

[14] Die von *Zuck,* ZRP 1978, S. 189, 192 angeführten Fälle sind zu verschieden, um eine eindeutige Tendenz anzuzeigen (BVerfGE 4, S. 144: teilweiser Ausschluß der Entschädigung für schleswig-holsteinische Landtagsabgeordnete, die gleichzeitig Bundestagsabgeordnete sind; BVerfGE 32, S. 157: Ruhegeld für

erklärlich, weshalb die Diskussion über die grundsätzliche Zulässigkeit einer Doppelmitgliedschaft in Regierung und Parlament, die sich bisher zutreffend am Gewaltentrennungsprinzip und an den typischen Erscheinungen des parlamentarischen Regierungssystems orientiert hatte, nun durch den Aspekt der Arbeitsbelastung der Parlamentarier eine entscheidende Wende erhalten sollte.

b) Verfassungsgericht

Andererseits ist es eine Folge der Gewaltentrennung, daß Regierungsmitglieder keinem Verfassungsgericht angehören dürfen. Die Grundsätze des parlamentarischen Regierungssystems bieten keinen Anknüpfungspunkt, die Grenzziehung zwischen der richterlichen und den übrigen Gewalten zu verwischen[15].

c) Bundesregierung und Bundestag

Die Frage, ob Mitglieder einer Landesregierung den Verfassungsorganen des Bundes angehören dürfen, hat mehrere Aspekte, von denen einige bereits durch kodifiziertes Recht entschieden sind. § 4 BMinG legt fest, daß ein Mitglied der Bundesregierung nicht zugleich Mitglied einer Landesregierung sein kann. Die Regelung wird in Art. 64 IV nwLV wiederholt. Diese Bestimmung enthält ebenso wie Art. 19 III ndsLV auch das Verbot einer Doppelmitgliedschaft in Landesregierung und Bundestag.

Beide Verbote sind in den übrigen Ländern nicht ausdrücklich ausgesprochen. Da ein Teil der Mitglieder jeder Landesregierung gem. Art. 51 I S. 1 GG dem Bundesrat angehört, ist die Frage nach der Zulässigkeit einer Doppelmitgliedschaft in Landesregierung und Bundestag insoweit die Frage nach dem Verhältnis von Bundesrat und Bundestag: Können Mitglieder des Bundesrates dem Bundestag nicht angehören, ist ein Teil der Mitglieder der Landesregierungen von vornherein von der Zugehörigkeit zum Bundestag ausgeschlossen. Mit dem Verhältnis von Bundesrat und Bundestag wird ein bundesrechtliches Problem angesprochen, bei dem es nicht mehr um Fragen der klassischen horizontalen Gewaltenteilung im Sinne Montesquieus, sondern um Probleme des Föderalismus geht[16]. Dieser grundsätzliche Unterschied wird mit der

---

hessische Landtagsabgeordnete; BVerfGE 40, S. 296: Diätenurteil; BVerfGE 42, S. 312: Beurlaubung von Pfarrern — Bremische Evangelische Kirche —; BVerfGE 44, S. 245: keine einstweilige Anordnung gegen die Inkompatibilitätsregelung des BWahlG für Wahlbeamte auf Zeit).

[15] *Friesenhahn*, VVDStRL 16, S. 9, 37.

[16] Dies verkennt *Hild. Krüger*, ZgesStW 106 (1950), S. 700, 713 mit der Frage, weshalb Abgeordnete des Bundestages zwar Mitglieder der Bundesregierung sein könnten, insoweit also das Gewaltenteilungsprinzip durchbrochen sei, nicht aber dem Bundesrat angehören dürften, obwohl auch hier kein ausdrückliches Verbot verankert sei.

Feststellung, der Bundesrat sei durch seine Mitwirkung im Gesetzgebungsverfahren als Kontrollorgan neben dem Bundestag Ausdruck vertikaler Gewaltenteilung[17], nur verbal eingeebnet. Denn die nunmehr angesprochene Gewaltenteilung ist Folge des Nebeneinanders von Bund und Ländern, nicht der Unterscheidung zwischen Legislative, Exekutive und Judikative.

Die sich aus den Grundsätzen des Föderalismus ergebenden Folgerungen für eine Doppelmitgliedschaft in Bundesrat und Bundestag müssen an der Funktion des Bundesrates anknüpfen[18]. Durch den Bundesrat wirken die Länder bei der Gesetzgebung und Verwaltung des Bundes mit (Art. 50 GG). Der Bundesrat ist zwar ebenso wie der Bundestag ein Bundesorgan[19] und damit Teil der Staatsorganisation des Bundes. Während aber der Bundestag das unitarische Element verkörpert, orientiert sich der Bundesrat an den Interessen der Länder: ihnen öffnet er das Regierungssystem des Bundes, um ihnen eine Beteiligung an dessen Willensbildung und an der Zentralgewalt überhaupt zu ermöglichen. Deshalb besteht er aus Mitgliedern der Landesregierungen. Zugleich hemmt seine Einbeziehung in den Prozeß bundesstaatlicher Willensbildung die Machtausübung der anderen Bundesorgane, vor allem des Bundestages, und ist damit ein Stück vertikaler Gewaltenteilung. Beide Funktionen bedingen eine gewisse Polarität zwischen Bundestag und Bundesrat[20].

Diese Polarität und die ihr zugrundeliegende Funktionentrennung[21] müssen in einer Verteilung der Aufgaben auf mehrere Träger ihren Ausdruck finden; nur so können die organisationsmäßigen Unterscheidungen innerhalb des Verfassungssystems auch in der Wirklichkeit garantiert werden[22]. Die „Mentalität des Amtsträgers", der als Inhaber unterschiedlicher Funktionen ein von der Verfassung gewolltes Spannungsverhältnis nicht mit Leben erfüllen, sondern nur ausgleichen und schließlich einebnen könnte, erweist sich hier als der eigentliche Anknüpfungspunkt der Forderung nach Inkompatibilität[23]. Könnten Mitglieder des Bundesrates zugleich Mitglieder des Bundestages sein, dürfte von einem „Mitwirken" des Bundesrates im Sinne des Art. 50 GG schon

---

[17] *Hesse*, AöR 98 (1973), S. 1, 12; BVerfGE 12, S. 205, 229.

[18] So zutreffend *Ziller*, DVBl. 1962, S. 577.

[19] *Maunz / Dürig / Herzog / Scholz*, Art. 50 Rdn. 1.

[20] *Partsch / Genzer*, AöR 76 (1950/51), S. 186, 198 f.; Justizminister *Sträter* (Nordrhein-Westfalen/CDU) als Berichterstatter des Rechtsausschusses, Deutscher Bundesrat, 274. Sitzung am 6. 11. 1964, S. 197.

[21] *Achterberg* S. 166 weist zutreffend darauf hin, daß die Funktionentrennung ein wesentlicher Rechtfertigungsgrund der Inkompatibilitätsregelungen ist.

[22] *W. Weber*, AöR 58 (1930), S. 161, 168.

[23] *W. Weber*, AöR 58 (1930), S. 161, 173.

begrifflich kaum noch gesprochen werden[24], wenn man nicht die Mitwirkung an eigener Tätigkeit für grundsätzlich möglich halten will. Hinzu kommt, daß das Prinzip der Funktionentrennung besonderes Gewicht erhält, wo es um die gegenseitige Kontrolle zweier Organe geht[25]. Der Hinweis auf den Gegensatz zwischen der Weisungsgebundenheit eines Bundesratsmitglieds, die sich aus dem Erfordernis geschlossener Stimmabgabe für ein Land ergibt (Art. 51 III S. 2 GG), und der Weisungsfreiheit eines Abgeordneten (Art. 38 I S. 2 GG)[26] unterstreicht die Notwendigkeit der aus der Funktionentrennung zu ziehenden personellen Konsequenzen, um einen sonst in der Person des Inhabers der Doppelmitgliedschaft auftretenden Widerspruch zu verhindern. Eine gleichzeitige Mitgliedschaft in Bundesrat und Bundestag ist daher abzulehnen[27].

Freilich sind nicht alle Angehörigen einer Landesregierung zugleich auch Mitglieder des Bundesrates. Damit ist noch die Frage offen, ob die festgestellte Inkompatibilität auch für dem Bundesrat nicht angehörende Mitglieder einer Landesregierung gilt. Diese Frage ist zu bejahen. Da die Mitglieder des Bundesrates weisungsgebunden sind und die für sie verbindlichen Beschlüsse von der jeweiligen Landesregierung in ihrer Gesamtheit gefaßt werden, wirken auch die dem Bundesrat nicht angehörenden Regierungsmitglieder entscheidend auf seine Willensbildung ein. Die gegen eine Doppelmitgliedschaft bestehenden Bedenken treffen daher auch auf sie zu. Dem Bundestag kann somit kraft ungeschriebenen Bundesrechts auch kein Mitglied einer Regierung eines Landes angehören, dessen Verfassung nicht — wie in Nordrhein-Westfalen und Niedersachsen — ausdrücklich eine entsprechende Unvereinbarkeitsregelung enthält[28].

d) Regierung eines anderen Bundeslandes

Eher theoretischer Natur ist die Frage, ob Mitglieder der Regierung eines Landes einer zweiten Landesregierung angehören können und ob — im Extremfall — zwei oder mehr Länder ihre Regierungen zwar nicht organisatorisch, aber doch durch Personalunion zu einer Einheit verschmelzen können. Ein derartiges Modell könnte durch das Bestreben der betroffenen Länder, sich zusammenzuschließen, motiviert sein. Zwi-

[24] Vgl. *Tsatsos* S. 30.

[25] *Achterberg* S. 171; *Ziller*, DVBl. 1962, S. 577, 578 spricht von einem allgemeinen Satz des Parlamentsrechts, der die gleichzeitige Mitgliedschaft in zwei sich kontrollierenden Gesetzgebungsorganen ausschließt.

[26] *Tsatsos* S. 35 ff.

[27] Stellungnahme des Deutschen Bundesrates, 274. Sitzung am 6. 11. 1964, S. 199; *Partsch / Genzer*, AöR 76 (1950/51), S. 186, 198 f.; *Tsatsos* S. 35; *Achterberg* S. 171.

[28] *Partsch / Genzer*, AöR 76 (1950/51), S. 186, 203; *Sturm* S. 107.

schen den Ländern Baden-Württemberg, Bayern, Bremen und Nordrhein-Westfalen kommt es schon deshalb nicht in Betracht, weil Regierungschef und Senatoren das passive Wahlrecht und damit auch einen Wohnsitz in dem Land, dessen Regierung sie angehören, besitzen müssen. Ebenso wie hier ist in den übrigen Ländern die Möglichkeit einer Doppelmitgliedschaft in zwei Landesregierungen auch wegen ihrer Nähe zu einer Vereinigung mehrerer Länder und damit zu einer Neugliederung des Bundesgebietes auszuschließen. Die Bildung einer durch Personalunion vereinigten Landesregierung für zwei oder mehr Länder läuft darauf hinaus, diese Länder unter eine gemeinsame Hoheitsgewalt zu stellen. Dies ist zugleich ein wesentliches Ergebnis eines Neugliederungsverfahrens, soweit es zur Vereinigung von Ländern führt. Maßnahmen zur Neugliederung des Bundesgebietes sind jedoch gem. Art. 29 II GG in erster Linie eine durch Bundesgesetz zu regelnde Angelegenheit des Bundes[29]. Die Länder überschritten ihre Kompetenzen, wollten sie dem durch die Bildung gemeinsamer Regierungen oder gemeinsamer Ministerien vorgreifen. Eine Doppelmitgliedschaft in den Landesregierungen mehrerer Länder ist daher nicht zulässig.

4. Mitgliedschaft im Europäischen Parlament

Eine Unvereinbarkeitsregelung, die gleichzeitig den Vorrang der Mitgliedschaft in einer Landesregierung festlegt, enthält schließlich § 22 II Nr. 12 des Europawahlgesetzes[30] mit der Bestimmung, daß ein Abgeordneter seine Mitgliedschaft im Europäischen Parlament verliert, wenn er in eine Landesregierung eintritt.

---

[29] *Maunz / Dürig / Herzog / Scholz*, Art. 29 Rdn. 21.

[30] Gesetz über die Wahl der Abgeordneten des Europäischen Parlaments aus der Bundesrepublik Deutschland vom 16. 6. 1978, BGBl. I S. 709.

IV. Zustimmung und Ablehnung als Mittel parlamentarischen Einflusses auf die Regierungsbildung

1. Drei Phasen der Regierungsbildung

Zustimmung und Ablehnung sind ihrem Wesen nach Einwirkungen auf fremdbestimmtes Geschehen: wer zustimmt oder ablehnt, handelt nicht unmittelbar, sondern läßt handeln. Das Handeln des Dritten ist ihr Gegenstand und Bezugspunkt. Von ihm muß ausgegangen werden, wenn über Zustimmung und Ablehnung nähere Aussagen gemacht werden sollen.

Die Regierungsbildung als Gegenstand und Bezugspunkt parlamentarischer Zustimmung oder Ablehnung vollzieht sich in drei Phasen: Auswahl der Regierungsmitglieder, die ihre Berufung und Entlassung umfaßt und als „materielles Kabinettsbildungsrecht" bezeichnet wird[1], Definition der Geschäftsbereiche und Zuordnung von Regierungsmitglied und Geschäftsbereich (Ressortverteilung). Diese Zuordnung kann zwar mit der Auswahl des betroffenen Regierungsmitgliedes zusammenfallen. Ein Blick auf die Stellung der Minister zeigt aber, daß beide Akte nicht identisch sind: zum Wesen der Ministereigenschaft gehört es nicht, von vornherein ein bestimmtes Aufgabengebiet zu übernehmen. Der normale Minister ist zwar zugleich Ressortchef und Kabinettsmitglied; aber auch der Minister ohne Portefeuille, dem von dieser Doppelfunktion nur die eine Seite, nämlich die Mitgliedschaft im Kabinett, zukommt, ist Minister[2]. Den grundsätzlichen Unterschied zwischen der Berufung eines Regierungsmitgliedes und der Ressortverteilung bestätigt die in Bayern geltende Regelung, die die Ministerernennung von der Zustimmung des Landtages abhängig macht, die Zuweisung des Geschäftsbereiches aber allein in die Hände des Ministerpräsidenten legt (Art. 45, 50 I S. 1 bayLV).

Die abstrakte Unterscheidung der Auswahl der Regierungsmitglieder, der Definition der Geschäftsbereiche und der Ressortverteilung schließt natürlich nicht aus, daß diese drei Akte — vor allem in der Praxis — eng miteinander verbunden sind[3]. Sie ist aber erforderlich, um zu verdeutlichen, worum es bei den einzelnen Einwirkungsmöglichkeiten des Parlaments auf die Regierungsbildung jeweils geht.

[1] *Böckenförde*, Organisationsgewalt, S. 139; im Anschluß daran *Kröger* S. 32 und *Geller / Kleinrahm*, Art. 52 Anm. 3 a.

[2] Vgl. *Böckenförde*, Organisationsgewalt, S. 222.

[3] *Kröger* S. 33, ähnl. *Kaja*, AöR 89 (1964), S. 381, 399.

2. Einwirkung auf die Auswahl der Regierungsmitglieder

a) Bestätigung der Landesregierung als Ganzes

aa) Bestätigung der neugebildeten Landesregierung

Einen entscheidenden Einfluß auf die Auswahl der Regierungsmitglieder gewinnt das Parlament, wenn die Regierung ihre Amtsgeschäfte erst nach ausdrücklicher Bestätigung durch den Landtag übernehmen kann. Ein derartiges Vertrauensvotum für die Regierung des neugewählten Ministerpräsidenten ist in den Ländern Baden-Württemberg, Hessen, Niedersachsen und Rheinland-Pfalz eine der Voraussetzungen für die Übernahme der Amtsgeschäfte[4].

Eine Parallele zu diesem Bestätigungserfordernis kann aus Art. 43 IV berlLV nicht hergeleitet werden[5]. Die Bestimmung sieht vor, daß die Zahl der Geschäftsbereiche des Senats sowie ihre Abgrenzung auf Vorschlag des Regierenden Bürgermeisters vom Abgeordnetenhaus beschlossen wird. Der Beschluß betrifft damit Organisationsfragen und legt Aufgabenbereiche fest[6]; es geht also um Sachprobleme, nicht um personelle Fragen. Der Beschluß hat mit einer Bestätigung des Senats nichts zu tun. Ein derartiges Erfordernis wäre auch sinnlos, da das Abgeordnetenhaus durch die Wahl jedes einzelnen Senators die Zusammensetzung der Landesregierung fest in der Hand hat.

Die vier betroffenen Landesverfassungen schreiben für die Bestätigung der Regierung nur eine einfache Mehrheit vor. Dies ergibt sich teils aus speziellen Bestimmungen (Art. 46 III S. 2 bwLV)[7], teils aus den allgemeinen Abstimmungsregeln (Art. 101 IV i. V. m. Art. 88 hessLV, Art. 20 III i. V. m. Art. 9 II 1 ndsLV, Art. 98 II i. V. m. Art. 88 rhpfLV). Da bei der Berechnung der „Mehrheit der abgegebenen Stimmen" oder der „einfachen Stimmenmehrheit" die Stimmenthaltungen nicht mitgezählt werden[8], ist die für die Bestätigung erforderliche Mehrheit gering und kann auch von einer Landtagsminderheit aufgebracht werden.

---

[4] s. o. S. 29.

[5] Mißverständlich daher *Pfennig / Neumann*, Art. 41 Rdn. 5, mit der Bemerkung, der Regierende Bürgermeister habe vor dem Beschluß des Abgeordnetenhauses über die Zahl der Geschäftsbereiche und ihre Abgrenzung gem. Art. 43 IV berlLV die Stellung eines Ministerpräsidenten zwischen Wahl und Bestätigung.

[6] Vgl. *Landsberg / Goetz*, Art. 43 Anm. 5; *Pfennig / Neumann*, Art. 43 Rdn. 14 (jeweils mit Beispielen).

[7] Unzutreffend *Zinn / Stein*, Art. 101 Anm. 10 mit der Angabe, in Baden-Württemberg sei für die Bestätigung eine absolute Mehrheit vorgeschrieben.

[8] *Spreng / Birn / Feuchte*, Art. 46 Anm. 3. Diese Berechnungspraxis beruht darauf, daß derjenige, der sich der Stimme enthält, eben keine Stimme abgibt; sie wird durch Art. 88 hessLV, § 97 III GObwLT, § 135 II GObayLT, § 69 II GOAbgH, § 31 IV GOBgsHH und § 53 II GOnwLT bestätigt.

Diese Feststellung ist vor dem Hintergrund der Systematik aller vier betroffenen Landesverfassungen gleichermaßen überraschend. Denn in Baden-Württemberg, Hessen und Rheinland-Pfalz war es ein wesentliches Anliegen der Verfassungsväter, die Einsetzung einer Minderheitsregierung auszuschließen; deshalb ist in diesen Ländern für die Wahl des Ministerpräsidenten stets die Mehrheit der Mitglieder des Landtages erforderlich[9]. Diesem Bestreben wird das Erfordernis einer nur einfachen Mehrheit für die Bestätigung der Landesregierung nicht gerecht. Nach der geltenden Regelung kann eine Regierung bestätigt werden und ihre Ämter übernehmen, auch wenn sie schon bei Amtsantritt nicht mehr über eine Mehrheit im Landtag verfügt. Mit der Bestätigung der Landesregierung durch eine Minderheit wird eine Minderheitsregierung inthronisiert. Ein konsequenter Ausschluß derartiger Regierungen hätte die Bestätigung — mehr noch als die Wahl — von der Zustimmung der Mehrheit der Mitglieder des Landtages abhängig machen müssen. Die Inkonsequenz des Verfassungsgebers mit einer entsprechenden Interpretation der Bestimmungen über die Bestätigung zu beheben ist freilich wegen des eindeutigen Wortlauts der Landesverfassungen nicht möglich.

Würde die Bestätigung an eine qualifizierte Mehrheit geknüpft, sollte allerdings erwogen werden, ob die Abstimmung, die eine Entscheidung über die Einsetzung der Regierung ist, geheim durchgeführt werden muß; von den hier betroffenen Ländern ist dies für die Wahl nur in Baden-Württemberg von Verfassung wegen vorgeschrieben[10].

Inkonsequent, wenngleich aus einem anderen Gesichtspunkt, ist auch die niedersächsische Landesverfassung. Mit der in Art. 21 II S. 2 ndsLV getroffenen Regelung, nach der in einem (späteren) Wahlgang gewählt werden kann, wer die meisten Stimmen erhält, sieht sie ausdrücklich die Bildung einer Minderheitsregierung vor. Eine derartige Regierung braucht sich der Bestätigung durch den Landtag nicht zu stellen (Art. 21 II S. 4 ndsLV), da sie die erforderliche Zustimmung schwerlich erhalten würde[11]. Um so näher hätte es gelegen, für die Regierung eines mit absoluter Mehrheit gewählten Ministerpräsidenten eine entsprechend qualifizierte Bestätigung vorzuschreiben.

Die offensichtliche Stärkung der Stellung des Parlaments, die durch das Bestätigungserfordernis bewirkt wird[12], hat mehrere Aspekte. Mit

[9] *Feuchte,* StAnz. Baden-Württemberg, Nr. 45 vom 18. 10. 1952, S. 2 f.; *Spreng / Birn / Feuchte,* Art. 47 Anm. 1; *Zinn / Stein,* Art. 101 Anm. 2 d; vgl. im übrigen oben Kap. II 2 c).

[10] s. o. Kap. II 2 b).

[11] Abg. *Diederichs* (SPD), Verfassungsausschuß des Niedersächsischen Landtages, 1. Wahlperiode, 20. Sitzung am 31. 1. 1951, in: Vorläufige Niedersächsische Verfassung I, S. 1143; *Toews,* AöR 96 (1971), S. 354, 381.

[12] So z. B. *Gross,* JöR n. F. 21 (1972), S. 309, 320; kritisch allerdings *v. Beyme*

der Verweigerung seiner Zustimmung kann der Landtag darauf hinwirken, daß die politischen Gruppen, die den Ministerpräsidenten bei seiner Wahl unterstützt haben, auch bei der Regierungsbildung berücksichtigt werden[13]. Das materielle Kabinettsbildungsrecht ist Regierungschef und Parlament gemeinsam zugewiesen. Wegen der von der Verfassung vorgenommenen Gewichtung bei der Zuteilung dieses Rechts bleibt dem Ministerpräsidenten die positive Auswahl der Mitglieder seiner Regierung als Folge seines Ernennungsrechts vorbehalten; der Landtag kann mit der Verweigerung seiner Zustimmung nur eine negative Auslese vornehmen.

Neben diesen Funktionen enthält das Bestätigungserfordernis den — in Rheinland-Pfalz und im Saarland zusätzlich in einer speziellen Bestimmung festgeschriebenen[14] — Grundsatz, daß die Minister des Vertrauens des Landtages bedürfen, und ist zugleich seine verfahrensmäßige Ergänzung. Es stellt sicher, daß die Existenz dieses Vertrauensverhältnisses zu Beginn der Amtszeit jedes Ministers positiv festgestellt wird und reiht sich damit in die Normen über die parlamentarische Abhängigkeit der Regierung ein[15].

bb) Bestätigung der umgebildeten Landesregierung?

Nicht ausdrücklich geregelt ist in den Verfassungen der Länder Baden-Württemberg, Hessen, Niedersachsen und Rheinland-Pfalz die Frage, ob außer der neugebildeten auch die umgebildete Landesregierung der Bestätigung durch den Landtag bedarf. Da in Baden-Württemberg und in Niedersachsen die Berufung eines Ministers nach der Bestätigung der Regierung nur mit Zustimmung des Landtages möglich ist (Art. 46 IV bwLV, Art. 20 IV ndsLV), wäre es sinnlos, hier zusätzlich noch eine Bestätigung für die umgebildete Regierung zu verlangen: durch das Zustimmungserfordernis behält der Landtag seinen Einfluß auf ihre Zusammensetzung[16].

S. 42, mit der Auffassung, die Einrichtung des Mißtrauensvotums sichere den parlamentarischen Einfluß auf die Regierungsbildung ebensogut.

[13] *Spreng / Birn / Feuchte*, Art. 46 Anm. 3.

[14] Art. 99 I rhpfLV, Art. 88 S. 1 saarLV.

[15] *Spreng / Birn / Feuchte*, vor Art. 45, S. 171 f.; *v. Brünneck*, JöR n. F. 3 (1954), S. 213, 250; *Korte*, Verfassung und Verwaltung, S. 56; *Schunck*, JöR n. F. 5 (1956), S. 159, 177.

[16] Darauf wies der Abg. *Lausen* (SPD) bereits während der Verfassungsberatungen hin. Der Zusammenhang zwischen der Bestätigung der Landesregierung und der Zustimmung zur Ernennung einzelner Minister war Gegenstand einer kurzen Debatte. Der Abg. *Gog* (CDU) hatte zunächst erklärt, wenn die ganze Regierung des Vertrauens des Landtages bedürfe, sei es nur konsequent, daß bei einer Änderung ihrer Zusammensetzung das Vertrauensvotum wiederholt werden müsse (Verfassunggebende Landesversammlung Baden-Württemberg, 53. Sitzung am 8. 10. 1953, S. 2304 f.).

Die Verfassungen der Länder Hessen und Rheinland-Pfalz enthalten hingegen nicht ausdrücklich eine entsprechende Bestimmung. Ihr Wortlaut schließt nicht aus, daß der Ministerpräsident während der Legislaturperiode Minister ernennt, die nicht das Vertrauen des Landtages genießen, so daß an ihrer Person die Bestätigung der gesamten Landesregierung gescheitert wäre. Um zu verhindern, daß dem Landtag nach mehrfachem Ministerwechsel plötzlich eine Regierung gegenübersteht, für die — abgesehen vom Ministerpräsidenten — niemals eine parlamentarische Vertrauenserklärung abgegebenen worden ist[17], hat sich in Hessen seit dem Jahre 1953 die Praxis eingebürgert, daß der Ministerpräsident nach der Neuernennung eines Ministers den Landtag um eine Bestätigung für das gesamte Kabinett ersucht[18].

In Rheinland-Pfalz war der angesprochene Problemkreis Gegenstand richterlicher Entscheidung. Der Verfassungsgerichthof entschied hier bereits im Jahre 1950, daß beim Eintritt neuer Minister in das amtierende Kabinett zwar nicht die gesamte Regierung, wohl aber die neuen Minister der Bestätigung durch den Landtag bedürfen[19]. Der Sinn der in Art. 98 II S. 3 rhpfLV getroffenen Regelung, nach der die Regierung zur Übernahme der Geschäfte der ausdrücklichen Bestätigung des Landtages bedarf, liege darin, daß — außer dem gewählten Ministerpräsidenten — auch jeder Minister für seinen Amtsantritt die Zustimmung des Landtages erhalte.

Dieses zutreffende Ergebnis kann bereits mit einer begrifflichen Deduktion gewonnen werden. Wenn die Landesregierung gemäß der in Art. 98 I rhpfLV gegebenen Definition aus dem Ministerpräsidenten und den Ministern besteht und „die Regierung“ für die Amtsübernahme der Bestätigung durch den Landtag bedarf, muß diese Bestätigung jedem Minister, unabhängig von dem Zeitpunkt seiner Ernennung, erteilt werden. Eine erneute Bestätigung der gesamten Landesregierung, die auch ihre schon früher bestätigten Mitglieder erfassen würde, ist jedoch nicht notwendig[20].

Diese Überlegungen treffen auch auf Hessen zu, wo mit Art. 100, 101 IV hessLV entsprechende Bestimmungen über die Zusammensetzung der Landesregierung und ihre Geschäftsübernahme gelten. Sie werden erhärtet durch den systematischen Zusammenhang von Bestä-

---

[17] Diese Begründung, der nicht widersprochen wurde, gab Landtagspräsident *Buch* (SPD) im Hessischen Landtag, 7. Wahlperiode, 36. Sitzung am 11. 4. 1972, S. 1954.

[18] Hessischer Landtag, 2. Wahlperiode, 37. Sitzung am 14. 1. 1953, S. 1454 f.; 54. Sitzung am 2. 12. 1953, S. 2277 ff.; 3 Wahlperiode, 32. Sitzung am 26. 9. 1956, S. 1196; 5. Wahlperiode, 30. Sitzung am 16. 9. 1964, S. 1181 f.; 7. Wahlperiode, 36. Sitzung am 11. 4. 1972, S. 1953 f.

[19] VerfGH Rheinland-Pfalz, VerwRspr. 2, S. 284, 287.

[20] VerfGH Rheinland-Pfalz, VerwRspr. 2, S. 284, 288.

tigung und Zustimmung zur Entlassung. Die Verfassung räumt dem Landtag einen entscheidenden Einfluß auf die Zusammensetzung der Landesregierung zu Beginn ihrer Amtszeit ein und gibt ihm sogar die rechtliche Macht, einzelne Minister gegen den Willen des Ministerpräsidenten im Amt zu halten[21]. Dem entspricht es, daß während der Legislaturperiode kein Minister am Landtag vorbei ins Kabinett aufgenommen werden kann. Ein Argument für eine erneute Bestätigung bereits früher bestätigter Regierungsmitglieder läßt sich aus diesem Regelungsmodell jedoch nicht ableiten[22]; insoweit übertreibt die hessische Praxis. Die Zustimmung zum Amtsantritt der neu ernannten Minister genügt, eine Bestätigung der umgebildeten Regierung insgesamt ist nicht erforderlich[23].

b) Zustimmung zur Ernennung der Minister

Die Ernennung der Minister ist in der überwiegenden Zahl der Länder an die Zustimmung des Landtags gebunden[24]. Diese Zustimmung ist ebenso wie die Bestätigung nur von einer einfachen Mehrheit abhängig; für sie gelten die allgemeinen Abstimmungsregeln (Art. 33 II S. 1 bwLV, Art. 23 I bayLV, Art. 9 II S. 1 ndsLV, Art. 74 II saarLV). Ausgenommen von dem Erfordernis parlamentarischer Zustimmung ist in Niedersachsen die Ernennung eines Ministers einer Minderheitsregierung; dies ergibt sich aus Art. 20 IV ndsLV, der die Zustimmung nur für die Berufung nach der Bestätigung anordnet, die gem. Art. 21 II S. 4 ndsLV für eine Minderheitsregierung jedoch nicht vorgesehen ist. Eine entsprechende Ausnahmeregelung fehlt in Bayern, obwohl auch hier die Einsetzung einer Minderheitsregierung möglich ist. Wegen der nur erforderlichen einfachen Mehrheit ist sie jedoch nicht völlig unentbehrlich.

Eine grundsätzliche Ausnahme bilden nur die Länder Nordrhein-Westfalen und Schleswig-Holstein, wo der Ministerpräsident bei der Zusammenstellung seiner Regierung an kein parlamentarisches Votum gebunden ist und somit das materielle Kabinettsbildungsrecht allein besitzt[25].

In Hamburg und Bremen werden die Senatoren direkt vom Parlament gewählt, so daß die Frage nach einer parlamentarischen Zustimmung zu ihrer Ernennung nicht gestellt werden kann. Auf Berlin trifft diese Feststellung nur mit Einschränkungen zu, da hier die Senatoren

---

21 Vgl. dazu unten S. 47.

22 So aber *Zinn / Stein*, Art. 101 Erl. 14.

23 *Süsterhenn / Schäfer*, Art. 98 Anm. 3 e; *Nebinger*, Art. 70 Anm. 2; unzutreffend *Beutler*, JöR n. F. 26 (1977), S. 1, 15 mit der Bemerkung, in Hessen gebe es keine parlamentarische Bestätigung der Ministerernennung.

24 s. o. Kap. II 3 b).

25 *Geller / Kleinrahm*, Art. 52 Anm. 3 a.

nur auf Vorschlag des Regierenden Bürgermeisters gewählt werden können (Art. 41 II berlLV). Dieser kann also ebenso wie die Ministerpräsidenten der übrigen betroffenen Länder seine Regierungsmannschaft zusammenstellen und das Parlament über sie abstimmen lassen.

Bei der Handhabung des Zustimmungserfordernisses haben sich in der Verfassungspraxis keine erkennbaren Schwierigkeiten ergeben. Werden mehrere Minister gleichzeitig ernannt, ist eine Einzelabstimmung nicht erforderlich[26]. Dies folgt in den Ländern Baden-Württemberg, Hessen, Niedersachsen und Rheinland-Pfalz daraus, daß auch für die Bestätigung der gesamten Landesregierung nur eine einzige Abstimmung erforderlich ist. Auch in Bayern und im Saarland ist eine Einzelabstimmung nicht zwingend vorgeschrieben. Beide Verfassungen bestimmen nur, daß der Ministerpräsident mit Zustimmung des Landtages „die Minister" ernennt, nicht aber, daß er jeden Minister (einzeln) beruft.

Als Mittel parlamentarischen Einflusses auf die Auswahl der Regierungsmitglieder steht die Zustimmung zur Ernennung einzelner Minister in engem Zusammenhang mit der Bestätigung der Landesregierung. Mit dem Zustimmungserfordernis wird das materielle Kabinettsbildungsrecht auch in den Ländern, die keine Bestätigung der gesamten Landesregierung kennen, Regierungschef und Parlament gemeinsam zugeteilt.

c) Zustimmung zur Entlassung der Minister

aa) Entlassung auf Wunsch des Ministerpräsidenten

Einen erheblichen Einfluß auf die personelle Zusammensetzung der Regierung gewinnt das Parlament auch, wenn die Entlassung von Ministern nur mit seiner Zustimmung möglich ist. Ein derartiges Erfordernis kann nur in Betracht kommen, soweit überhaupt eine Entlassung von Regierungsmitgliedern durch den Regierungschef vorgesehen ist; es scheidet daher von vornherein aus in den Ländern Berlin, Bremen und Hamburg, wo die einzelnen Senatoren nicht ernannt und entlassen, sondern gewählt und durch (ggf. konstruktives) Mißtrauensvotum abberufen werden.

In allen anderen Ländern hingegen ist eine Bindung der Entlassung eines Ministers an die Zustimmung des Landtages grundsätzlich möglich. Es liegt freilich nahe, daß die Verfassungen dem Regierungschef bei der Entlassung von Ministern freie Hand lassen, wenn schon ihre Berufung nicht von parlamentarischer Zustimmung abhängig war. Daher kann es nicht überraschen, daß der Ministerpräsident in den Ländern Nordrhein-Westfalen und Schleswig-Holstein ebenso wie bei der Er-

[26] So VerfGH Rheinland-Pfalz, VerwRspr. 2, S. 284, 288 zu Art. 98 rhpfLV.

nennung auch bei der Entlassung von Ministern rechtlich ungebunden ist (Art. 52 III S. 1 nwLV, Art. 21 II S. 2 shLS).

Ebenso sind in fast allen übrigen Ländern Ministerernennung und -entlassung parallel geregelt: in Bayern, Hessen, Niedersachsen, Rheinland-Pfalz und im Saarland ist wie zur Ernennung auch zur Entlassung die Zustimmung des Landtages erforderlich (Art. 45 bayLV, Art. 112 hessLV, Art. 20 IV ndsLV, Art. 98 II S. 4 rhpfLV, Art. 87 I S. 2 saarLV). Eine Ausnahme gilt nur in Baden-Württemberg, wo zwar die Berufung, nicht aber die Entlassung eines Ministers der Zustimmung des Landtages bedarf (Art. 46 IV bwLV). Diese Ausnahme bedeutet keinen Systembruch. Sie macht vielmehr deutlich, daß die genannte Parallelität der Zustimmungserfordernisse nur formaler Natur ist, nicht aber auf demselben Grundgedanken beruht. Die Zustimmung zur Ernennung eines Ministers, einzeln oder im Rahmen der Bestätigung der gesamten Regierung erteilt, soll sicherstellen, daß jedes Regierungsmitglied bei seinem Amtsantritt über das Vertrauen des Parlaments verfügt[27]. Dieses Bedürfnis spielt bei der Ministerentlassung keine Rolle mehr. Deshalb kann ein Indiz für einen Systembruch auch nicht daraus hergeleitet werden, daß es zwar bei der Ernennung, nicht jedoch bei der Entlassung darauf ankommt, ob der betroffene Minister über das Vertrauen des Parlaments verfügt: dieses Vertrauen ist eine notwendige, aber noch keine hinreichende Bedingung für seine Amtstätigkeit.

Die Bindung der Entlassung an parlamentarische Zustimmung dient dem Interesse des Landtages, eine für die Mehrheit der Abgeordneten akzeptable Begründung für die Abberufung zu erhalten[28]. Sie entspricht der Zustimmung zur Ernennung, indem sie wie diese eine Einschränkung des materiellen Kabinettsbildungsrechts des Regierungschefs bedeutet. Andererseits steht sie zu ihr im Widerspruch, indem sie dem Landtag erlaubt, dem Ministerpräsidenten gegen seinen Willen einen Minister aufzuzwingen[29]: ist die Verweigerung der Zustimmung zur Ernennung nur ein Akt der negativen Auswahl, so bedeutet die Verweigerung der Zustimmung zur Entlassung das positive Festhalten an einem Regierungsmitglied, ein Akt, der der Auswahl aus einer vorgegebenen Gruppe entspricht.

Diese Inkonsequenz der Verfassungen bei der Verknüpfung von Entlassung und parlamentarischer Zustimmung wird dadurch verdeutlicht, daß zwar für den Amtsantritt eines Ministers das gemeinsame Vertrauen von Regierungschef und Parlament erforderlich ist, aber schon das Vertrauen eines der beiden Organe für seine weitere Amtstätigkeit aus-

[27] s. o. S. 45.

[28] Abg. *Rueß* (KPD), Verfassunggebende Landesversammlung Baden-Württemberg, 53. Sitzung am 8. 10. 1953, S. 2305.

[29] *Toews*, AöR 96 (1971), S. 354, 381.

reicht. Diese Feststellung gilt ohne Ausnahme für die Länder Bayern, Hessen und Niedersachsen; in Rheinland-Pfalz und im Saarland gilt sie mit der Einschränkung, daß zwar das Vertrauen des Landtages, nicht jedoch dasjenige des Ministerpräsidenten allein ausreichend ist, da das Parlament hier einen Minister durch ein einfaches Mißtrauensvotum stürzen kann (Art. 99 II rhpfLV, Art. 88 II saarLV). Folgerichtig ist nur die baden-württembergische Landesverfassung, die die Abberufung bereits vorsieht, wenn der Regierungschef oder das Parlament das Vertrauen in den betroffenen Minister verloren haben (Art. 56 bwLV).

Ebenso wie für die Berufung sieht die niedersächsische Landesverfassung auch für die Entlassung eines Ministers einer Minderheitsregierung eine Ausnahme vom Erfordernis parlamentarischer Zustimmung vor. Das Zustimmungserfordernis ist gem. Art. 20 IV ndsLV auf die Entlassung nach der Bestätigung der Landesregierung beschränkt, eine derartige Bestätigung gem. Art. 21 II S. 4 ndsLV für Minderheitsregierungen aber nicht angeordnet. Eine entsprechende Erleichterung ist in Bayern nicht vorgesehen, obwohl auch hier die Einsetzung einer Minderheitsregierung möglich ist. Der Ministerpräsident profitiert hier ebenso wie in allen übrigen Ländern davon, daß für die Zustimmung schon eine einfache Mehrheit ausreichend ist, die auch von einer Landtagsminderheit aufgebracht werden kann (Art. 23 I bayLV).

Wird dem Ministerpräsidenten die parlamentarische Zustimmung zur Entlassung eines Ministers verweigert[30], kann er dessen Abberufung nur noch durchsetzen, indem er selbst von seinem Amt zurücktritt[31].

bb) Entlassung auf Wunsch des Ministers

Mit der Bindung der Entlassung an die Zustimmung des Landtages soll eine Kontrolle des Ministerpräsidenten, nicht der Minister, ausge-

[30] Ein derartiger Fall ereignete sich in Niedersachsen während der Regierungskrise im Frühjahr 1970. Ministerpräsident *Diederichs* (SPD) hatte im Landtag die Zustimmung zur Entlassung der vier seiner Regierung angehörenden CDU-Minister *Langeheine, Möller, Hasselmann* und *Bosselmann* beantragt. Der Antrag wurde jedoch abgelehnt (Niedersächsischer Landtag, 6. Wahlperiode, 71. Sitzung am 4. 3. 1970, Sp. 6533); die Krise konnte schließlich nur durch eine Selbstauflösung des Parlaments und vorzeitige Neuwahlen bereinigt werden.

[31] Vgl. dazu Kap. XII 3 a). — In diesem Zusammenhang ist ein Fall aus dem Saarland zu berichten, der sich bei näherem Hinsehen freilich nicht als einschlägig entpuppt. Im Jahre 1957 erklärte Ministerpräsident *Reinert* (CDU) seinen Rücktritt, weil die — die Regierung stützenden — Fraktionen von DPS und SPD sich an der Abstimmung über seinen Antrag auf Zustimmung zur Entlassung des Justizministers und früheren Ministerpräsidenten *Ney* (CDU) nicht beteiligen wollten. Die erforderliche Zustimmung hätte *Reinert* auch bei einer Enthaltung der genannten Fraktionen erhalten können. *Reinert* wurde nach seinem Rücktritt wiedergewählt und übernahm selbst das Justizressort (Landtag des Saarlandes, 3. Wahlperiode, 57. Sitzung am 21. 1. 1959, S. 1624; 61. Sitzung am 26. 2. 1959, S. 1725).

übt werden. Daher ist eine parlamentarische Zustimmung nicht erforderlich, wenn ein Minister auf eigenen Wunsch aus dem Amt scheiden will. Dies gilt auch dann, wenn er seine Rücktrittserklärung in die Form einer an den Ministerpräsidenten gerichteten Bitte um Entlassung kleidet[32].

Diese Erkenntnis hat sich in der Praxis bisher nur teilweise durchgesetzt. In Bayern wird regelmäßig die Zustimmung des Landtages eingeholt, wenn ein Minister den Ministerpräsidenten um seine Entlassung gebeten oder sogar ausdrücklich seinen Rücktritt erklärt hat[33]. Dieses Verfahren wurde jedoch nicht immer von allen Abgeordneten für notwendig gehalten; gelegentlich wurde es nur gewählt, um auf jeden Fall den Anforderungen der Verfassung zu genügen[34].

Die Praxis in Niedersachsen bietet ein schwankendes Bild. Zunächst begnügte der Landtag sich damit, Erklärungen des Ministerpräsidenten über die Entlassung von Ministern auf deren eigenen Wunsch oder sogar Rücktritt hin lediglich zur Kenntnis zu nehmen[35]. Später erteilte er in derartigen Fällen ausdrücklich seine Zustimmung, obwohl der Ministerpräsident — bis auf eine Ausnahme[36] — darum nicht gebeten, sondern lediglich mitgeteilt hatte, er werde dem Ersuchen entsprechen oder habe es bereits getan[37]. Diese Praxis dürfte — wie auch in Bayern — in erster Linie von einer gewissen Unsicherheit ausgelöst werden, die durch die

---

[32] *Süsterhenn / Schäfer*, Vorb. zum Abschnitt „Die Landesregierung", S. 356.

[33] Vgl. Bayerischer Landtag, 1. Wahlperiode, 28. Sitzung am 20. 9. 1947, S. 3 f. (Rücktritt von Justizminister *Hoegner* — SPD —, Innenminister *Seifried* — SPD —, Arbeitsminister *Roßhaupter* — SPD —, Wirtschaftsminister *Zorn* — SPD — und von drei Staatssekretären); 93. Sitzung am 1. 12. 1948, S. 300 (Bitte um Entlassung von Justizstaatssekretär *Lacherbauer*); 5. Wahlperiode, 51. Sitzung am 24. 6. 1964, S. 1857 (Rücktritt von Finanzminister *Eberhard* — CSU — und Arbeitsminister *Strenkert* — CSU —); 6. Wahlperiode, 63. Sitzung am 11. 3. 1969, S. 3131 (Bitte um Entlassung des stellvertretenden Ministerpräsidenten und Ministers für Ernährung und Landwirtschaft *Hundhammer* — CSU —); 7. Wahlperiode, 33. Sitzung am 2. 2. 1972, S. 1651 (Bitte um Entlassung von Finanzminister *Schedl* — CSU —).

[34] So Bayerischer Landtag, 5. Wahlperiode, 51. Sitzung am 24. 6. 1964, S. 1857 auf Vorschlag von Landtagspräsident *Hanauer* (CSU) bei der Zustimmung zur Entlassung des Finanzministers *Eberhard* (CSU) und des Arbeitsministers *Strenkert* (CSU).

[35] Niedersächsischer Landtag, 2. Wahlperiode, 60. Sitzung am 9. 12. 1953, Sp. 3761 (Rücktritt und Bitte um Entlassung von Justizminister *Krapp* — DZP —); 3. Wahlperiode, 4. Sitzung am 11. 6. 1955, Sp. 72 (Rücktritt und Bitte um Entlassung von Kultusminister *Schlüter* — FDP —).

[36] Ministerpräsident *Hellwege* (DP), Niedersächsischer Landtag, 3. Wahlperiode, 51. Sitzung am 19. 11. 1957, Sp. 2911.

[37] Niedersächsischer Landtag, 3. Wahlperiode, 14. Sitzung am 7. 3. 1956, Sp. 637 und Mitteilung Ministerpräsident *Hellwege* (DP), LT-Drs. Nr. 203; 5. Wahlperiode, 24. Sitzung am 24. 6. 1964, Sp. 1614 und Mitteilung Ministerpräsident *Diederichs* (SPD), LT-Drs. Nr. 256; 45. Sitzung am 19. 5. 1965, Sp. 3440 und Mitteilung Ministerpräsident *Diederichs* (SPD), LT-Drs. Nr. 543, 547.

Formulierungen der betroffenen Rücktrittsgesuche sowie des § 3 S. 2 ndsMinG zusätzlich genährt wird, der die Aushändigung einer Entlassungsurkunde für einen Minister auch im Fall seines Rücktritts vorsieht. Der entsprechende Wortlaut in § 2 V saarMinG hat die saarländische Praxis allerdings nicht irritiert. Hier besteht Einigkeit, daß die Entlassung eines freiwillig zurückgetretenen Ministers nicht der Zustimmung des Landtages bedarf[38]. Ebenso hat der rheinlandpfälzische Landtag Erklärungen des Ministerpräsidenten über die Entlassung von Ministern auf ihren eigenen Wunsch hin lediglich zur Kenntnis genommen, dazu aber kein Votum abgegeben[39].

3. Einwirkung auf die Definition der Geschäftsbereiche

Die Definition der Geschäftsbereiche im Sinne der Festlegung ihrer Zahl und ihrer Abgrenzung untereinander ist typischer Ausdruck der Organisationsgewalt[40]. Sie ist in den einzelnen Ländern unterschiedlich verteilt.

In Berlin beschließt das Abgeordnetenhaus auf Vorschlag des Regierenden Bürgermeisters über die Zahl der Geschäftsbereiche des Senats sowie über ihre Abgrenzung (Art. 43 IV berlLV)[41]. Ähnlich faßt in Baden-Württemberg die Landesregierung zwar selbst einen Beschluß über die Geschäftsbereiche ihrer Mitglieder; er bedarf jedoch der Zustimmung des Landtages (Art. 45 III bwLV). Über die Zuständigkeit der einzelnen Minister haben auch die Landesregierungen von Hessen und Rheinland-Pfalz zu beschließen. Der Beschluß bedarf für seine Wirksamkeit keiner parlamentarischen Zustimmung, ist dem Landtag aber unverzüglich vorzulegen und auf sein Verlangen hin zu ändern oder außer Kraft zu setzen (Art. 104 II hessLV, Art. 105 II rhpfLV). In Bayern werden die Geschäftsbereiche („Staatsministerien") von der Verfassung einzeln aufgeführt, ihre Zahl und ihre Abgrenzung können jedoch auf Vorschlag des Ministerpräsidenten durch Beschluß des Landtages verändert werden (Art. 49 I, III bayLV). Die Zuweisung der Geschäfte an die einzelnen Geschäftsbereiche erfolgt in der von der Staatsregierung zu beschließenden Geschäftsordnung (Art. 53 bayLV). Damit steht in den

[38] Vgl. die Ausführungen des Innenministers *Hector* (CVP), Landtag des Saarlandes, 2. Wahlperiode, 28. Sitzung am 17. 7. 1954, S. 419.

[39] Vgl. die Mitteilung von Ministerpräsident *Altmeier* (CDU) über das Ausscheiden des Ministers für Landwirtschaft, Weinbau und Forsten *Stübinger* (CDU), Landtag Rheinland-Pfalz, 6. Wahlperiode, 18. Sitzung am 30. 4. 1968, S. 594.

[40] Vgl. *Ermacora,* VVDStRL 16, S. 191, 201; *Böckenförde,* Organisationsgewalt, S. 38, 47 f.

[41] Der Hinweis von *Pfennig / Neumann,* Art. 43 Rdn. 13, der Regierende Bürgermeister habe keine Organisationskompetenzen, wird der gemeinsamen Zuständigkeit von Regierungschef und Parlament nicht ganz gerecht.

Ländern Baden-Württemberg, Berlin, Hessen und Rheinland-Pfalz, im wesentlichen auch in Bayern, die Bestimmung der Geschäftsbereiche Exekutive und Legislative gemeinsam zu. Sie ist Gegenstand „parlamentarisch-exekutivischer Vergemeinschaftung“[42].

In Bremen und Hamburg hingegen beschließt der Senat selbständig über die Geschäftsverteilung, ohne hierbei rechtlichen Einflüssen der Bürgerschaft zu unterliegen (Art. 120 bremLV, Art. 42 I hambLV). Ähnlich setzt die niedersächsische Landesregierung die Abgrenzung der Geschäftsbereiche ihrer Mitglieder fest (Art. 28 II Nr. 3 ndsLV). Frei von parlamentarischen Einflüssen sind auch die Regierungen der Länder Nordrhein-Westfalen, Saarland und Schleswig-Holstein. Die Kompetenz zur Bestimmung der Geschäftsbereiche ist im Saarland dem Ministerpräsidenten seit der Verfassungsänderung 1979 ausdrücklich zugewiesen (Art. 91 I S. 2 saarLV). Sonst kann sie aus dem Recht zur Ministerernennung[43] oder aus der Richtlinienkompetenz des Ministerpräsidenten[44] hergeleitet werden, ergibt sich aber zumindest aus dem Recht der Landesregierung, über ihre eigene Geschäftsordnung zu beschließen (Art. 54 II nwLV, Art. 24 III shLS).

4. Einwirkung auf die Ressortzuweisung

a) Ressortzuweisung bei der Ernennung

Es entspricht allgemeiner politischer Erfahrung, daß die Ressortverteilung hauptsächlich unter personellen Gesichtspunkten geregelt wird und damit der Personalfrage der Ministerernennung erheblich näher steht als dem Sachproblem der inhaltlichen Definition von Geschäftsbereichen. Daher erscheint es folgerichtig, wenn Ministerernennung und Ressortverteilung in eine Hand gelegt werden.

Eine derartige Regelung besteht in der Mehrheit der Länder. In Baden-Württemberg, Hessen und Rheinland-Pfalz ergibt sie sich aus den bereits erwähnten Beschlüssen über die Zuständigkeit der einzelnen Minister. Da Ministerernennung und Ressortzuweisung nicht identisch sind, gehören die Minister der Regierung zunächst nur als Personen, nicht aber als Leiter eines bestimmten Ministeriums an. Der Beschluß über die Zuständigkeit der — noch unzuständigen — einzelnen Minister muß daher (auch) ein Beschluß über die Ressortverteilung sein. Er bedarf in Baden-Württemberg der Zustimmung des Landtages, kann in Hessen und Rheinland-Pfalz von diesem zumindest aufgehoben werden.

[42] Vgl. *Schmidt-Assmann*, Festschrift Ipsen, S. 333, 335.

[43] Vgl. *Barschel / Gebel*, Art. 21 Anm. C II 2 (S. 166); *Geller / Kleinrahm*, Art. 52 Anm. 6, 7; allg. *Köttgen*, JöR n. F. 11 (1962), S. 173, 258.

[44] Vgl. *Amphoux* S. 203; *Böckenförde*, Organisationsgewalt, S. 140.

In diesen Ländern steht daher ebenso wie die Ministerernennung auch die Ressortverteilung Exekutive und Legislative als gemeinsam ausübbares Recht zu.

Diesen Grundsätzen entspricht die Praxis in den genannten Ländern allerdings nur unvollkommen. In den dem jeweiligen Landtag vorzulegenden Beschlüssen der Landesregierung werden keine Namen genannt, sondern nur Inhalt und Grenzen der einzelnen Geschäftsbereiche beschrieben. Zu bemängeln ist auch, daß die Regierungen die Beschlüsse oft über mehrere Legislaturperioden hinweg praktizieren, anstatt sie zu Beginn jeder Wahlperiode neu zu fassen und dadurch dem neuen Landtag Gelegenheit zur Stellungnahme zu geben[45]. Diese Beschlüsse lassen eine Mitwirkung der Landtage bei der Ressortverteilung nicht zu. Sie besteht aber insofern, als sowohl bei der Vorstellung der gesamten Regierung zur Bestätigung als auch bei der Bitte um Zustimmung zur nachträglichen Ernennung einzelner Minister der jeweils zu übernehmende Geschäftsbereich mit angegeben wird und der Landtag dies bei seiner Entscheidung berücksichtigen kann[46].

Auch in Berlin wird neben der Berufung der Senatoren auch die Verteilung der Ressorts von Regierendem Bürgermeister und Abgeordnetenhaus gemeinsam vorgenommen. Die Grundlage hierfür ergibt sich freilich nicht aus einer einzelnen Norm, sondern nur aus dem systematischen Zusammenhang mehrerer Verfassungsbestimmungen. Sie kann nicht schon aus dem auf Vorschlag des Regierenden Bürgermeisters vom Abgeordnetenhaus zu fassenden Beschluß über die Zahl der Geschäftsbereiche des Senats sowie ihre Abgrenzung untereinander (Art. 43 IV berlLV) hergeleitet werden. Dieser Beschluß betrifft reine Sachfragen; er entspricht der in Art. 49 I, III bayLV enthaltenen Regelung über die Zahl der Geschäftsbereiche und ihre Abgrenzung[47] und Art. 45 III bwLV

[45] Vgl. für Baden-Württemberg die „Bekanntmachung der Landesregierung über die Abgrenzung der Geschäftsbereiche der Ministerien“ vom 25. 7. 1972, GBl. S. 404, geändert durch Bekanntmachung vom 18. 4. 1978, GBl. S. 230; für Hessen den „Beschluß über die Zuständigkeit der einzelnen Minister nach Artikel 104 Absatz 2 der Verfassung des Landes Hessen“ vom 21. 2. 1978, GVBl. I S. 119; für Rheinland-Pfalz z. B. Mitteilung des Ministerpräsidenten *Kohl* (CDU) vom 3. 7. 1969 an den Präsidenten des Landtages, Landtag Rheinland-Pfalz, 6. Wahlperiode, Drs. Nr. 1303.

[46] Vgl. Landtag Baden-Württemberg, 7. Wahlperiode, 3. Sitzung am 2. 6. 1976, S. 9 (Bestätigung der Landesregierung); Landtag Hessen, 8. Wahlperiode, 2. Sitzung am 18. 12. 1974, S. 9 (Bestätigung der Landesregierung); 7. Wahlperiode, 36. Sitzung am 11. 4. 1972, S. 1953 f. (Ernennung des Finanzministers *Reitz*/SPD); Landtag Rheinland-Pfalz, 8. Wahlperiode, 1. Sitzung am 20. 5. 1975, S. 11 (Vorstellung der Minister) und 3. Sitzung am 28. 5. 1975, S. 63/64 (Bestätigung der Landesregierung); 6. Wahlperiode, 18. Sitzung am 30. 4. 1968, S. 594 f. (Ernennung des Ministers für Landwirtschaft, Weinbau und Forsten *Meyer*/CDU).

[47] Zutreffend *Kruis*, Verfassung und Verfassungsrechtsprechung, S. 133, 142 mit Fn. 24.

i. d. F. vom 11. 11. 1953[48], der die Festsetzung der Zahl der Minister und der Geschäftsbereiche der Ministerien durch Gesetz vorschrieb[49].

Das gemeinsame Recht von Regierendem Bürgermeister und Abgeordnetenhaus ergibt sich auch nicht allein daraus, daß gem. Art. 41 II berlLV die Wahl der Senatoren nur auf Vorschlag des Regierenden Bürgermeisters erfolgen kann. Nach dem Wortlaut dieser Bestimmung werden die Senatoren nicht von vornherein für ein bestimmtes Amt gewählt und sind somit auch bei der Geschäftsverteilung nicht gebunden. Die Mitwirkung des Abgeordnetenhauses bei der Berufung der Senatoren und der Feststellung der Geschäftsbereiche deutet aber darauf hin, daß die Verfassung dem Parlament einen weitgehenden Einfluß auf die Gestaltung der Landesregierung und ihrer Tätigkeit einräumen will. Der Regierende Bürgermeister soll weder über die Person der Senatoren noch über die einzelnen Geschäftsbereiche frei verfügen können. Dem entspricht es, wenn dem Abgeordnetenhaus auch bei der Ressortverteilung, die zugleich eine Verfügung über den einzelnen Senator enthält, ein Mitspracherecht eingeräumt wird. Die Praxis hilft sich mit der glücklichen Lösung, die Abstimmung gem. Art. 41 II berlLV über den Wahlvorschlag mit einem Beschluß gem. Art. 43 IV berlLV über die Zahl und Abgrenzung der Geschäftsbereiche zu verbinden und somit die einzelnen Senatoren auf Vorschlag des Regierenden Bürgermeisters für bestimmte Ressorts zu wählen[50].

In den übrigen Ländern hat das Parlament nicht notwendig einen rechtlichen Einfluß auf die Ressortverteilung. Die Vermutung, materielles Kabinettsbildungsrecht und Recht zur Ressortzuteilung seien gleichförmig verteilt, bestätigt sich — nun zum Nachteil des Landtages — nur noch in den Ländern Nordrhein-Westfalen und Schleswig-Holstein. Hier wird der Ministerpräsident durch keine Verfassungsbestimmung gehindert, den Ministern bei ihrer Berufung einen eigenen Geschäftsbereich zuzuweisen[51]. Diese Kompetenz wird dadurch bestätigt, daß der Regierungschef selbständig einen Minister zu seinem Stellvertreter bestimmen kann (Art. 52 III S. 2 nwLV, Art. 21 II S. 2 shLS). In den ver-

[48] Art. 45 III bwLV erhielt seine heutige Fassung durch Gesetz vom 17. 11. 1970.

[49] Zur Ausführung dieser Bestimmung legte die baden-württembergische Landesregierung einen Gesetzentwurf vor, der Organisationsfragen wie etwa die Vereinigung mehrerer Ministerien zum Gegenstand hatte, vgl. *Thierfelder*, DVBl. 1957,S. 748. Zu einer Verabschiedung kam es allerdings nicht.

[50] So ausdrücklich Abgeordnetenhaus von Berlin, 4. Wahlperiode, 3. Sitzung am 11. 3. 1963, S. 7 f.; 5. Wahlperiode, 1. Sitzung am 6. 4. 1967, S. 9; 6. Wahlperiode, 3. Sitzung am 20. 4. 1971, S. 9 - 11; 7. Wahlperiode, 3. Sitzung am 25. 4. 1975, S. 10 f.; ähnlich bereits 1. Wahlperiode, 4 Sitzung am 1. 2. 1951, S. 16, 27; 2. Wahlperiode, 3. Sitzung am 22. 1. 1955, S. 7 f.; 3. Wahlperiode, 3. Sitzung am 15. 1. 1959, S. 7.

[51] Vgl. *Geller / Kleinrahm*, Art. 52 Anm. 6; *Barschel / Gebel*, Art. 21 Anm. C II 2 S. 166 f.

bleibenden Ländern hingegen fallen Kabinettsbildungsrecht und Recht zur Ressortverteilung auseinander. In Bayern und im Saarland weist der Ministerpräsident selbständig jedem Minister einen Geschäftsbereich zu (Art. 50 I S. 1 bayLV, Art. 91 I S. 2 saarLV), obwohl er ihn nur mit Zustimmung des Landtages berufen kann (Art. 45 bayLV, Art. 87 I S. 2 saarLV). Ebenso muß auch in Niedersachsen der Landtag zwar der Ernennung der Minister zustimmen. Da Ministerernennung und Ressortverteilung nicht identisch sind, kann aus dem Erfordernis der Bestätigung oder Zustimmung zur Ernennung aber kein Verfassungsgebot parlamentarischer Mitwirkung bei der Zuweisung der Geschäftsbereiche abgeleitet werden[52]. In der Praxis entsteht eine Mitwirkungsmöglichkeit freilich dadurch, daß vor der Bitte um Bestätigung oder Zustimmung zur Ernennung das jeweils zu übernehmende Ressort genannt wird[53]. Diese Praxis bindet jedoch niemanden; die sich hieraus ergebenden Konsequenzen werden vor allem beim Ressortwechsel sichtbar werden.

Auch in Bremen und Hamburg fallen materielles Kabinettsbildungsrecht und Recht zur Ressortverteilung auseinander. In diesen Ländern steht der Bürgerschaft zwar das uneingeschränkte Recht zur Wahl der Senatoren zu. Die Verfassungen beider Länder bestimmen aber ausdrücklich, daß der Senat selbst die Geschäftsverteilung zu beschließen hat (Art. 120 bremLV, Art. 42 I S. 1 hambLV). Auf diese Geschäftsverteilung kann die Bürgerschaft keinen Einfluß mehr nehmen[54]. Sie kann sich ein Mitbestimmungsrecht auch nicht dadurch verschaffen, daß sie Senatoren für bestimmte Aufgabengebiete, also etwa einen Senator für Wirtschaft, wählt, da ein derart zweckgebundener Akt, der außer der Wahl noch einen bestimmten Auftrag enthielte, in der Verfassung nicht vorgesehen ist.

b) Ressortwechsel

Übernimmt ein bereits amtierender Minister das Ressort eines Kollegen, so handelt es sich um einen Ressortwechsel, der von der Ressortzuweisung bei der Ministerernennung zu unterscheiden ist. Es liegt auf der Hand, daß dem Parlament in den Ländern Baden-Würtemberg, Hessen, Rheinland-Pfalz und Berlin ebenso wie bei der anfänglichen Ressortzuweisung auch beim Ressortwechsel ein Mitspracherecht eingeräumt ist. Dies ergibt sich in den drei zuerst genannten Ländern aus den Einwirkungsmöglichkeiten des Landtages auf die Beschlüsse über die Geschäftsverteilung innerhalb der Regierung, in Berlin aus dem systema-

[52] So aber anscheinend *Kaja,* AöR 89 (1964), S. 381, 400 mit Fn. 75 im Anschluß an *Friesenhahn,* VVDStRL 16, S. 9, 46 mit Fn. 103.

[53] Vgl. Niedersächsischer Landtag, 9. Wahlperiode, 1. Sitzung am 28. 6. 1978, S. 23 (Bestätigung der neugebildeten Landesregierung); Landtag des Saarlandes, 7. Wahlperiode, 22. Sitzung am 1. 3. 1977, S. 1130 (Regierungsumbildung).

[54] *Drexelius / Weber,* Art. 42 Anm. 1; *Spitta,* Art. 120.

tischen Zusammenhang zwischen der Abstimmung über den Wahlvorschlag des Regierenden Bürgermeisters gem. Art. 41 II berlLV mit dem Beschluß über die Zahl der Abgrenzung der Geschäftsbereiche gem. Art. 43 IV berlLV[55]. Kann das Abgeordnetenhaus zu Beginn der Amtszeit des jeweiligen Senators beide Entscheidungen verbinden und den Betroffenen für ein bestimmtes Ressort wählen, so hat es bei einem Ressortwechsel erneut Beschluß zu fassen. Dieser Beschluß muß ebenso wie die Mitsprache bei der anfänglichen Ressortverteilung auf die Art. 41 II, 43 IV berlLV gemeinsam gestützt werden, da Art. 41 II berlLV eine zweckgebundene (Neu-)Wahl nicht vorsieht und Art. 43 IV berlLV nur organisatorische Sachfragen betrifft[56].

In den übrigen Ländern hingegen besteht keine parlamentarische Einwirkungsmöglichkeit auf einen Ressortwechsel innerhalb der Regierung. In Bayern, Bremen, Hamburg und im Saarland ergibt sich dies aus den ausdrücklichen Bestimmungen über die Zuweisung der Geschäftsbereiche durch den Ministerpräsidenten bzw. durch einen Senatsbeschluß (Art. 50 I S. 1 bayLV, Art. 120 bremLV, Art. 42 I S. 1 hambLV, Art. 91 I S. 2 saarLV). In den Ländern Nordrhein-Westfalen und Schleswig-Holstein scheidet eine parlamentarische Mitwirkung beim Ressortwechsel aus, da den Landtagen schon kein Einfluß auf die anfängliche Ressortverteilung eingeräumt ist.

In Niedersachsen, wo ein derartiger Einfluß ebenfalls fehlt, ist aber die Frage zu stellen, ob sich ein Mitwirkungsrecht des Landtages beim Ressortwechsel daraus ergibt, daß bei der Vorstellung der Regierung zur Bestätigung bzw. bei der Bitte um Zustimmung zur Ministerernennung das jeweils zu übernehmende Ressort mit angegeben wird und der Landtag so die Möglichkeit erhält, auch die Ressortverteilung zur Grundlage seiner Entscheidung zu machen. Diese Frage ist zu verneinen. Die Verfassung sieht ein Mitwirkungsrecht des Landtages weder bei der anfänglichen Ressortverteilung noch beim späteren Ressortwechsel vor. Die Regierung kann dem Landtag zwar freiwillig ein gewisses Hineinwirken in ihren eigenen Bereich gestatten; sie kann aber ebensowenig wie jedes andere Staatsorgan[57] durch Nichtausübung auf ihre Kompetenzen verzichten und dem Landtag mehr Rechte einräumen, als die Verfassung vorsieht, da ein derartiger Verzicht eine der Exekutive

[55] s. o. S. 53.

[56] Die bisherige Praxis enthält kein Beispiel für einen derartigen Ressortwechsel. Zwar wechselte am 19. 10. 1967 Senator *Neubauer* (SPD) aus dem Ressort für Soziales, Gesundheit, Jugend und Sport in das Innenressort; er wurde hierfür jedoch neu gewählt, da er ebenso wie die übrigen Senatsmitglieder am 26. 9. 1967 mit dem Regierenden Bürgermeister *Albertz* (SPD) zurückgetreten war (Abgeordnetenhaus von Berlin, 5. Wahlperiode, 13. Sitzung am 12. 10. 1967, S. 374; 14. Sitzung am 19. 10. 1967, S. 392).

[57] So schon *G. Jellinek*, Verfassungsänderung, S. 40, zum königlichen Vetorecht.

nicht zustehende Verfassungsänderung bewirken würde. Auch in Niedersachsen[58] bedarf der Ressortwechsel keiner parlamentarischen Zustimmung. Dem entspricht es, daß der niedersächsische Landtag im Jahre 1965 nicht um ein Votum gebeten wurde, als der bisherige Minister für Ernährung, Landwirtschaft und Forsten *Kubel* (SPD) nach dem Rücktritt des Finanzministers dessen Ressort übernahm. Ministerpräsident *Diederichs* (SPD) begnügte sich zu Recht mit einer entsprechenden Mitteilung an den Landtag[59]. Ebenso brauchte im Jahre 1974 der saarländische Ministerpräsident *Röder* (CDU), als noch eine dem niedersächsischen Recht entsprechende Regelung galt, dem Landtag nur mitzuteilen, er habe dem bisherigen Finanzminister *Wilhelm* (CDU) nach dem Rücktritt des Innenministers dessen Ressort übertragen[60].

5. Der Beschluß über die Verleihung des Stimmrechts an Staatssekretäre und Staatsräte gem. Art. 45 II S. 4 bwLV

Eine Kontroverse im baden-württembergischen Landtag aus dem Jahre 1968 gibt Anlaß zu der Frage, ob auch der Beschluß gem. Art. 45 II S. 4 bwLV in die Kategorien von parlamentarischer Zustimmung und Ablehnung einzuordnen ist. Die Bestimmung sieht vor, daß Staatssekretären und Staatsräten durch Beschluß des Landtages Stimmrecht verliehen werden kann, ohne ausdrücklich zu regeln, ob dieser Beschluß einen Antrag des Ministerpräsidenten voraussetzt.

Die Auseinandersetzung wurde durch den Antrag der NPD-Fraktion ausgelöst, der Landtag möge beschließen, daß dem Staatssekretär für Vertriebene, Flüchtlinge und Kriegsgeschädigte *Schwarz* (CDU) Stimmrecht im Kabinett verliehen wird[61]. Gegen die Zulässigkeit dieses Antrages wandte sich Ministerpräsident *Filbinger* (CDU) mit der Auffassung, der Landtag könne eine Regierung zwar bestätigen oder ablehnen, aber nicht die politische Gewichtung bei der Zusammensetzung des Kabinetts einseitig durch die Verleihung des Stimmrechts an einen Staatssekretär verändern. Ein derartiger Beschluß könne nur auf Antrag des Regierungschefs gefaßt werden, dem mit dem Ernennungsrecht gem. Art. 46 II bwLV auch die Disposition über das Stimmrecht zugewiesen sei.

Diese Auffassung wurde von der neben der NPD gleichfalls in Opposition stehenden FDP/DVP bestritten. Da die von *Filbinger* vorgenom-

---

[58] *Korte*, Verfassung und Verwaltung, S. 157.

[59] Niedersächsischer Landtag, 5. Wahlperiode, Drs. Nr. 547.

[60] Landtag des Saarlandes, 6. Wahlperiode, 41. Sitzung am 23. 1. 1974, S. 2106.

[61] Vgl., auch im folgenden, Landtag Baden-Württemberg, 5. Wahlperiode, 6. Sitzung am 11. 7. 1968, S. 61 ff.

mene Einschränkung sich nicht aus dem Verfassungstext ergebe, habe der Ministerpräsident sich selbst zum „Verfassungsgeber im Nachtrag“ ernannt[62]. Diese Kritik konnte sich aber nicht durchsetzen. Der Antrag der NPD gelangte nicht zur Abstimmung, sondern wurde aufgrund eines Geschäftsordnungsantrages der CDU für erledigt erklärt. Ein halbes Jahr später stellte Ministerpräsident *Filbinger* allerdings selbst den Antrag auf Verleihung des Stimmrechts an den betroffenen Staatssekretär; der Landtag faßte daraufhin einen entsprechenden Beschluß gem. Art. 45 II S. 4 bwLV[63].

Zu einer richterlichen Entscheidung der Streitfrage kam es bisher nicht. Der Staatsgerichtshof Baden-Württemberg bemerkte aber im Jahre 1973 in einem obiter dictum, zumindest nach dem Wortlaut des Art. 45 II S. 4 bwLV könne der Landtag einem Staatssekretär auch ohne oder sogar gegen den Willen des Ministerpräsidenten das Stimmrecht verleihen[64]. Als obiter dictum war diese Bemerkung überflüssig; das Gericht kann zu ihr durch die Auseinandersetzung des Jahres 1968 veranlaßt worden sein. Da das Gericht keine Begründung gibt, ist sein Hinweis auf den bloßen Wortlaut des Art. 45 II S. 4 bwLV wenig hilfreich, auch wenn er eine jedenfalls vorläufige richterliche Rechtsauffassung erkennen läßt. Sollte der Staatsgerichtshof eine endgültige Antwort auf die Frage nach dem Umfang der parlamentarischen Rechte bei der Stimmrechtsverleihung bereits im Wortlaut des Art. 45 II S. 4 bwLV finden wollen, könnte dem nicht zugestimmt werden. Die Systematik der baden-würtembergischen Landesverfassung bestätigt vielmehr die Richtigkeit der Auffassung des Ministerpräsidenten. Gem. Art. 46 II - IV, 54 I bwLV kann der Landtag weder auf die Ernennung noch auf die Abberufung einzelner Regierungsmitglieder aktiv einwirken. Er ist, soweit ihm überhaupt ein Mitwirkungsrecht zusteht, darauf beschränkt, entsprechenden Entscheidungen des Ministerpräsidenten die Zustimmung zu erteilen oder zu versagen. Die Entscheidung über die Stimmrechtserteilung ist eine Entscheidung über den Repräsentationsgrad der die Regierung tragenden politischen Gruppen im Kabinett und liegt damit auf einer Ebene wie die Auswahl der Regierungsmitglieder. Könnte der Landtag hier einseitig aktiv werden und einen Beschluß ohne den Antrag, ja sogar ohne die Zustimmung des Ministerpräsidenten fassen, verließe er nicht nur seine Rolle als fremde Entscheidungen lediglich sanktionierender Dritter, sondern gewänne im Bereich der Stimmrechtserteilung sogar ein alleiniges Entscheidungsrecht über die Regierungsbildung. Ein Prinzip, das einen derartigen Einbruch in die Struktur der

[62] Abg. *Leuze* (FDP/DVP), Landtag Baden-Württemberg, 5. Wahlperiode, 6. Sitzung am 11. 7. 1968, S. 62.

[63] Landtag Baden-Württemberg, 5. Wahlperiode, 17. Sitzung am 23. 1. 1969, S. 680, 686.

[64] DöV 1973, S. 673, 676.

Regierungsbildung in Baden-Württemberg rechtfertigen könnte, ist nicht erkennbar. Die Verleihung des Stimmrechts im Kabinett an Staatssekretäre und Staatsräte durch den Landtag ist daher nur auf Antrag des Ministerpräsidenten möglich, auch wenn ein derartiges Erfordernis von der Verfassung nicht ausdrücklich genannt wird. Insoweit ist auch der Beschluß gem. Art. 45 II S. 4 bwLV in die Kategorien von parlamentarischer Zustimmung und Ablehnung einzuordnen.

V. Krise und Scheitern der Regierungsbildung

Das Interesse der Landesverfassungen an der Einsetzung einer Regierung kommt nicht nur in der Möglichkeit der Bildung von Minderheitsregierungen zum Ausdruck[1]. In fünf Ländern ist für die Regierungsbildung eine Frist gesetzt. Sie umfaßt in Baden-Württemberg und in Niedersachsen die gesamte, mit der Wahl des Ministerpräsidenten beginnende und mit der Bestätigung seiner Regierung abgeschlossene Kabinettsbildung und beträgt dort drei Monate (Art. 47 bwLV), hier lediglich 21 Tage (Art. 21 I ndsLV). In Berlin ist eine Neubildung des Senats zu Beginn jeder Legislaturperiode nicht zwingend vorgeschrieben und daher auch keine Frist für die Wahl des Regierenden Bürgermeisters gesetzt; ist dieser jedoch gewählt, muß gem. Art. 41 III berlLV auf seinen Vorschlag hin innerhalb von 21 Tagen die Wahl aller übrigen Senatoren erfolgen. Zweck der Fristsetzung in Baden-Württemberg, Berlin und Niedersachsen ist also, eine notwendige oder jedenfalls begonnene Regierungsbildung insgesamt zu einem — mehr oder weniger baldigen — Abschluß zu bringen.

Diese Feststellung gilt nicht für das Saarland und für Bayern. Dort soll die Wahl des Ministerpräsidenten innerhalb von drei Monaten (Art. 87 IV saarLV), hier innerhalb einer Woche, spätestens aber innerhalb von vier Wochen nach dem Zusammentritt eines neugewählten Landtages erfolgen (Art. 44 I, V bayLV); für die zur weiteren Regierungsbildung unerläßliche, an parlamentarische Zustimmung gebundene Ernennung der Minister ist jedoch keine Frist gesetzt. Dies bedeutet, soll mit dem Zeitlimit die baldige Einsetzung einer aktionsfähigen Regierung erreicht werden, ein Minus an Konsequenz gegenüber den übrigen drei Landesverfassungen; zuzugeben ist allerdings, daß bereits mit der Wahl des Ministerpräsidenten die wichtigste Hürde für die Einsetzung der Regierung, nämlich die konstruktive Einigung einer Landtagsmehrheit, genommen ist.

In Baden-Württemberg, Berlin und Niedersachsen kann der Regierungschef innerhalb der gesetzten Frist beliebig oft eine Regierung zusammenstellen und dem Parlament zur Bestätigung bzw. Wahl vorschlagen[2]; die Wiederholbarkeit dieses Verfahrens bestätigt ausdrück-

---

[1] s. o. Kap. II 2 c).

[2] *Spreng / Birn / Feuchte*, Art. 47 Anm. 2; *Landsberg / Goetz*, Art. 41 Anm. 3; *Pfennig / Neumann*, Art. 41 Rdn. 10.

lich Art. 20 V ndsLV. Sie besteht ebenso in den Ländern Hessen und Rheinland-Pfalz, wo für die Bestätigung der Landesregierung keine Frist gesetzt ist[3]. Die Wiederholbarkeit entspricht dem Sinn des Verfahrens: mit ihm soll dem Landtag nicht etwa die Chance eingeräumt werden, nach gründlicher Überlegung zum zweitenmal — nun möglicherweise (endgültig) ablehnend — über die Person des Regierungschefs zu entscheiden. Vielmehr soll er Einfluß auf die Auswahl der weiteren Regierungsmitglieder nehmen und die Einhaltung von Koalitions- und Fraktionsabsprachen über die Regierungsbildung überwachen können.

In Baden-Württemberg, Bayern, Niedersachsen und im Saarland ist die Frist für die Regierungsbildung in erster Linie gegen den Landtag gerichtet. Bei ihrer Überschreitung kann er in Baden-Württemberg, Bayern und im Saarland automatischer oder vom Landtagspräsidenten auszusprechender Auflösung nicht entgehen (Art. 47 bwLV, Art. 44 V bayLV, Art. 87 IV saarLV); in Niedersachsen muß er gem. Art. 21 I ndsLV über seine Auflösung beschließen. Für sie reicht in diesem Fall die absolute Mehrheit der Abgeordneten, während sonst bei einer Selbstauflösung gem. Art. 7 II S. 2 ndsLV zusätzlich die Zustimmung von zwei Dritteln der anwesenden Parlamentarier erforderlich ist. Das Scheitern der Regierungsbildung geht damit in Baden-Würtemberg, Bayern und im Saarland automatisch zu Lasten des Landtages.

In Berlin hingegen richtet sich die Fristsetzung für die Regierungsbildung nicht gegen das Abgeordnetenhaus, sondern gegen den Regierenden Bürgermeister. Kommt aufgrund seiner Wahlvorschläge innerhalb von 21 Tagen ein Senat nicht zustande, so erlischt sein Auftrag zur Senatsbildung, und es ist eine Neuwahl vorzunehmen, die freilich wieder auf denselben Kandidaten fallen kann (Art. 41 III berlLV)[4].

Die Stellung eines Regierungschefs, der sofort nach seiner Wahl die Unterstützung des Parlaments verliert, auf sie jedoch wegen der Notwendigkeit parlamentarischer Zustimmung zur weiteren Regierungsbildung angewiesen ist, verdient nicht nur unter dem Aspekt einer drohenden Parlamentsauflösung Aufmerksamkeit. Zu einem Scheitern der Regierungsbildung auf dieser Ebene kann es in allen Ländern außer Bremen, Hamburg, Nordrhein-Westfalen und Schleswig-Holstein kommen, wo entweder alle Regierungsmitglieder vom Parlament ohne Bindung an bestimmte Vorschläge gewählt oder die Minister außerhalb förmlichen parlamentarischen Einflusses berufen werden.

Zur Überwindung einer derartigen Krise halten die Verfassungen nur unzureichend spezifische Lösungen bereit. Der in einigen Ländern mögliche Rückgriff auf eine Parlamentsneuwahl ist nur angemessen, wenn

---

[3] *Zinn / Stein*, Art. 101, Erl. 11; *Süsterhenn / Schäfer*, Art. 98 Anm. 3 b.

[4] *Landsberg / Goetz*, Art. 41 Anm. 3; *Pfennig / Neumann*, Art. 41 Rdn. 10.

sich im Landtag keine konstruktive Mehrheit mehr zusammenfindet. Offen ist aber, was geschehen kann, wenn das Parlament nicht nur dem designierten Regierungschef den Auftrag zur Regierungsbildung entziehen will, sondern gleichzeitig einen Nachfolger bereit hält. In Berlin und in Niedersachsen kann es notfalls den Ablauf der Frist von 21 Tagen abwarten und dann zu einer Neuwahl schreiten. Im Saarland kann es gegen den Ministerpräsidenten, der für die Übernahme seines eigenen Amtes nicht auf eine Bestätigung seiner gesamten Regierung angewiesen und damit auch schon vor ihrer Bildung voll im Amt ist, mit einem einfachen Mißtrauensvotum gem. Art. 88 II saarLV vorgehen. In Bayern ist der Ministerpräsident gem. Art. 44 III S. 2 bayLV zum Rücktritt verpflichtet, wenn das Ausbleiben der Zustimmung zur Ernennung seiner Minister erkennen läßt, daß die politischen Verhältnisse ein vertrauensvolles Zusammenarbeiten zwischen ihm und dem Landtag unmöglich machen.

Eine Besonderheit besteht jedoch in den Ländern Baden-Württemberg, Hessen und Rheinland-Pfalz, wo der Ministerpräsident sein Amt vor einer Bestätigung der gesamten Landesregierung nicht übernehmen kann. Die Verfassungen dieser Länder sehen für den Landtag keine spezifische Möglichkeit vor, den designierten Regierungschef abzuwählen, obwohl dieses Bedürfnis entstehen kann, wenn bei einer knappen Mehrheit die Person des Gewählten aufgrund neuer Informationen einigen Abgeordneten nunmehr untragbar erscheint oder wenn sich — durch einen Fraktionswechsel — die Mehrheitsverhältnisse plötzlich ändern. Zwar liegt es nahe, daß jedenfalls in Hessen und Rheinland-Pfalz der designierte Ministerpräsident von seinem Auftrag[5] zurücktritt, wenn er den Verlust der Mehrheit erkennt. In Baden-Württemberg hingegen ist ihm mit Art. 47 bwLV ein beachtliches Machtmittel in die Hand gegeben: er kann darauf hoffen, daß diejenigen Abgeordneten, die die ursprüngliche Mehrheit zu Fall gebracht haben, letztlich doch noch eine von ihm vorgeschlagene Landesregierung bestätigen, weil sie nach einer Auflösung des Landtages damit rechnen müssen, bei den dann folgenden Neuwahlen nicht wieder aufgestellt zu werden.

Zur Lösung dieses Dilemmas bietet sich nur die Anwendung der Vorschriften über das konstruktive Mißtrauensvotum (Art. 54 bwLV) bzw. über den Vertrauensentzug (Art. 114 hessLV, Art. 99 II rhpfLV) an[6]. Gegen die Anwendung der genannten Vorschriften bestehen zwar insoweit Bedenken, als sie für die Absetzung einer voll im Amt befindlichen Landesregierung, nicht eines designierten Ministerpräsidenten, geschaffen sind. Auf den Schutz der Stabilität einer derartigen Regierung zie-

[5] Von einem Rücktritt vom Amt im eigentlichen Sinne kann man nicht sprechen, da der Ministerpräsident sein Amt noch nicht angetreten hat.

[6] So *Zinn / Stein*, Art. 101, Erl. 11.

len die besonderen für die Wirksamkeit des Mißtrauensvotums aufgestellten Bedingungen. Unter diesem Aspekt passen die genannten Bestimmungen nicht auf vorliegenden Fall, auch wenn sie Regelungen über den — hier ebenfalls erstrebten — Vertrauensentzug enthalten. Ihre Nichtanwendung brächte den Landtag aber in die groteske Lage, den Regierungsvorschlag des ungeliebten Ministerpräsidenten bestätigen zu müssen, um sofort anschließend mit dem Mißtrauensvotum gegen ihn vorzugehen. Der Landtag muß daher auch den designierten Ministerpräsidenten mit dem in der jeweiligen Landesverfassung vorgesehenen Mißtrauensvotum abwählen können.

Wünschenswert wäre freilich, in die Verfassungen von Baden-Württemberg, Hessen und Rheinland-Pfalz eine der Rechtslage in Berlin und Niedersachsen entsprechende Regelung aufzunehmen, wo der Auftrag zur Regierungsbildung nur für eine begrenzte Zeit erteilt wird.

VI. Ablauf der Amtszeit und Ablauf der Legislaturperiode

1. Die Rechtslage in den Ländern Baden-Württemberg, Bayern, Bremen, Hessen, Niedersachsen, Nordrhein-Westfalen und Saarland

a) Ende durch Fristablauf

Art. 44 I bayLV sieht die Wahl des Ministerpräsidenten auf die Dauer von vier Jahren vor. Ein Blick auf die nach der bayerischen Verfassung möglichen Konstellationen zeigt, daß diese Dauer zu kurz, aber auch zu lang bemessen sein kann.

Wenn der vorhergehende Landtag so früh wie möglich, also am Tag nach der Wahl, zusammengetreten ist und auch sofort einen Ministerpräsidenten gewählt hat, endet dessen Amtszeit gem. Art. 44 I bayLV bereits einen Tag nach Ablauf der durch Art. 16 I bayLV auf vier Jahre begrenzten Wahlperiode des Landtags. Zwar findet gem. Art. 16 II bayLV spätestens mit Ablauf der Wahldauer des Landtages dessen Neuwahl statt. Der neugewählte Landtag braucht gem. Art. 16 I S. 2 bayLV aber erst am 15. Tag nach der Wahl zusammenzutreten, also 14 Tage nach dem Ablauf der Amtszeit des bisherigen Ministerpräsidenten. Art. 44 I bayLV sieht zwar vor, daß der Landtag innerhalb einer Woche nach seinem Zusammentritt den neuen Ministerpräsidenten wählt. Die Einhaltung dieser Frist ist aber nicht sanktioniert; aus Art. 44 V bayLV ergibt sich vielmehr, daß nach dem Zusammentritt noch eine Frist von vier Wochen bis zur Neuwahl verstreichen kann. Damit kann zwischen dem Ablauf der Amtszeit des Ministerpräsidenten und der Wahl seines Nachfolgers ein Zeitraum von bis zu sechs Wochen liegen.

Die in Art. 44 I bayLV vorgesehene Amtszeit von vier Jahren kann sich aber auch als zu lang erweisen. Ist nämlich der alte Landtag erst 15 Tage nach seiner Wahl zusammengetreten und hat er den Ministerpräsidenten erst vier Wochen nach seinem Zusammentritt gewählt, so fehlen an der Vollendung von dessen Amtszeit noch sechs Wochen, falls der neugewählte Landtag bereits am Tage nach seiner Wahl zusammentritt und einen Nachfolger des Regierungschefs bestimmt.

Die sich hieraus ergebenden Fragen kann das „Gesetz über die Rechtsverhältnisse der Mitglieder der Staatsregierung" (StRegG) nicht beantworten. Art. 8 I Nr. 1 StRegG bestimmt zwar, das Amtsverhältnis des

Ministerpräsidenten ende nach der Neuwahl des Landtages mit der Vereidigung eines neuen Regierungschefs. Diese Regelung kann die in der Landesverfassung getroffene Festlegung der Amtszeit nicht modifizieren, da das Gesetz nicht verfassungsändernd und in der Verfassung auch nicht zur näheren Ausgestaltung der Wahlperiode des Ministerpräsidenten vorgesehen ist[1]. Äußerungen des bayerischen Ministerpräsidenten *Ehard* (CSU) lassen erkennen, daß die Regelung des Art. 44 I bayLV in der Verfassungspraxis jedenfalls insoweit wörtlich genommen wird, als sie eine äußerste Grenze für die Amtszeit des Regierungschefs festlegt[2]. In der Literatur ist hingegen der Versuch gemacht worden, aufgrund allgemeiner Überlegungen zu einer Auslegung zu gelangen, die die absolute Regelung des Art. 44 I bayLV modifiziert: die Amtsperiode müsse nach ihrem politischen Sinn, nicht jedoch mathematisch abgegrenzt werden. „Auf die Dauer von vier Jahren" müsse daher als Amtszeit des Landtages, vermehrt um die Spanne bis zur Neuwahl des Regierungschefs durch den neuen Landtag[3] oder bis zu seiner Vereidigung[4] verstanden werden. Für diese Meinung kann auch eine Entscheidung des Bayerischen Verwaltungsgerichtshofs herangezogen werden. In einem Verfahren um den nach der Vollendung des 50. Lebensjahres einsetzenden Pensionsanspruch eines Staatssekretärs[5] hatte das Gericht die Frage zu entscheiden, ob der Kläger dieses Alter vor oder nach dem Ausscheiden aus dem Amt erreicht hatte. Die Regierung, der er angehört hatte, war am 16. 12. 1946 zurückgetreten; ein neuer Ministerpräsident wurde am 21. 12. 1946 gewählt, ein Nachfolger für den Kläger, der am 25. 12. 1946 das 50. Lebensjahr erreichte, hingegen erst am 22. 1. 1947 ernannt. Obwohl es genügt hätte festzustellen, daß das Amtsverhältnis des Klägers gem. Art. 44 III S. 3 bayLV mit dem Rücktritt des Ministerpräsidenten geendet hatte, machte das Gericht Ausführungen über die Auslegung von Art. 44 I bayLV und erklärte im Anschluß an *Nawiasky*[6], das Ende der Amtsdauer des Regierungschefs falle mit der Neuwahl seines Nachfolgers zusammen[7].

---

[1] Hinzu kommt der begriffliche Unterschied zwischen Amtszeit und Amtsverhältnis, vgl. oben Kap. II 1.

[2] Bayerischer Landtag, 2. Wahlperiode, 1. Sitzung vom 11. 12. 1950, S. 7: Die Amtszeit seiner Regierung ende am 20. 12. 1950, nachdem er am 21. 12. 1946 gewählt worden war.

[3] So *Nawiasky / Leusser / Schweiger / Zacher (Nawiasky)*, III, S. 29/30; *Kratzer*, BayVBl. 1969, S. 349, der zu Unrecht von einem nur einwöchigen Interregnum ausgeht. Diese Auffassung entspricht weder der Verfassung noch dem StRegG.

[4] So *Nawiasky / Leusser / Schweiger / Zacher (Schweiger)*, Art. 44 Rdn. 3.

[5] Staatssekretäre sind gem. Art. 43 III bayLV Mitglieder der bayerischen Staatsregierung.

[6] *Nawiasky / Leusser / Schweiger / Zacher*, III, S. 29/30.

[7] BayVGH BayVBl. 1956, S. 155; rechtskräftig lt. Mitteilung BayVGH vom 9. 3. 1978, Tgb. Nr. 101 III 54.

Diesen Überlegungen ist zwar zuzugeben, daß die starre Regelung des Art. 44 I bayLV wenig zweckmäßig erscheint. Eine politisch zweckmäßige Auslegung stößt aber nicht nur auf Schwierigkeiten bei der genauen Festlegung des Endpunktes der Amtszeit des Ministerpräsidenten; hier müßte im Hinblick auf die übrigen Regelungen der Verfassung nicht auf den Zeitpunkt der Neuwahl, sondern den der Vereidigung abgestellt werden, da der Ministerpräsident erst nach der Eidesleistung Amtshandlungen vornehmen kann[8]. Eine solche Auslegung verstößt aber vor allem gegen den klaren Wortlaut der Verfassung, der die äußerste Grenze jeder Interpretation bildet[9] und nicht lediglich eine Wahl auf „ca. vier Jahre" vorsieht. Diese Tatsache kann ebensowenig in Zweifel gezogen werden, wie die gem. Art. 16 I bayLV auf vier Jahre festgelegte Wahlperiode des Landtages durch Auslegung verlängert werden könnte. Der Wortlaut der Landesverfassung enthält demnach auch keine Lücke, die durch Art. 8 StRegG geschlossen werden könnte, der als Zeitpunkt für die Beendigung des Amtsverhältnisses des Ministerpräsidenten die Vereidigung seines Nachfolgers nennt. Die Amtszeit des bayerischen Ministerpräsidenten endet daher spätestens nach Ablauf von vier Jahren. Das schließt nicht aus, daß er weiter geschäftsführend tätig bleibt.

Anders ist die Frage zu beurteilen, ob die Amtszeit des bayerischen Ministerpräsidenten auch vor Ablauf von vier Jahren enden kann, wenn er erst sechs Wochen nach der Wahl des alten Landtages gewählt worden war, das neue Parlament den Regierungschef aber schon am Tag nach der Landtagswahl bestimmen will. Eine strikte Anwendung der Regel der vierjährigen Amtszeit hätte zur Folge, daß der alte Ministerpräsident noch sechs Wochen nach der Landtagsneuwahl im Amt bliebe. Selbst wenn eine derartige Auslegung nicht daran scheitert, daß eine Regierung niemals die Wahlperiode des Parlaments überdauern kann[10], bleibt sie doch wegen anderer bayerischer Verfassungssätze undurchführbar. Denn gem. Art. 44 I bayLV hat der Landtag den Ministerpräsidenten spätestens innerhalb einer Woche nach seinem Zusammentritt zu wählen; ist eine Neuwahl auch nach vier Wochen noch nicht zustande gekommen, hat der Landtagspräsident den Landtag gem. Art. 44 V bayLV aufzulösen. Diese Bestimmungen wären unanwendbar, wenn der neugewählte Landtag bis zu sechs Wochen warten müßte, bevor er zu einem ersten Wahlgang schreiten kann. Durch die sanktionierte Fristsetzung bringt die Verfassung zum Ausdruck, daß sie einer schnellen Wahl des Ministerpräsidenten einen hohen Rang beimißt. Das Recht des Landtages, innerhalb der ihm gesetzten Fristen einen neuen Regierungschef zu bestimmen, hat Vorrang vor dem Interesse des alten Mi-

[8] s. o. Kap. II 2 f).

[9] Vgl. BVerfGE 18, S. 97, 111.

[10] Vgl. dazu Kap. VI 1 b).

nisterpräsidenten an der Vollendung seiner vierjährigen Amtszeit. Insoweit ist Wissenschaft und Praxis in der Auffassung zuzustimmen, daß die Amtszeit des bayerischen Ministerpräsidenten jedenfalls mit der Neubestimmung des Nachfolgers durch den neugewählten Landtag endet[11]. Davon geht auch Art. 8 I StRegG aus.

b) Ende mit Ablauf der Legislaturperiode

Die vor allem von *Friesenhahn* unter Berufung auf die Grundsätze des parlamentarischen Regierungssystems vertretene These, die Amtsdauer einer vom Parlament gewählten Regierung sei auf die Legislaturperiode begrenzt[12], ist kodifiziertes Recht nur in Bremen, dessen Verfassung in Art. 107 bremLV eine Wahl der Senatsmitglieder für die Dauer der Wahlperiode der Bürgerschaft vorsieht. Einen Anhaltspunkt für die Dauer des sich aus dieser Bestimmung ergebenden Interregnums enthält Art. 81 bremLV, der den Zusammentritt der neugewählten Bürgerschaft innerhalb eines Monats nach Ablauf der Wahlperiode ihrer Vorgängerin anordnet. Eine dem bremischen Recht entsprechende Regelung enthielt Art. 45 I der Verfassung für das Land Württemberg-Hohenzollern vom 18. Mai 1947, der vorsah, der Regierungschef — damals noch unter der Bezeichnung „Staatspräsident" — werde vom Landtag „für denselben Zeitraum wie der Landtag" gewählt[13].

c) Ende mit Zusammentritt des neugewählten Landtages

Die Amtszeit des baden-württembergischen Ministerpräsidenten endet gem. Art. 55 II bwLV mit dem Zusammentritt des neugewählten Landtages. Die Bestimmung des § 8 I bwMinG, nach der das Amtsverhältnis der Mitglieder der Regierung erst mit der Bestätigung einer neuen Regierung endet, bedeutet keine Verlängerung der Amtszeit des Ministerpräsidenten über den in Art. 55 II bwLV genannten Zeitpunkt hinaus, da das Ministergesetz den Begriff „Amtsverhältnis" auch auf geschäftsführend tätige Regierungen anwendet.

Auch in Nordrhein-Westfalen endet die Amtszeit des Ministerpräsidenten gem. Art. 62 II nwLV mit dem Zusammentritt eines neugewählten Landtages. Eine entsprechende Regelung ist im Saarland durch die Verfassungsreform 1979 geschaffen worden (Art. 87 III S. 1 saarLV). Ähnlich löst in den Ländern Hessen und Niedersachsen die Neukonstituierung des Landtags die Rücktrittspflicht des Ministerpräsidenten und

[11] Vgl. Ministerpräsident *Ehard* (CSU), Bayerischer Landtag, 2. Wahlperiode, 1. Sitzung am 11. 12. 1950, S. 7; *Nawiasky / Leusser / Schweiger / Zacher (Schweiger)*, Art. 44 Rdn. 3; *Zacher*, JöR n. F. 15 (1966), S. 321, 358.

[12] VVDStRL 16, S. 9, 43 f., ebenso These Nr. 17, S. 63.

[13] Text bei *Schultes* S. 149 ff.

damit auch das Ende seiner Amtszeit aus (Art. 113 II hessLV, Art. 24 II ndsLV). Ebensowenig wie in Baden-Württemberg kann in Niedersachsen diese Tatsache unter Hinweis auf das Ministergesetz in Zweifel gezogen werden, das in § 2 eine § 8 I bwMinG entsprechende Regelung enthält.

Die Verknüpfung des Endes der Amtszeit des Ministerpräsidenten mit dem Zusammentritt eines neugewählten Landtages ist von ihren Schöpfern als Verwirklichung der Grundkonzeption des parlamentarischen Regierungssystems verstanden worden[14]. Seit der Abschaffung der Monarchie sei die Regierung in erster Linie nicht mehr Gegenspieler, sondern „Produkt des Parlaments in seiner jeweiligen Zusammensetzung", so daß jedes Parlament die ihm zugeordnete Regierung haben müsse[15].

d) Ende mit Neuwahl des Regierungschefs

Soweit die Amtszeit des Ministerpräsidenten in der einen oder anderen Form mit der Wahlperiode des Landtages verknüpft ist, wird die Neuwahl des Nachfolgers von keiner Verfassung ausdrücklich als Zeitpunkt für das Ende der Amtszeit des Vorgängers genannt. Eine derartige These wird nur für die Rechtslage in Bayern vertreten[16]. Sie ist nur insoweit zutreffend, als es um eine Beendigung der Amtszeit vor Ablauf der in Art. 44 I bayLV vorgesehenen Dauer von vier Jahren geht[17].

2. Die Rechtslage in Preußen

Ist das Ende der Amtszeit des Ministerpräsidenten in der Verfassung nicht ausdrücklich bestimmt, bleibt zunächst offen, ob diese Amtszeit überhaupt zeitlich begrenzt ist. Die Diskussion um diese Frage hat sich nicht erst an den Verfassungen der Länder der Bundesrepublik Deutschland entzündet. Zu einer längeren wissenschaftlichen Auseinandersetzung kam es, als bei den Landtagswahlen in Preußen am 7. 12. 1924 die aus SPD, Zentrum und DDP gebildete „Weimarer Koalition" nur noch 222 der insgesamt 450 Landtagssitze gewann. Der einzig einschlägige Artikel 45 der preußischen Verfassung enthielt mit der Regelung „Der Landtag wählt ohne Aussprache den Ministerpräsidenten" kaum einen Hinweis, ob die von Ministerpräsident *Otto Braun* (SPD) geführte Re-

---

[14] Vgl. *Feuchte*, StAnz. Baden-Württemberg, 1. Jg., Nr. 45 vom 18. 10. 1952, S. 2, 3; Erster Teilbericht der Enquêtekommission für Verfassungsfragen, Landtag des Saarlandes, 7. Wahlperiode, Drs. Nr. 7/1260 (Minderheitsvotum).

[15] So Abg. *Schmid* (SPD), Parlamentarischer Rat, Hauptausschuß, 34. Sitzung am 11. 1. 1949, S. 426 zu Art. 69 II GG.

[16] *Nawiasky / Leusser / Schweiger / Zacher (Nawiasky)*, III, S. 29/30; *Kratzer*, BayVBl. 1969, S. 349; BayVGH BayVBl. 1956, S. 155; Ministerpräsident *Ehard* (CSU), Bayerischer Landtag, 2. Wahlperiode, 1. Sitzung am 11. 12. 1950, S. 7.

[17] s. o. Kap. VI 1 a).

gierung auch nach dem Zusammentritt des neuen Landtages von Verfassung wegen weiterhin voll im Amt war. Es lohnt sich, die in der damaligen Auseinandersetzung geäußerten Ansichten in Erinnerung zu rufen, zumal sie auch zur Lösung entsprechender Fragen des heutigen Landesverfassungsrechts herangezogen werden[18].

Die These, die Amtszeit der preußischen Landesregierung habe spätestens mit dem Zusammentritt des neuen Landtages geendet, konnte an dem Wortlaut von Art. 45 preußLV nur anknüpfen, indem sie den Satz „Der Landtag wählt ..." als „Der *gegenwärtige* Landtag wählt ..." verstand. Diese Auslegung, sprachlich anscheinend nur schwer zu rechtfertigen, wies nicht ganz zu Unrecht auf eine andere Verfassungsbestimmung hin, nach der „der Landtag" den Landtagspräsidenten zu wählen habe, der ganz zweifellos nicht länger als eine Legislaturperiode im Amt bleibe. Das Ende der Amtszeit des Ministerpräsidenten sollte sich auch daraus ergeben, daß die Landesregierung nur ein Ausschuß des Landtages sei, diesen also nicht überdauern könne[19]. Schließlich sei die Regelung, eine Neuwahl schon mit einfacher, ein Mißtrauensvotum hingegen nur mit qualifizierter Mehrheit zuzulassen, nur gegenüber ein und demselben Landtag gerechtfertigt; auf diese Weise dürfe nicht einem neugewählten Landtag eine Regierung gewissermaßen aufgedrängt werden. Nur die These, jeder neue Landtag habe auch eine neue Regierung zu wählen, werde der Vormachtstellung des Landtages gerecht[20].

Diese Auslegung des Art. 45 preußLV setzte sich nicht durch; sie wurde zunächst mit Hinweis auf die Entstehungsgeschichte dieser Bestimmung in Zweifel gezogen. Der Wortlaut der Vorschrift spreche eher gegen eine Begrenzung der Amtszeit, die Heranziehung der Bestimmungen über die Wahl des Landtagspräsidenten sei unsystematisch. Vor allem sei die Regierung kein bloßer Ausschuß des Parlaments, da sie ihre Kompetenzen unmittelbar aus der Verfassung herleiten könne und die Minister nicht Mitglieder des Landtages zu sein brauchten. Es gebe nicht einmal einen allgemeinen Grundsatz, daß mit dem Wegfall einer Körperschaft auch die von ihr bestellten Organe wegfallen oder zurücktreten müßten. Der Beginn einer neuen Legislaturperiode bedeute keine praesumtio juris für die Entziehung des in parlamentarischen Systemen erforderlichen Vertrauens. Die Vormachtstellung des Landtages bleibe durch das immer mögliche Mißtrauensvotum gesichert[21].

---

[18] Vgl. *Uhlitz*, DöV 1956, S. 485, 486; *Knies*, JuS 1975, S. 420, 424.

[19] Vgl. *Hatschek*, Staatsrecht I, S. 52, 577 ff.; *Nawiasky*, Stellung der Regierung, S. 7.

[20] Vgl. zusammenfassend *Koellreutter*, DJZ 1925, Sp. 243 f.; diese Auffassung hat *Koellreutter* allerdings aufgegeben in HdbDStR I, S. 669 mit Fn. 15.

[21] Vgl. *Preußischer Justizminister*, JR 1925, Sp. 122 - 124; *Lucas*, JR 1925, Sp. 516 - 517, 519 - 521, 530; *Preuß*, DJZ 1925, Sp. 173, 174; *Loening*, PrVBl.

Zu einer richterlichen Auslegung des Art. 45 preußLV kam es weder im Zusammenhang mit dem Verfassungsstreit von 1924 noch später im Verfahren vor dem Reichsgericht über die Rechtmäßigkeit des sog. Preußenschlags vom 20. Juli 1932. Reichspräsident *v. Hindenburg* hatte aufgrund des Art. 48 WRV Reichskanzler *v. Papen* zum Reichskommissar für das Land Preußen bestellt und ihn ermächtigt, die Mitglieder der preußischen Staatsregierung ihrer Ämter zu entheben. *v. Papen* hatte daraufhin Ministerpräsident *Braun* (SPD) abgesetzt und selbst dessen Amtsgeschäfte übernommen[22]. Zu diesem Zeitpunkt war das Kabinett *Braun* nur noch geschäftsführend tätig, da es nach seiner Niederlage bei den preußischen Landtagswahlen vom 24. 4. 1932 zurückgetreten war[23]. Das Reichsgericht hatte daher nur zu entscheiden, ob die preußische Staatsregierung trotz der von Reichspräsident und Reichskanzler getroffenen Maßnahmen weiterhin geschäftsführend im Amt war, aber nicht, wann ihre Amtszeit endete[24].

3. Die Rechtslage in den Ländern Berlin, Hamburg, Rheinland-Pfalz und Schleswig-Holstein

a) Positivrechtliche Ausgangslage

aa) Die einschlägigen Texte

Der Wortlaut der Verfassungen der Länder Berlin, Hamburg, Rheinland-Pfalz und Schleswig-Holstein sieht keine Verknüpfung der Amtszeit der Regierung mit der Wahlperiode des Landesparlaments vor. Die Verfassungen beschränken sich auf die Aussage, Ministerpräsident und Senatoren würden vom Parlament gewählt (Art. 41 I berlLV, Art. 34 I hambLV, Art. 98 II rhpfLV, Art. 21 II shLS).

In Berlin gilt mit § 14 I berlSenG allerdings eine Regelung, die auf eine kodifizierte Begrenzung der Amtszeit des Regierenden Bürgermeisters hinzudeuten scheint. Die Bestimmung sieht vor, daß das Amt eines Mitgliedes des Senats außer mit dem Tod mit dem Rücktritt oder mit einer Neubildung des Senats, im Falle eines Mißtrauensvotums mit dem Amtsantritt des Nachfolgers endet. Bliebe angesichts der übrigen Beendigungsgründe für die Alternative „Neubildung des Senats" als Anwendungsfall nur eine automatisch zu Beginn der Legislaturperiode erfolgende Regierungsbildung, wäre die Frage zu stellen, welchen Ein-

---

1925, S. 190, 191 f.; *Scheuner*, AöR 13 (1927), S. 209, 230; *Feuerstein*, S. 28 ff., 45; *Bertram*, AöR n. F. 23 (1933), S. 129, 144; *Anschütz*, Art. 17 Anm. 5 (S. 137 Fn. 1).

[22] AdG, 20. 7. 1932, S. 416 E.

[23] AdG, 26. 4. 1932, S. 310 E.

[24] Entscheidungen des Staatsgerichtshofs für das Deutsche Reich, RGZ 138, Anh. 1, 10, 40.

fluß das Senatorgesetz auf die in der Verfassung von Berlin enthaltenen Regelungen oder Regelungslücken haben kann[25]. Als eigener Anwendungsbereich für § 14 I berlSenG verbleibt jedoch der Fall, daß der Regierende Bürgermeister stirbt. Damit endet auch das Amt der übrigen Senatoren, da sie gem. Art. 41 I berlLV auf Vorschlag des (neuen) Regierenden Bürgermeisters gewählt sein müssen[26]. Hier kommt es also zu einer Neubildung des Senats, der kein Rücktritt und auch nicht der Tod des betroffenen Senators vorausgegangen ist.

Im übrigen war bei der Verabschiedung des Senatorgesetzes am 7. Juli 1953 aus der Verfassungspraxis bereits bekannt, daß das Amt der Senatsmitglieder nicht automatisch mit dem Ablauf der Wahlperiode des Abgeordnetenhauses endete; vielmehr war Oberbürgermeister *Reuter* (SPD)zu Beginn der neuen Legislaturperiode im Jahre 1951 ausdrücklich unter Hinweis auf „alten parlamentarischen Brauch" zurückgetreten[27]. Insoweit konnte der Gesetzgeber schwerlich von der Notwendigkeit der Neubildung eines Senats ohne vorher erfolgten Rücktritt ausgehen.

bb) Grammatische Auslegung

Einen Nachweis der Verknüpfung der Amtszeit der Regierung mit der Wahlperiode des Parlaments schon mit den begrenzten Mitteln der grammatischen Auslegung versucht die These, eine Neuwahl des Ministerpräsidenten müsse deshalb zu Beginn jeder Legislaturperiode erfolgen, da die Bestimmung „Der Landtag wählt ..." als „Jeder neue Landtag wählt ..." zu lesen sei[28]. Für diese Auffassung kann, soweit sie sich nicht auf allgemeine Grundsätze des Parlamentarismus beruft, das bereits aus dem preußischen Verfassungsstreit von 1925 bekannte Argument geltend gemacht werden, auch in anderen Verfassungsbestimmungen — etwa denjenigen über die Wahl des Landtagspräsidenten — werde von einer Wahl durch den Landtag gesprochen, womit jeder neugewählte Landtag gemeint sei[29].

Eine nähere Betrachtung der Verfassungen der betroffenen Bundesländer legt jedoch eine umgekehrte Folgerung nahe. Während eine Begrenzung der Amtszeit der Ministerpräsidenten und Senatoren nirgends ausgesprochen ist, ordnet Art. 28 II berlLV die Wahl des Parlaments-

---

[25] Vgl. *Uhlitz*, DöV 1956, S. 485, 488.

[26] Vgl. dazu auch Kap. XII 3 a).

[27] Abgeordnetenhaus von Berlin, 1. Wahlperiode, 1. Sitzung am 11. 1. 1951, S. 4.

[28] So *Süsterhenn / Schäfer*, Art. 98 Anm. 3 a; *Schäfer*, DVBl. 1969, S. 737, 739; *Krause*, DöV 1975, S. 401, 403; vgl. auch Abg. *Steffen* (SPD), Schleswig-holsteinischer Landtag, 6. Wahlperiode, 54. Sitzung vom 24. 11. 1969, S. 2325; ablehnend *Uhlitz*, DöV 1956, S. 485, 487.

[29] s. o. S. 68.

präsidiums für die Dauer der Wahlperiode des Abgeordnetenhauses an. Ähnlich bestimmen Art. 85 II rhpfLV und Art. 13 III shLS, daß das vom Landtag gewählte Präsidium seine Geschäfte bis zum Zusammentritt eines neuen Landtages führt. Hier weist die Landesverfassung also ausdrücklich auf die äußerste Grenze der Amtszeit eines vom Landtag gewählten Organs hin. Auch eine Betonung des Begriffs *weiter*führen bedingt keine andere Auslegung: wenn die Verfassung mit dieser Formulierung eine Beendigung des Amtes schon mit Ablauf der Legislaturperiode unterstellen und nur deshalb eine Weiterführung der Geschäfte anordnen will, kann man umgekehrt annehmen, diese Unterstellung solle nicht gelten, wo eine derartige Geschäftsführung nicht vorgesehen ist. Diese Erwägung wird allerdings durch die Unvollständigkeit der Bestimmungen über die Pflicht zur Geschäftsführung in den betroffenen Ländern relativiert.

In der Verfassung von Hamburg ist eine entsprechende Bestimmung zwar nicht vorgesehen. Dort sieht Art. 18 I hambLV aber vor, daß die Bürgerschaft „ihren" Präsidenten wählt. Auch hier kann dem Wortlaut der Verfassung also ein ausdrücklicher Hinweis auf die begrenzte Amtszeit des Parlamentspräsidiums entnommen werden, ohne daß in die einschlägige Bestimmung „die *neugewählte* Bürgerschaft" hineingelesen oder allgemeine parlamentarische Grundsätze herangezogen werden müßten. Die übrigen Bestimmungen der betroffenen Landesverfassungen deuten also darauf hin, daß die Verfassung auch für die Amtszeit des Ministerpräsidenten einen ausdrücklichen Hinweis enthielte, wenn sie eine Begrenzung anordnen wollte.

b) Praktische Auswirkungen einer unbegrenzten Amtszeit

Politische und rechtliche Aspekte bestimmen gleichermaßen die praktische Bedeutung der Frage nach einer Verknüpfung von Wahlperiode und Amtszeit. Ihr kann nicht mit dem Hinweis begegnet werden, den Landtagen in den betroffenen Ländern stehe es jedenfalls frei, im Wege des Mißtrauensvotums einen Nachfolger für den möglicherweise noch voll im Amt befindlichen Regierungschef zu wählen. Ein Mißtrauensvotum ist schon wegen seines demonstrativen politischen Charakters kein gleichwertiger Ersatz für ein Parlament und seine Mehrheit[30], die zu Beginn einer neuen Legislaturperiode eine neue Regierung einsetzen möchte, ohne dies mit einer spektakulären Mißbilligung der bisherigen Amtsinhaber zu verbinden.

Ein rechtlicher Unterschied kommt hinzu. In Berlin braucht der Regierende Bürgermeister gem. Art. 41 I berlLV nur die Mehrheit der abgegebenen Stimmen auf sich zu vereinen; in Schleswig-Holstein kann

[30] Vgl. *v. Beyme* S. 638.

gem. Art. 22 II shLS in einem späteren Wahlgang zum Ministerpräsidenten sogar gewählt werden, wer die meisten Stimmen erhält. In beiden Ländern ist ein Mißtrauensvotum aber nur möglich, wenn die Mehrheit der Mitglieder des Parlaments zustimmt (Art. 42 III berlLV, Art. 30 shLS). Ein neugewähltes Parlament auf die Möglichkeit des Mißtrauensvotums zu verweisen kann daher bedeuten, ihm die Chance zur Regierungsbestellung überhaupt zu nehmen, die bestände, wenn die bisherige Regierung nur noch geschäftsführend tätig wäre.

c) Verfassungspraxis

Die Verfassungspraxis in den betroffenen Ländern ist unterschiedlich.

In Berlin hat der Regierende Bürgermeister jeweils in der ersten Sitzung des neugewählten Abgeordnetenhauses seinen Rücktritt erklärt[31]. Oberbürgermeister *Reuter* (SPD), der diese ununterbrochene Verfassungspraxis einleitete, erklärte bei seinem Rücktritt im Jahre 1951, der Magistrat halte es „nach altem parlamentarischen Brauch" für selbstverständlich, die ihm durch das Vertrauen der letzten Stadtverordnetenversammlung übertragenen Ämter dem neugewählten Abgeordnetenhaus wieder zur Verfügung zu stellen[32]. Bei den späteren Rücktritten zu Beginn der jeweiligen Legislaturperiode wurden allerdings keine derartigen Begründungen mehr genannt.

Eine ähnliche, allerdings nicht identische Praxis ist in Rheinland-Pfalz zu beobachten. Dort ist in den Jahren 1951 und 1955 zu Beginn der Legislaturperiode ein neuer Ministerpräsident gewählt worden, ohne daß der bisherige Amtsinhaber seinen Rücktritt erklärt hätte[33]. In den darauffolgenden Jahren kam es nicht mehr zu einer automatischen Neuwahl; vielmehr erklärte der Ministerpräsident zu Beginn der Legislaturperiode seinen Rücktritt, der jeweils mit der Wahl eines neuen Landtages begründet wurde[34].

[31] Abgeordnetenhaus von Berlin, 1. Wahlperiode, 1. Sitzung am 11. 1. 1951, S. 4 (*Reuter*, SPD), 2. Wahlperiode, 1. Sitzung am 11. 1. 1955, S. 4 (*Schreiber*, CDU), 3. Wahlperiode, 1. Sitzung am 12. 1. 1959, S. 3 (*Brandt*, SPD), 4. Wahlperiode, 1. Sitzung am 8. 3. 1963, S. 4 (*Brandt*, SPD), 5. Wahlperiode, 1. Sitzung am 6. 4. 1967, S. 7 (*Albertz*, SPD), 6. Wahlperiode, 1. Sitzung am 19. 4. 1971, S. 5 (*Schütz*, SPD), 7. Wahlperiode, 1. Sitzung am 24. 4. 1975, S. 5 (*Schütz*, SPD).

[32] Abgeordnetenhaus von Berlin, 1. Wahlperiode, 1. Sitzung am 11. 1. 1951, S. 4.

[33] Landtag Rheinland-Pfalz, 2. Wahlperiode, 2. Sitzung am 13. 6. 1951, S. 13 (*Altmeier*, CDU), 3. Wahlperiode, 1. Sitzung am 1. 6. 1955, S. 9 (*Altmeier*, CDU).

[34] Landtag Rheinland-Pfalz, 4. Wahlperiode, 1. Sitzung am 19. 5. 1959, S. 8 (*Altmeier*, CDU), 5. Wahlperiode, 1. Sitzung am 18. 5. 1963, S. 8 (*Altmeier*, CDU), 6. Wahlperiode, 1. Sitzung am 18. 5. 1967, S. 9 (*Altmeier*, CDU), 7. Wahlperiode, 1. Sitzung am 18. 5. 1971, S. 10 (*Kohl*, CDU), 8. Wahlperiode, 1. Sitzung am 20. 5. 1975, S. 10 (*Kohl*, CDU).

In Hamburg ist der Senat niemals zu Beginn der Legislaturperiode zurückgetreten. Ein solcher Rücktritt wurde auch nicht verlangt.

Eine eindeutige Verfassungspraxis kann auch aus Schleswig-Holstein berichtet werden, wo der Ministerpräsident ebenfalls nie wegen der Neuwahl des Landtages zurückgetreten ist. Zu Beginn der neuen Legislaturperiode im Jahre 1950 lehnte Ministerpräsident *Diekmann* (SPD) einen Rücktritt sogar ab, obwohl er die Mehrheit verloren hatte; er erklärte, er sei zwar grundsätzlich zum Rücktritt bereit, halte es aber aufgrund der Landessatzung für seine Pflicht, im Amt zu bleiben[35]. Diese Verfassungspraxis wird dadurch erhärtet, daß der schleswig-holsteinische Landtag zu Beginn seiner 6. Wahlperiode im Jahre 1967 den Antrag der SPD-Minderheit, in die Tagesordnung den Punkt „Wahl des Ministerpräsidenten“ aufzunehmen, mit der Begründung ablehnte, der bisherige Ministerpräsident sei weiter im Amt[36]. Von verschiedenen politischen Parteien in den Jahren 1950, 1967 und 1969 gestellte Anträge, das Ende der Amtszeit des Ministerpräsidenten mit der Auflösung des Landtages[37] oder mit dem Zusammentritt eines neuen Landtages zu verknüpfen[38], wurden vom Landtag nicht angenommen.

d) Entstehungsgeschichte

Die Verfassungsberatungen der Berliner Stadtverordnetenversammlung fanden vor dem Hintergrund von Art. 3 II der Vorläufigen Verfassung von Groß-Berlin vom 13. 8. 1946 statt, der bestimmte, daß die Mitglieder des Magistrats von der Stadtverordnetenversammlung für deren Wahldauer gewählt wurden[39]. Während der Debatte über den Entwurf für eine endgültige Verfassung kam es zu keiner ins einzelne gehenden Erörterung, ob die Amtszeit des Regierenden Bürgermeisters von der Legislaturperiode abhängig sei. Äußerungen eines Vertreters der Abgeordnetenmehrheit[40], es sei selbstverständlich, daß eine Regie-

---

[35] Schleswig-holsteinischer Landtag, 2. Wahlperiode, 1. Sitzung am 7. 8. 1950, S. 51. Zu Beginn der 3. Wahlperiode trat Ministerpräsident *Lübke* (CDU) in der 1. Sitzung vom 11. 10. 1954 nur aus Gesundheitsgründen zurück. Der Rücktritt von Ministerpräsident *Lemke* (CDU) in der 1. Sitzung der 7. Wahlperiode am 24. 5. 1971 fand seinen Grund nicht in der Neuwahl des Landtages, sondern darin, daß der Abg. *Stoltenberg* (CDU) zu seinem Nachfolger gewählt werden sollte.

[36] Schleswig-holsteinischer Landtag, 6. Wahlperiode, 1. Sitzung am 16. 5. 1967, S. 7, 9, 11.

[37] Antrag von CDU, FDP und DP (Deutscher Wahlblock), Schleswig-holsteinischer Landtag, 2. Wahlperiode, 3. Sitzung am 13. 10. 1950, S. 78, 4. Sitzung am 14. 11. 1950, S. 181/182 — vertagt —.

[38] Antrag der SPD, Schleswig-holsteinischer Landtag, 6. Wahlperiode, 10. Sitzung am 7. 11. 1967, S. 328, 333 (Text in Drs. Nr. 122) — abgelehnt —; 54. Sitzung am 24. 11. 1969, S. 2320, 2328 (Text in Drs. Nr. 870) — bei Ablauf der Wahlperiode nicht erledigt —.

[39] Verordnungsblatt der Stadt Berlin, Nr. 35 vom 4. 9. 1946, S. 295; Text auch bei *Landsberg / Goetz*, S. 223 ff.

rung nur solange im Amt zu bleiben habe, wie sie das Vertrauen der Mehrheit der Abgeordneten genießt, gestatten keine eindeutige Beweisführung.

Deutlicher lassen die Verfassungsberatungen in Rheinland-Pfalz erkennen, daß trotz des unbestimmten Wortlauts des Art. 98 rhpfLV die Landesregierung nur für die Dauer der Wahlperiode des Landtages bestellt werden sollte, wie der Berichterstatter des Verfassungsausschusses im Plenum ausdrücklich erklärte[41]. Zu einer ausführlichen Debatte über diesen Punkt kam es nicht.

Demgegenüber machen die Beratungen bei der Verabschiedung der hamburgischen Landesverfassung deutlich, daß eine Wahl des Senats auf unbestimmte Zeit, unabhängig von der Wahlperiode der Bürgerschaft, verankert werden sollte. Diese von der SPD ausdrücklich geforderte Regelung stieß zwar auf Widerstand[42], konnte aber durchgesetzt werden; ein Antrag der FDP, die Amtszeit des Senats mit dem Zusammentritt einer neuen Bürgerschaft enden zu lassen, wurde ausdrücklich abgelehnt[43].

Die Verfassungsberatungen in Schleswig-Holstein lassen nicht erkennen, ob die Abgeordneten bei der Annahme des Art. 21 shLS von einer begrenzten oder unbegrenzten Amtszeit des Ministerpräsidenten ausgegangen sind. Die Begründung der Regierungsvorlage enthielt hierzu keine Ausführungen, auch fand eine einschlägige Diskussion nicht statt. Das Interesse des Parlaments konzentrierte sich — wie auch in anderen Ländern — vor allem auf die Bestimmungen über die Schul- und Bodenreform.

e) Landesbezogene Kriterien

aa) Das Schleswig-Holstein-Urteil des Bundesverfassungsgerichts

Gegenstand der Frage nach einer möglichen Verknüpfung der Amtszeit des Regierungschefs mit der Wahlperiode des Landtages ist das jeweils geltende Landesrecht. Eine Antwort zunächst nicht in allgemeinen Überlegungen zum Parlamentarismusprinzip, sondern in landesspezifischen Erwägungen zu suchen erscheint um so angemessener, als damit dem eigenständigen Staatscharakter der Länder Rechnung getragen werden kann.

---

[40] Abg. *Lucht* (SPD), Stadtverordnetenversammlung von Groß-Berlin, 1. Wahlperiode, 60. Sitzung am 22. 3. 1948, S. 25.

[41] Abg. *Wuermeling* (CDU), Beratende Landesversammlung Rheinland-Pfalz, 8. Sitzung vom 23. - 25. 4. 1947, Drs. 16, S. 5.

[42] Vgl. Abg. *Kröger* (SPD), Bürgerschaft zu Hamburg, 6. Sitzung am 15. 3. 1950, S. 235, dagegen Abg. *Biermann-Ratjen* (FDP), ebd. S. 247 sowie Abg. *Jacobi* (DP), ebd. S. 252.

[43] Bürgerschaft zu Hamburg, 12. Sitzung am 28. 5. 1952, S. 712, 720.

Eine solche Antwort hat das Bundesverfassungsgericht als gem. § 13 Nr. 10 BVerfGG i. V. m. Art. 37 Nr. 1 shLS für Schleswig-Holstein zuständiges Landesverfassungsgericht für die dort geltende Rechtslage gegeben[44]. Das von der SPD-Fraktion im schleswig-holsteinischen Landtag angerufene Gericht hatte zu entscheiden, ob der Landtag dadurch, daß er zu Beginn der 6. Wahlperiode im Jahre 1967 keine Neuwahl des Ministerpräsidenten vorgenommen hatte, gegen Art. 21 II S. 1 shLS, der die Wahl des Regierungschefs durch den Landtag vorsieht, sowie gegen Art. 28 I S. 1 GG verstoßen hatte.

Bei der Auslegung der schleswig-holsteinischen Landessatzung knüpfte das Gericht zunächst an Art. 18 I shLS an, der die Bildung eines ständigen Ausschusses vorsieht, der u. a. die Rechte des Landtages gegenüber der Landesregierung zwischen der Beendigung einer Wahlperiode und dem Zusammentritt des neuen Landtages wahren soll. Das Gericht folgerte, die Landessatzung gehe davon aus, daß das Amt des Ministerpräsidenten jedenfalls die Wahlperiode des Parlaments überdauert[45].

Dieser Hinweis kann auch für die Rechtslage in Rheinland-Pfalz gegeben werden, wo Art. 92 rhpfLV die Einsetzung eines entsprechenden Ausschusses vorsieht. Auch in Berlin nimmt jedenfalls im Sonderfall einer Auflösung des Abgeordnetenhauses, die dessen Wahlperiode beendet, ein Ausschuß die Rechte des Parlaments bis zum Zusammentritt eines neugewählten Abgeordnetenhauses wahr (Art. 39 III berlLV).

Der Hinweis auf die Einsetzung eines solchen Zwischenausschusses erscheint allerdings wertlos. Denn aus der Tätigkeit dieses Ausschusses kann nicht geschlossen werden, daß die Landesregierung, der gegenüber er die Rechte des Parlaments wahrzunehmen hat, nach Ablauf der Wahlperiode weiterhin voll im Amt ist. Auch gegenüber einer nur geschäftsführenden Regierung, die nach allgemeiner Auffassung über dieselben Kompetenzen wie eine voll im Amt befindliche Regierung verfügt[46], gälte es, die Rechte des Landtages zu wahren. Die Möglichkeit einer nur geschäftsführenden Regierung ist in Art. 21 IV shLS — jedenfalls bei einem Rücktritt — ausdrücklich vorgesehen. Aus Art. 18 I shLS kann daher nicht gefolgert werden, daß das Amt des Ministerpräsidenten jedenfalls die Wahlperiode des Parlaments überdauert.

Nach seiner Feststellung, das Amt des schleswig-holsteinischen Ministerpräsidenten ende zumindest nicht mit dem Ablauf der Wahlperiode des Landtages, wandte sich das Bundesverfassungsgericht der Frage zu, ob die Regierung auch über den Zusammentritt eines neuen Landtages hinaus im Amt bleibt. Das Gericht folgert seine positive Ant-

[44] BVerfGE 27, S. 44.

[45] Zustimmend insoweit *Häberle*, JZ 1969, S. 613, 614.

[46] *Süsterhenn / Schäfer*, Art. 99 Anm. 3; *Knies*, JuS 1975, S. 420, 422; *Mannzen*, JöR n. F. 6 (1957), S. 251, 272.

wort aus Art. 21 IV shLS, der für den Fall eines Rücktritts die Weiterführung der Geschäfte bis zur Übernahme durch eine neugebildete Landesregierung vorsieht. Diese Regelung spreche dafür, daß ein sonstiges „Interregnum" nicht vorgesehen sei, insbesondere also das Amt des Ministerpräsidenten nicht mit dem Zusammentritt eines neugewählten Landtages erlösche.

Diese Argumentation kann auch für die Auslegung der Verfassungen der übrigen betroffenen Länder herangezogen werden. In Art. 37 I hambLV ist eine Weiterführung der Geschäfte ebenfalls nur im Falle eines Rücktritts des Senats vorgesehen. Auch die Verfassungen von Berlin und Rheinland-Pfalz sehen nicht ausdrücklich eine geschäftsführende Regierung zwischen den Wahlperioden des Landtages vor. Ein Blick auf die dort geltenden Bestimmungen zeigt aber, wie sehr die Annahme des Bundesverfassungsgerichts, Art. 21 IV shLS habe eine abschließende Regelung getroffen, zu einer ungerechtfertigten Überbewertung dieser Norm führt. In Art. 42 III berlLV und Art. 99 IV rhpfLV ist nämlich nur vorgesehen, daß der betroffene Ministerpräsident bzw. Senator die Amtsgeschäfte weiterzuführen hat, wenn ihm das Vertrauen entzogen worden ist; für Rheinland-Pfalz fügt § 4 I rhpfMinG hinzu, daß diese Pflicht auch im Falle des Rücktritts besteht. Der Vertrauensentzug ist nicht an die sofortige Wahl eines Nachfolgers geknüpft. Hielte man die Verfassungsbestimmungen über die Weiterführung der Geschäfte in Berlin und Rheinland-Pfalz ebenfalls für abschließende Regelungen, könnte dort die Landesregierung die Amtsgeschäfte quasi von heute auf morgen niederlegen und die ihr unterstellte Verwaltung sich selbst überlassen, ohne hieran durch geschriebenes Verfassungsrecht gehindert zu sein. Der Versuch, aus Art. 21 IV shLS einen Hinweis auf die Fortdauer der Amtszeit der Regierung auch über den Zusammentritt eines neugewählten Landtages hinaus zu entnehmen, überzeugt daher nicht.

Das Bundesverfassungsgericht sah seine aus dem Wortlaut der schleswig-holsteinischen Landessatzung gewonnene Auslegung durch die Entstehungsgeschichte des Art. 21 shLS bestätigt. Aus den Beratungen selbst konnte allerdings auch das Gericht keine eindeutigen Hinweise auf den Willen des (historischen) Gesetzgebers bei der Verabschiedung der Landessatzung entnehmen. Deshalb machte es die Entstehungsgeschichte selbst zum Gegenstand der Auslegung: was die Abgeordneten des 3. schleswig-holsteinischen Landtages im Oktober 1949 wollten, soll der Verlauf einer Debatte des 4. schleswig-holsteinischen Landtages im Oktober 1950 klären, als ein Antrag auf Ergänzung des Art. 21 shLS zur Verknüpfung des Endes der Amtszeit des Ministerpräsidenten mit der Auflösung des Landtages nicht angenommen wurde[47]. Aus den Ausfüh-

[47] Für diesen Antrag war zwar eine Mehrheit vorhanden; er war allerdings mit Vorschlägen über die Änderung der Verfassungsbestimmungen zur Schul-

rungen des Abgeordneten *Katz* (SPD) in dieser Debatte, der bei der Verabschiedung der Landessatzung der Regierung, die die Vorlage einbrachte, als Justizminister angehörte, schloß das Gericht auf die Haltung der Abgeordneten des Jahres 1949. Minister *Katz* habe sich damals für eine Fortdauer der Amtszeit des Ministerpräsidenten auch nach einer Neuwahl des Landtages, solange sich nicht im Wege eines konstruktiven Mißtrauensvotums eine neue Mehrheit für die Regierungsbildung finde, eingesetzt — was für die Beratungen in den Ausschüssen zutreffen mag, in der Plenumsdebatte aber nicht sichtbar wird —, und diese Auffassung habe sich der schleswig-holsteinische Verfassungsgeber zu eigen gemacht, eine Tatsache, die in der Debatte des Jahres 1950 auch von keinem Abgeordneten bestritten worden sei[48].

Dieser Teil der Ausführungen des Bundesverfassungsgerichts begegnet in zweifacher Hinsicht Bedenken. Bei der historischen Interpretation einer Norm kann die Entstehungsgeschichte nur Hilfsmittel, aber nicht selbst Gegenstand der Auslegung sein. Bei einer nicht eindeutigen Entstehungsgeschichte kann nicht dadurch Klarheit gewonnen werden, daß später in einem anders zusammengesetzten Landtag eine bestimmte Deutung vertreten und möglicherweise unwidersprochen hingenommen wird; das neugewählte Parlament kann seinen Vorgänger nicht in dieser Weise authentisch interpretieren. Ebensowenig könnte der in der Konsequenz dieses Verfahrens liegende Versuch zulässig sein, die Entstehungsgeschichte einer Norm durch eine Einzelbefragung der an ihr herausragend beteiligten Abgeordneten aufzuhellen. Denn damit würde praktiziert, was das Bundesverfassungsgericht immer abgelehnt hat: der subjektiven Vorstellung der am Gesetzgebungsverfahren beteiligten Organe normative Kraft beizumessen[49]. Auch eine Auslegung unter eingehender Heranziehung der Entstehungsgeschichte kann nur die Materialien verwenden, mit denen sich der historische Gesetzgeber — in seiner Gesamtheit — erkennbar auseinandergesetzt hat[50].

---

und Bodenreform verbunden. Als nach der 2. Lesung ein Antrag der in Opposition stehenden SPD auf Durchführung einer 3. Lesung für die gesamte Vorlage abgelehnt worden war und die SPD-Fraktion daraufhin zum größten Teil den Landtag verlassen hatte, nahm die vom Deutschen Wahlblock (CDU, FDP, DP) gebildete Parlamentsmehrheit die Vorschläge zur Schul- und Bodenreform an, beschloß aber, eine Änderung des Art. 21 shLS aus der Vorlage herauszunehmen und später mit anderen Kabinettsvorschlägen zur Verfassungsreform zu verbinden; vgl. Schleswig-holsteinischer Landtag, 2. Wahlperiode, 4. Sitzung vom 14. 11. 1950, S. 181 f. Diesen Zusammenhang verkürzt *Menzel*, DöV 1969, S. 765, 767 mit der Angabe, der Antrag sei abgelehnt worden.

[48] Vgl. BVerfGE 27, S. 44, 54 f.

[49] BVerfGE 1, S. 299, 312; 6, S. 55, 75; 8, S. 274, 307; 9, S. 194, 200; 11, S. 126, 130; 33, S. 265, 294.

[50] Vgl. die entsprechende Praxis in BVerfGE 6, S. 55, 72 ff.; 11, S. 126, 130; 40, S. 356, 364 ff.; 44, S. 105, 122.

Die Darstellung und Heranziehung der Entstehungsgeschichte zu Art. 21 shLS durch das Bundesverfassungsgericht ist daher zu Recht auf eindeutige Ablehnung gestoßen[51]. Berücksichtigt man die begrenzte Tragweite der Erwägungen des Gerichts zum Wortlaut der schleswig-holsteinischen Landessatzung, so stößt die sich daran anschließende historische Interpretation auch auf den grundsätzlichen Einwand, daß — nach höchstrichterlicher Rechtsprechung — die Entstehungsgeschichte einer Norm nur zur Bestätigung einer bestimmten Auslegung, nicht aber zu ihrer selbständigen Herleitung herangezogen werden soll. An diese von ihm selbst aufgestellte Maxime[52] hat sich das Bundesverfassungsgericht, wie auch im Schleswig-Holstein-Urteil sichtbar wird, nicht durchgehend gehalten[53]: diese Diskrepanz zwischen Anspruch und Wirklichkeit leistet methodischer Kritik Vorschub, auch wenn das gefundene Ergebnis zutreffend sein mag[54].

Damit hat das Gericht den schleswig-holsteinischen Verfassungsstreit letztlich zwar entschieden, aber nicht gelöst; eine überzeugende Antwort muß nach zusätzlichen Kriterien suchen.

bb) Systematik der Landesverfassungen

α) Wertungswidersprüche bei unbestimmter Amtszeit?

Entsprechend der — nicht nur — vom Bundesverfassungsgericht immer wieder betonten Notwendigkeit, bei der Auslegung von Normen den jeweiligen Sinnzusammenhang zu beachten[55], muß die Suche nach zusätzlichen Kriterien für die Entscheidung über das Ende der Amtszeit der Regierung auch bemüht sein, den systematischen Hintergrund der betroffenen Bestimmungen aufzuhellen. Aufgabe systematischer Interpretation ist es, die wertungsmäßige Folgerichtigkeit und innere Einheit der Rechtsordnung darzustellen und zu verwirklichen, jedenfalls soweit das geltende Recht dies zuläßt[56].

Diesen Gedanken für die Entscheidung über die Verknüpfung von Amtszeit der Regierung und Wahlperiode des Parlaments fruchtbar zu

---

[51] Vgl. *Häberle*, JZ 1969, S. 613, 615 mit Fn. 23; *Schäfer*, DVBl. 1969, S. 737, 738; *Wuttke*, JöR n. F. 21 (1972), S. 361, 368.

[52] Vgl. vor allem BVerfGE 1, S. 299, 312; 8, S. 274, 307; 11, S. 126, 130; 33, S. 52, 73; 35, S. 324, 343; 37, S. 1, 29 f.; 40, S. 237, 248.

[53] *Ehmke*, VVDStRL 20 (1963), S. 53, 57; *Ossenbühl*, DöV 1965, S. 649, 653.

[54] Allgemein zustimmend zu BVerfGE 27, S. 44 *Rauschning*, Bundesverfassungsgericht und Grundgesetz II, S. 225; vgl. jedoch auch die kritische Bemerkung von *Menzel*, DöV 1969, S. 765, 766: der Antrag, die Verwirklichung der Vorstellungen des langjährigen Vizepräsidenten des BVerfG Dr. *Katz* (1951 - 1961) für verfassungswidrig zu erklären, habe im Grunde nur als Zumutung empfunden werden können.

[55] Vgl. BVerfGE 1, S. 299, 312; 8, S. 274, 307; 10, S. 20, 51; 10, S. 234, 244; 11, S. 126, 130; 33, S. 265, 294; 35, S. 263, 279; 38, S. 154, 163; 45, S. 272, 288.

[56] Vgl. *Canaris* S. 18; *Battis*, Festschrift Ipsen, S. 11, 12, 29.

machen heißt zu fragen, ob eher eine begrenzte oder eher eine unbegrenzte Amtszeit in den Zusammenhang der Regelungen der jeweiligen Landesverfassung paßt. Dieser Zusammenhang umfaßt hier neben den Bestimmungen über die Bestellung der Regierung diejenigen über ihre Ablösung; dazu gehören vor allem auch die Regelungen über die Bestellung der Landesregierung durch aufeinanderfolgende Landtage. Dabei ist freilich zu berücksichtigen, daß diese Fragestellung nicht von einem völlig tendenzlosen Hintergrund ausgehen kann, da der Wortlaut der Landesverfassungen eher auf eine unbegrenzte Amtszeit schließen läßt.

Betrachtet man die anzuwendenden Bestimmungen, so zeigt sich in den Ländern Hamburg und Rheinland-Pfalz, daß Ministerpräsident und Senatoren nur durch eine qualifizierte Mehrheit gewählt[57] und nur durch eine ebensolche Mehrheit gestürzt werden können (Art. 35 II hambLV, Art. 99 II rhpfLV). Die Mehrheitserfordernisse für Wahl und Abwahl sind also identisch. In diesen Zusammenhang paßt selbstverständlich eine zu Beginn jeder Legislaturperiode erfolgende Neuwahl. Aber auch die Annahme einer unbegrenzten Amtszeit führt nicht zu einer Diskrepanz zwischen den rechtlichen Möglichkeiten zweier aufeinanderfolgender Landtage bei der Regierungsbildung: wegen der Identität der Mehrheitsanforderungen bedeutet es für den späteren Landtag keinen rechtlichen Unterschied, ob er zu Beginn der Legislaturperiode mit einer bloß geschäftsführenden oder einer noch voll im Amt befindlichen Regierung konfrontiert ist; für die Regierungsbildung muß er in jedem Falle eine qualifizierte Mehrheit aufbringen. Die Annahme einer unbegrenzten Amtszeit kann hier also nicht Gegenstand systematischer Bedenken sein; sie „paßt“.

Die Untersuchung anhand systematischer Aspekte endet somit für Hamburg und Rheinland-Pfalz mit einem „non liquet“; wegen der Ausgangslage erscheint jedoch entscheidend, daß das Bestehen einer unbegrenzten Amtszeit nicht auf Einwände aus dem Gesamtzusammenhang der jeweiligen Landesverfassung stößt.

Etwas anderes scheint zunächst für die Länder Berlin und Schleswig-Holstein zu gelten. Hier kann der Regierungschef — zumindest in einem späteren Wahlgang — von einer Minderheit gewählt[58], aber nur von der Mehrheit der Mitglieder des Parlaments wieder gestürzt werden (Art. 42 III berlLV, Art. 30 shLS). In diesen Zusammenhang paßt zwar das Prinzip einer Neuwahl jeweils zu Beginn der Legislaturperiode. Geht man in diesen Ländern jedoch von einer unbegrenzten Amtszeit des Regierungschefs aus, so entsteht folgendes Bild: wenn von zwei aufeinanderfolgenden Landtagen der erste nicht einer bereits amtierenden Re-

[57] s. o. Kap. II 2 c).

[58] s. o. Kap. II 2 c).

gierung gegenübertritt, hat er die Möglichkeit, schon mit einer Minderheit eine Exekutive entsprechend seinen politischen Wünschen einzusetzen, während der zweite — mit dieser Exekutive konfrontiert — eine ihm genehme Regierungsbildung nur mit einer qualifizierten Mehrheit vornehmen kann. Es besteht also eine rechtliche Ungleichbehandlung beider Landtage. In diesem Zusammenhang gewinnt die These *Friesenhahns, jedes* neugewählte Parlament sei zur Regierungsbildung berufen, sofern die Verfassung überhaupt eine Wahl des Regierungschefs durch die Volksvertretung vorsehe[59], ihre eigentliche Bedeutung.

Mit der Feststellung einer Diskrepanz zwischen den rechtlichen Möglichkeiten zweier aufeinanderfolgender Landtage in Berlin und Schleswig-Holstein ist noch nicht festgelegt, welche Folgerungen hieraus für die Auslegung zu ziehen sind, die Ausgangspunkt dieses Gegensatzes ist. Mit der erwähnten Systemtheorie kann zwischen Norm- und Wertungswidersprüchen auf der einen, Wertungsdifferenzierungen und Prinzipiengegensätzen auf der anderen Seite unterschieden werden[60]. Ein typischer Normwiderspruch liegt vor, wenn das Gesetz an denselben Tatbestand zwei einander ausschließende Rechtsfolgen knüpft. Derartige Widersprüche müssen unter allen Umständen vermieden werden[61]. Typische Wertungswidersprüche bestehen darin, daß Normen an wertungsmäßig im wesentlichen gleichliegende Tatbestände unterschiedliche Rechtsfolgen knüpfen. Ihr Wesen liegt in der Inkonsequenz des Gesetzgebers[62]. Nach der neueren Lehre[63] sind Wertungswidersprüche nur bis zu einer durch den Gleichheitssatz gezogenen Grenze hinzunehmen, der hier nicht nur als Gebot des Art. 3 GG, sondern vor allem als Idee der Gerechtigkeit im Sinne des „gleichen Maßes“ zu verstehen ist[64].

Diese Auffassung kann sich auch auf das Bundesverfassungsgericht berufen, das in derartigen Widersprüchen ein Indiz für einen Verstoß gegen das Gleichheitsgebot und damit für die Nichtigkeit der gegen das System verstoßenden Norm gefunden hat[65]. Das Gericht erklärte auch, eindeutig strukturwidrige Bestimmungen, die geeignet seien, eine Insti-

---

[59] VVDStRL 16, S. 9, 43, ebenso These 17, S. 68.

[60] Vgl. *Engisch* S. 46, 59, 62 f.; *Canaris* S. 112 f., 115.

[61] *Engisch* S. 63.

[62] Vgl. *Engisch* S. 59; *Canaris* S. 117; *Großkreutz* S. 9.

[63] Sehr zurückhaltend noch *Engisch*, S. 62, mit der Auffassung, Wertungswidersprüche stellten „vielleicht“ eine Verletzung des Grundsatzes dar, daß vom Gesetzgeber selbst für gleich Erachtetes nicht grundlos verschieden behandelt werden dürfte.

[64] Vgl. *Canaris* S. 116; *Larenz* S. 324; kritisch *Battis*, Festschrift Ipsen, S. 11, 27, mit der Auffassung, diese Autoren und das Bundesverfassungsgericht (s. u.) gingen letztlich nicht über eine Prüfung am Maßstab des Willkürverbotes hinaus.

[65] BVerfGE 7, S. 129, 153; 13, S. 31, 38; 34, S. 103, 115; 36, S. 383, 393 f.

tution zu zerstören, die einen immanenten Bestandteil einer konkreten Verfassung bilde, seien selbst rechts- und verfassungswidrig[66].

Nicht in Frage stellen können systematische Erwägungen hingegen sachlich gerechtfertigte Wertungsdifferenzierungen, die Ausdruck des Gegensatzes allgemein anerkannter Rechtsprinzipien sind[67]. Von derartigen Gegensätzen ist letztlich die gesamte Rechtsordnung geprägt. Als Beispiele können das Spannungsverhältnis zwischen Rechtssicherheit und materieller Gerechtigkeit[68], zwischen Parteienprivileg und Unabhängigkeit des Abgeordneten[69] und zwischen dem Recht auf freie Entfaltung der Persönlichkeit und den Erfordernissen einer wirksamen Rechtspflege genannt werden[70]. Derartige Gegensätze können nicht mit dem Vorwurf der Systemwidrigkeit bekämpft werden, sondern sind entsprechend den Grundsätzen der „praktischen Konkordanz"[71] auszugleichen und einander zuzuordnen.

Im Rahmen dieser Überlegungen erweist sich die Frage, ob eine prinzipiell unbegrenzte Amtszeit des Regierungschefs in den Ländern Berlin und Schleswig-Holstein einen Bruch in das System dieser Landesverfassungen einfügt, als Suche nach einer sachlichen Rechtfertigung für die unterschiedliche Behandlung zweier aufeinanderfolgender Landtage durch die Verfassung. Diese Suche bleibt nicht erfolglos. Die Situation der betroffenen Landtage ist zwar insofern gleich, als beide zu Beginn ihrer Wahlperiode eine Regierung einsetzen wollen. Unterstellt man eine unbegrenzte Amtszeit der Landesregierung, besteht zwischen ihnen ein wesentlicher Unterschied aber darin, daß in einem Falle bereits eine voll im Amt befindliche Regierung vorhanden ist. Dem Interesse, ein Organ zur Ausübung des der Exekutive zugewiesenen Teils der Staatsgewalt einzusetzen, ist also bereits Genüge getan. Das Bedürfnis nach der Einsetzung einer Regierung um fast jeden Preis, das auch die Zulässigkeit der Wahl einer Regierung durch eine Parlamentsminderheit begründet, kann hier also nicht mehr gegen den Grundsatz angeführt werden, möglichst Mehrheiten entscheiden zu lassen. Zwischen Parlamenten, die zur Regierungsbildung benötigt werden, und solchen, die hierfür nicht erforderlich sind, darf die Verfassung unterscheiden, ohne daß ihr deswegen ein Systembruch vorgeworfen werden

[66] BVerfG JöR n. F. 6 (1957), S. 194, 196 („Bemerkungen des Bundesverfassungsgerichts zu dem Rechtsgutachten von Professor Richard Thoma" — über die Stellung des Bundesverfassungsgerichts —).

[67] *Canaris* S. 115; *Großkreutz* S. 18; vgl. auch *Larenz* S. 324; *Wolff / Bachof* I, § 28 I a 7.

[68] Vgl. BVerfGE 3, S. 225, 237; 7, S. 89, 92 f.; 15, S. 313, 319; 22, S. 322, 329; 25, S. 269, 290; 27, S. 297, 305 f.; 29, S. 413, 432; 35, S. 41, 47.

[69] BVerfGE 2, S. 1, 72; 5, S. 85, 233.

[70] BVerfGE 34, S. 238, 249 (Verwertung heimlicher Tonbandaufnahmen).

[71] Vgl. *Hesse*, Grundzüge, S. 28 f.; ähnl. *Scheuner*, VVDStRL 20, S. 125 (Disk.).

könnte. Dies gilt um so mehr, als der nachfolgende Landtag nicht etwa mit einer unabsetzbaren Regierung konfrontiert und dadurch an die Entscheidung seines Vorgängers gebunden ist[72]. Die geschilderte Diskrepanz zwischen den rechtlichen Möglichkeiten zweier aufeinanderfolgender Landtage bei der Regierungsbestellung in Berlin und in Schleswig-Holstein bedeutet daher keinen Systembruch. Ihre Ursache, die Annahme einer grundsätzlich unbegrenzten Amtszeit des Regierungschefs, führt also keinen unzulässigen Wertungswiderspruch herbei. Auch in den Ländern Berlin und Schleswig-Holstein endet die Untersuchung unter systematischen Aspekten mit einem „non liquet“. Wegen des Ausgangspunktes der Frage erscheint aber auch hier entscheidend, daß sich gegen die Annahme einer unbegrenzten Amtszeit kein Argument aus dem Gesamtzusammenhang der jeweiligen Landesverfassung herleiten läßt.

β) Diskontinuität des Parlaments — Kontinuität der Regierung

Diskontinuität des Parlaments — Kontinuität der Regierung?[73] — in engem Zusammenhang mit den vorstehenden systematischen Überlegungen steht dieses fragende und anscheinend zugleich auch antwortende Schlagwort, indem es die Vermutung nahelegt, wenn das Parlament unausweichlich periodischer Erneuerung unterworfen sei, könne es keine dem Lauf der Zeit trotzende Regierung geben. Ein näherer Blick auf das Prinzip der parlamentarischen Diskontinuität zeigt freilich, daß es keine Rückschlüsse auf den Bestand der Regierung erlaubt.

Die Diskontinuität wird zunächst durch einen formellen[74] oder personellen[75] Aspekt gekennzeichnet, der den Wechsel der personellen Zusammensetzung des als Institution fortbestehenden Parlaments betrifft. Er ist durch die zeitliche Begrenzung der Wahlperiode der Landtage ausdrücklich geregelt. Hinzu kommt ein materieller[76] oder sachlicher[77] Aspekt, der die Diskontinuität in der Arbeit und damit die Frage betrifft, ob ein neugewähltes Parlament unerledigte Vorlagen seines Vorgängers weiterführen muß oder kann; dieser nirgends ausdrücklich gesetzes- oder gar verfassungsförmig geregelte Aspekt betrifft also die Rechtsfolgen, die sich aus der andernorts normierten Beendigung der

[72] Vgl. *Wenzel*, HdbDStR I, S. 616.

[73] So der Titel des Aufsatzes von *Knies*, JuS 1975, S. 420, der den Gedanken allerdings nicht weiterverfolgt und im übrigen eine unbegrenzte Amtszeit der saarländischen Landesregierung (vor der Verfassungsreform 1979) annimmt; vgl. auch *Häberle*, JZ 1969, S. 613, 615 mit Fn. 31.

[74] *Leinemann*, JZ 1973, S. 618, 619.

[75] *Maunz / Dürig / Herzog / Scholz*, Art. 39 Rdn. 16.

[76] *Leinemann*, JZ 1973, S. 618, 619.

[77] *Maunz / Dürig / Herzog / Scholz*, Art. 39 Rdn. 18.

Wahlperiode ergeben[78]. Er steht mit den Grundsätzen von Demokratie und parlamentarischem Regierungssystem nicht in Zusammenhang, sondern entspringt altem Herkommen, das bis in die ständische Tradition zurückreicht[79].

Von diesen Erwägungen kann für die Frage nach dem Bestand der Regierung nur der formelle Aspekt der Diskontinuität herangezogen werden, der mit der Begrenzung der Wahlperiode des Landtages auf einen bestimmten Zeitraum identisch ist. Diese Begrenzung ist ein Erfordernis der Demokratie[80]: das Volk hätte ohne eine periodisch wiederkehrende Neuwahl des Parlaments, seines Repräsentanten, keine — oder mit der Möglichkeit einer Abberufung des Parlaments durch Volksentscheid[81] keine ausreichend wirksame — Möglichkeit, auf die Ausübung der Staatsgewalt Einfluß zu nehmen. Ob das Demokratieprinzip eine automatische Beendigung der Amtszeit der Regierung erfordert, ist an anderer Stelle zu erörtern[82]; aus dem Prinzip der Diskontinuität des Parlaments allein kann hierfür jedoch nichts hergeleitet werden.

cc) Entstehungsgeschichte als Auslegungshilfe

Der Rückgriff auf die Entstehungsgeschichte einer Norm ist ein wesentlicher Bestandteil der vom Bundesverfassungsgericht in ständiger Rechtsprechung praktizierten Methodenlehre[83]. Umstritten ist freilich der Rang des in Anwendung dieser Interpretationsregel gefundenen Ergebnisses. Eine Reihe von Entscheidungen des Bundesverfassungsgerichts[84] gibt Anlaß zu der Kritik, das Gericht habe entgegen seinen allgemeinen Erklärungen über die Prinzipien der Verfassungsinterpretation die Entstehungsgeschichte einer Norm häufig zur einzigen Auslegungsmaxime erhoben[85]. Das Gericht hat sich indessen niemals von seiner These abbringen lassen, daß die historische Interpretation nur eine von mehreren Methoden sei[86], die die — auf anderem Wege gefundene — Auslegung bestätigen oder auch in Zweifel ziehen könne und damit im Dienst des Bemühens stehe, den im Gesetz objektivierten Willen zu erkennen[87].

---

[78] *Belz* S. 59.

[79] Vgl. *Scheuner*, DöV 1965, S. 510, 511 f.; *Zinn / Stein*, Art. 79 Erl. 2 b.

[80] Vgl. *Maunz / Dürig / Herzog / Scholz*, Art. 20 (1978), Anm. II Rdn. 70; vgl. auch *Thoma*, Wesen, S. 6.

[81] Art. 43 I bwLV, Art. 18 III bayLV, Art. 39 berlLV.

[82] s. u. Kap. VI 3 g).

[83] Vgl. *Roellecke*, Bundesverfassungsgericht und Grundgesetz II, S. 22, 46 m. w. N.

[84] Vgl. zuletzt BVerfGE 33, S. 52, 73; 37, S. 314, 320; 40, S. 356, 364 - 367; 45, S. 363, 374/375.

[85] Vgl. *Ehmke*, VVDStRL 20, S. 53, 57; *Ossenbühl*, DöV 1965, S. 649, 653.

[86] BVerfGE 8, S. 274, 307; 11, S. 126, 130.

[87] s. o. Kap. VI 3 e) aa) mit Fn. 61.

Gegenstand einer so verstandenen historischen Auslegung kann nur eine eindeutige Entstehungsgeschichte sein, in deren Mittelpunkt nicht einzelne Parlamentsausschüsse, sondern der Gesetzgeber als Ganzes (Plenum) steht. Sein Wille soll ja ermittelt werden, damit überprüft werden kann, ob er im Gesetz einen hinreichend bestimmten Ausdruck gefunden hat[88]. Aber selbst gegenüber einer Entstehungsgeschichte, von der Materialien und Sitzungsprotokolle ein anscheinend eindeutiges Bild zeichnen, ist Vorsicht geboten. Die Aufzeichnungen der betroffenen Gremien tragen nicht zufällig den Namen „Verhandlungen". Was während derartiger Verhandlungen gesagt wird, kann, gerade im Bereich von Macht und hochpolitischen Auseinandersetzungen, auch als taktischer Zug gemeint gewesen sei; es braucht nicht einmal die eigentliche Absicht des Betreffenden kundzutun[89].

Vor diesem Hintergrund ergibt nur die Verfassungsgeschichte von Hamburg ein eindeutiges Bild. Die Tatsache, daß der geltende Verfassungstext in einer Kampfabstimmung gegen den Antrag, eine Begrenzung der Amtszeit des Senats hinzuzufügen, angenommen wurde[90], läßt einen eindeutigen Willen des Verfassungsgebers erkennen[91]. Sie bestätigt die sich aus dem Wortlaut ergebende, auch durch systematische Überlegungen nicht zu erschütternde Annahme, daß diese Amtszeit grundsätzlich unbegrenzt ist.

In Rheinland-Pfalz hingegen läßt die Entstehungsgeschichte der Verfassung keine ganz zweifelsfreien Rückschlüsse zu. Dort wurde die Verknüpfung der Amtszeit des Regierungschefs mit der Wahlperiode des Landtages nur vom Berichterstatter des zuständigen Ausschusses behauptet, ohne daß diese These im Plenum aufgenommen worden wäre[92]. Zwar liegt die Vermutung nahe, daß Widerspruch in einer so wichtigen Frage sich auch artikuliert hätte und im Falle seines Ausbleibens das Schweigen als Zustimmung gewertet werden kann. Es kann aber auch nicht ausgeschlossen werden, daß Parlamentarier, die eine unbegrenzte Amtszeit wünschten, die Ausführungen von Regierung und Berichterstatter für rechtlich unzutreffend hielten und nur deshalb schwiegen, um eine ausdrückliche Festlegung des Verfassungsgebers — etwa im Wege einer Kampfabstimmung — auf eine begrenzte Amtszeit zu vermeiden. Das Schweigen des Plenums ist damit kein verläßlicher Anknüpfungspunkt für eine Auslegung. Es kann lediglich zu einer Vermutung über den Willen des historischen Gesetzgebers führen, die keine

---

[88] BVerfGE 11, S. 126, 130.

[89] Diesen zutreffenden Hinweis gibt *Zuleeg*, EuR 1969, S. 97, 101 für den Interpretationswert der Verhandlungen über die Gründung der Europäischen Wirtschaftsgemeinschaft.

[90] s. o. Kap. VI 3 d).

[91] Das wird zu Unrecht bezweifelt von *Ipsen*, Hamburgs Verfassung, S. 292.

[92] s. o. Kap. VI 3 d).

anderweitig gewonnenen Auslegungsergebnisse bestätigt, sondern selbst der Bestätigung bedarf.

Erst recht läßt die Entstehungsgeschichte der Verfassungen von Berlin und Schleswig-Holstein keine Rückschlüsse auf den Willen des Verfassungsgebers zu[93]. Der Versuch, hier und in den beiden übrigen Ländern diese Geschichte für die Beantwortung der Frage nach der Amtszeit des Regierungschefs nutzbar zu machen, führt daher nur zu dem mageren Ergebnis, die Annahme einer grundsätzlich unbegrenzten Amtsdauer des Hamburger Senats zu bestätigen.

dd) *Verfassungspraxis und Gewohnheitsrecht*

Führen der Wortlaut der Landesverfassungen und die sich daran anschließenden Überlegungen nicht zu einer Verknüpfung der Amtszeit der Regierung mit der Wahlperiode des Landtages, so bleibt noch die Möglichkeit, daß sich eine derartige Abhängigkeit als Folge der Bildung von Gewohnheitsrecht ergibt. Die Frage nach der Entstehung von Gewohnheitsrecht ist im Rahmen der Verfassungen von Berlin und Rheinland-Pfalz sinnvoll, wo die Regierungen selbst immer oder jedenfalls mehrmals von einer Verknüpfung ihrer Amtszeit mit der Legislaturperiode ausgegangen sind.

Sinnlos wäre hingegen die Suche nach einer gewohnheitsrechtlichen Regel, die eine grundsätzlich *unbegrenzte* Amtszeit der Regierung festlegt, in den Ländern Hamburg und Schleswig-Holstein. Die dortigen Verfassungstexte lassen diese Möglichkeit zu; wenn ihnen entsprechend verfahren wird, bedeutet dies nicht, daß zukünftige Regierungen gehindert wären, am Ende der alten oder zu Beginn der neuen Wahlperiode des Parlaments zurückzutreten und so eine Verbindung zwischen dieser Periode und ihrer eigenen Amtszeit herzustellen.

Bei der Suche nach der Entstehung von Gewohnheitsrecht in den Ländern Berlin und Rheinland-Pfalz wird der Weg erleichtert durch den besonderen Charakter des Verfassungsrechts. Es geht um die Einzelheiten der Ausgestaltung des parlamentarischen Regierungssystems. Hier — wie bei anderen politischen Systemen auch[94] — ist der Inhalt der das Verfassungsleben prägenden Rechtsbeziehungen nicht von vornherein im Detail festgelegt; die Verfassungsurkunde bleibt fragmentarisch und erhebt nicht den Anspruch, ein zweites, (staats-)bürgerliches Gesetzbuch zu sein[95]. Bildet die Verfassung in vielfacher Hinsicht nur den äußeren Rahmen des Staatslebens, so läßt sie entsprechenden Raum

[93] s. o. Kap. VI 3 d).

[94] So schon *Smend*, Staatsrechtliche Abhandlungen, S. 55 f. zum monarchischen Bundesstaat.

[95] Vgl. *E. Kaufmann*, VVDStRL 9, S. 1, 12 f., *Böckenförde*, NJW 1976, S. 2089, 2099.

für die Entstehung von Gewohnheitsrecht intra constitutionem[96]. Es liegt daher nahe, daß das normative Bild vom parlamentarischen Regierungssystem der Länder durch gewohnheitsrechtliche Züge mitgestaltet wird[97]. Auch das Bundesverfassungsgericht steht der Möglichkeit der Entstehung von Gewohnheitsrecht nicht grundsätzlich ablehnend gegenüber[98], wenngleich es das Bestehen einer gewohnheitsrechtlichen Pflicht nur selten bejaht[99].

Möglichkeit und Wirklichkeit von Gewohnheitsrecht sind freilich deutlich zu trennen. Erste Voraussetzungen für die Entstehung von Gewohnheitsrecht ist eine länger andauernde Übung der an den betroffenen Rechtsbeziehungen Beteiligten[100]. Dabei kommt es entscheidend nicht nur auf die Zeitspanne, sondern vor allem auf die Dichte und Häufigkeit des untersuchten Verhaltens an[101].

Eine derartige Übung besteht in Berlin durch den seit dem Jahre 1951 insgesamt siebenmal zu Beginn der Legislaturperiode erklärten Rücktritt des Regierenden Bürgermeisters. Von einer gleichförmigen Übung seit dem Jahre 1951 kann auch noch in Rheinland-Pfalz gesprochen werden, wo der Ministerpräsident zu Beginn der neuen Legislaturperiode fünfmal seinen Rücktritt erklärte und zweimal eine Neuwahl auch ohne einen derartigen Rücktritt erfolgte[102].

Die Verfassungspraxis allein entfaltet jedoch noch keine normative Kraft. Hinzu kommen muß vielmehr die Überzeugung, daß das geübte Verhalten einer rechtlichen Verpflichtung entspringt[103]. Courtoisie und Gesten, die aus politischer Opportunität geboren werden, mögen einen politischen Stil, aber noch kein zwingendes Recht hervorbringen; spätere Abweichungen können daher nur Stil-, nicht aber Rechtsbrüche sein. Das Erfordernis der Überzeugung von der rechtlichen Notwendigkeit der praktizierten Übung ist auch von *Georg Jellinek* nicht bestritten worden, der den Begriff der „normativen Kraft des Faktischen" geprägt hat. Eine derartige Kraft soll den tatsächlichen Verhältnissen nur dann innewohnen, wenn die bestehenden Herrschaftsstrukturen als rechtmä-

[96] Die Qualifizierung als „ius praeter legem" (*Voigt*, VVDStRL 10, S. 33, 41) wird der Grundlagenfunktion der Verfassung nicht ganz gerecht.

[97] Vgl. *Scheuner*, AöR 13 (1927), S. 209, 225; im Anschluß daran *Kimminich*, VVDStRL 25, S. 2, 15; *Scheuner*, VVDStRL 10, S. 47 (Disk.); *ders.*, AöR 95 (1970), S. 353, 373.

[98] Vgl. BVerfGE 9, S. 109, 117; 15, S. 226, 232; 22, S. 114, 122; 28, S. 21, 28 f.; 34, S. 293, 303 f.; 41, S. 251, 263; 46, S. 342, 365 ff.

[99] So z. B. BVerfGE 28, S. 21, 28 - 31 (Robenpflicht für Anwälte in Baden-Württemberg).

[100] Vgl. *Tomuschat* S. 48 sowie die in Fn. 98 genannten Entscheidungen.

[101] *Ossenbühl*, Verwaltungsvorschriften und Grundgesetz, S. 247.

[102] s. o. Kap. VI 3 c).

[103] *Meinzolt*, BayVBl. 1928, S. 225, 226; *Tomuschat* S. 134 sowie die in Fn. 98 genannten Entscheidungen.

ßig anerkannt werden; sonst handelt es sich lediglich um eine faktische Ordnung, die nur durch äußere Machtmittel aufrecht erhalten werden kann[104].

Der Hinweis auf die Notwendigkeit rechtlicher Überzeugung läßt offen, auf wessen Rechtsüberzeugung es ankommt. Es liegt nahe, zunächst nach der Auffassung der unmittelbar am Geschehen Beteiligten zu fragen, da sie in erster Linie Anlaß haben, sich über die rechtlichen Bedingungen ihres Handelns Klarheit zu verschaffen. Dabei kann man in keinem der betroffenen Länder eine eindeutige *Rechts*überzeugung erkennen. Der in Berlin im Jahre 1951 gegebene Hinweis auf „alten parlamentarischen Brauch" kommt einer solchen Überzeugung noch nahe; er ist jedoch bei keinem der späteren Rücktritte wiederholt worden. In Rheinland-Pfalz ist der Rücktritt nur mit der jeweils erfolgten Neuwahl des Landtages begründet worden[105]. Allein aus diesen Erklärungen kann schwerlich auf die Überzeugung geschlossen werden, der Rücktritt sei jedesmal eine rechtliche Notwendigkeit gewesen.

Zusätzlich kann noch die Frage gestellt werden, ob der Rückgriff auf die Vorstellungen der beteiligten Verfassungsorgane überhaupt ausreichend ist; dagegen wird geltend gemacht, dann würde im Bereich der Staatsorganisation jede Praxis von einiger Dauer zu Gewohnheitsrecht erstarken, da hier Verhalten und Rechtsüberzeugung quasi notwendig eine Einheit bilden[106]. Notwendig sei vielmehr eine allgemeine Rechtsüberzeugung. Von ihr kann hier freilich, wie ein Blick in das juristische Fachschrifttum zeigt, keine Rede sein[107].

Dies alles sind tatsächliche Gesichtspunkte, die gegen die Annahme einer gewohnheitsrechtlichen Verknüpfung der Amtszeit der Regierung

---

[104] *G. Jellinek*, Staatslehre, S. 338, 341. Diese Auffassung mag den Anforderungen an eine umfassende Theorie nicht genügen (so *Smend*, Verfassung und Verfassungsrecht, S. 76) und außerdem Gefahr laufen, durch einseitige Betonung eines einzelnen Aspektes die Wechselwirkung zwischen Sollen und Sein unbeachtet zu lassen (*Tomuschat* S. 116); der Vorwurf, sie verwechsle beides und sei damit überhaupt unhaltbar (*Hsü* S. 116 f.), kann aber nicht erhoben werden, da sie das Sein keineswegs zur allein hinreichenden Quelle des Sollens macht.

[105] s. o. Kap. VI 3 c).

[106] *Tomuschat* S. 137.

[107] Vgl. *einerseits H. P. Ipsen*, Hamburgs Verfassung, S. 293; *Nawiasky*, Grundgedanken, S. 98; *Friesenhahn*, VVDStRL 16, S. 9, 43; *Rauschning*, Bundesverfassungsgericht und Grundgesetz II, S. 225; *Häberle*, JZ 1969, S. 613, 615; *Krause*, DöV 1975, S. 401, 403; *Süsterhenn / Schäfer*, Art. 98 Anm. 3 a; *Landsberg / Goetz*, Art. 41 Anm. 1; *Bernzen / Sohnke*, Art. 34 Anm. 1; *Dürig*, HDSW Stichwort „Staatsformen", III (Demokratie), A 5; *andererseits* BVerfGE 27, S. 44, 52 ff.; *Uhlitz*, DöV 1956, S. 485, 488; *Menzel*, DöV 1969, S. 765, 767; *Knies*, JuS 1975, S. 420, 426; *Drexelius / Weber*, Art. 10 Anm. 3, Art. 34 Anm. 4; *Barschel / Gebel*, Art. 21 Anm. C III 2 a; *Pfennig / Neumann*, Art. 41 Rdn. 3; *offengelassen* z. B. von *Schäfer*, DVBl. 1969, S. 737, 738 f.; *Wuttke*, JöR n. F. 21 (1972), S. 361, 368.

mit der Wahlperiode des Landtages in den Ländern Berlin und Rheinland-Pfalz sprechen.

Hinzu kommen Bedenken grundsätzlicher Natur. In dem hier untersuchten Bereich würde die Entstehung von Gewohnheitsrecht letztlich aus der Nichtausübung einer von der Verfassung vorgesehenen Berechtigung — der zeitlich unbegrenzten Regierungstätigkeit — hergeleitet, eine Argumentation, die den Gedanken an eine Verwirkung nahelegt. Fraglich ist schon, ob das Recht eines Verfassungsorgans überhaupt auf diese Weise verloren gehen kann[108]. Das dahinter stehende Prinzip der Verschweigung ist Teil des Völkerrechts[109] und paßt nicht in die organisierte staatliche Gemeinschaft, wo seine Wirkungen durch ständige Rechtsverwahrungen bekämpft werden müßten[110].

Schließlich mahnen die Überlegungen, die anscheinend den Weg für die Geltung von Gewohnheitsrecht im Verfassungsleben geebnet haben, gleichzeitig auch zur Vorsicht bei der Annahme derartiger neuer Bindungen. Legen die Verfassungsnormen über das parlamentarische Regierungssystem nur einen Kernbestand fest[111], so muß sich die politische Wirklichkeit in seinem Umfeld in verschiedenen Richtungen entwickeln können. Würden die anfangs zulässigen Entwicklungen alsbald mit der Klassifizierung „Gewohnheitsrechts“ festgeschrieben, könnte von einer Selbstgestaltung des Verfassungslebens[112] nur in der ersten Phase nach der Kodifikation die Rede sein. Trotz ihrer ursprünglichen Anlage wäre die Verfassung dann nicht mehr entwicklungsfähig. Eine derartige Verhärtung, die an die Stelle der flexiblen Nutzung des von der Verfassung eröffneten Raumes die Perpetuierung der Verfassunggebung setzen würde[113], ist aber gerade zu vermeiden. Läßt der Verfassungstext mehrere Spielarten von Verfassungswirklichkeit zu, darf er nicht mit einer von ihnen — gar der ersten — identifiziert werden[114]; er schließt sie zwar ein, geht aber darüber hinaus. Aufgabe der Verfassungsinterpretation ist auch, die Zukunftsoffenheit der Verfassung zu bewahren, nicht aber, sie zu verbauen[115]. Die Bandbreite der Entwicklungsmöglichkeiten, die die Verfassungen von Berlin und Rheinland-Pfalz dem landespolitischen Leben eröffnen, schließen die gegenwärtige Praxis, aber auch eine prinzipiell unbegrenzte Amtszeit der Re-

---

[108] Ablehnend *G. Jellinek*, Verfassungsänderung und Verfassungswandlung, S. 40 (königliches Vetorecht).

[109] *Seidl-Hohenveldern* Rz. 134; *Verdross* S. 156 f.; *O'Connell* S. 18, 425 f.

[110] So mit Recht *Tomuschat* S. 98.

[111] *Scheuner*, DöV 1974, S. 443.

[112] *Smend*, Verfassung und Verfassungsrecht, S. 80.

[113] *Ritter*, Der Staat 7 (1968), S. 352, 368.

[114] *Scheuner*, Festschrift A. Arndt, S. 385, 387.

[115] Vgl. *Häberle*, ZfP 1974, S. 111, 121.

gierung mit ein. Diese Möglichkeiten können für die Zukunft nur offengehalten werden, wenn die gegenwärtige Übung nicht als Gewohnheitsrecht festgeschrieben wird.

f) Allgemeine Kriterien

aa) Allgemeine Grundsätze des parlamentarischen Regierungssystems — ein vorverfassungsrechtliches Bild?

Läßt sich aus landesspezifischen Gesichtspunkten kein durchschlagendes Argument für eine Begrenzung der Amtszeit der Regierung auf die Wahlperiode des Landtages auch dort entwickeln, wo eine derartige Verknüpfung von der Verfassung nicht ausdrücklich angeordnet wird, so bleibt noch die Möglichkeit, Gründe hierfür in allgemeingültigen Prinzipien zu suchen. Damit soll freilich nicht eine Lösung vom Landesverfassungsrecht ausgesprochen werden, um dessen Anwendung es weiterhin geht. Es gilt nur zu überprüfen, ob in der Diskussion befindliche Grundsätze, deren normative Kraft unabhängig von einzelnen landesrechtlichen Bestimmungen behauptet wird, sich in dem Normengefüge der Verfassungen in der einen oder anderen Regelung widerspiegeln und damit die ihnen zugeschriebene Wirkung auch entfalten können.

Hier ist in erster Linie „das“ parlamentarische Regierungssystem zu nennen, das — unabhängig von einer ausdrücklichen Verfassungsbestimmung — die Regel enthalten soll, keine Regierung könne das Parlament überdauern[116]. Die normativen Anknüpfungsmöglichkeiten für diese These sind allerdings begrenzt. Das Parlamentarismusprinzip selbst wird nur in den Verfassungen von Hamburg und Hessen explizit angesprochen: in Art. 65 hessLV wird Hessen als „demokratische und parlamentarische Republik“ bezeichnet, in Art. 23 a I hambLV die Opposition als „wesentlicher Bestandteil der parlamentarischen Demokratie“ qualifiziert[117]. Aus diesen Bestimmungen läßt sich nur entnehmen, daß nach der Auffassung des jeweiligen Landesgesetzgebers die von der Verfassung getroffene Gestaltung der Staatsorganisation den Namen „parlamentarisch“ verdient. Daß *nur* diese Form als parlamentarisch gilt, kann nicht gefolgert werden.

Den normativen Anknüpfungspunkt kann aber ein hinreichend bestimmtes „vorverfassungsmäßiges Gesamtbild“ im Sinne der Rechtsprechung des Bundesverfassungsgerichts bieten. Damit soll freilich nicht die Diskussion um die Entstehungsgeschichte der betroffenen Normen un-

[116] *Dürig*, HDSW Stichwort „Staatsformen“, III (Demokratie) A 5; *Süsterhenn / Schäfer*, Art. 98 Anm. 3 a.

[117] Diese Bestimmung wurde erst 1971 in die Verfassung eingefügt, ohne daß während der parlamentarischen Verhandlungen über den Begriff „parlamentarische Demokratie“ überhaupt gesprochen worden ist, vgl. Bürgerschaft zu Hamburg, 7. Wahlperiode, 25. Sitzung am 3. 2. 1971, S. 1248 - 1253.

ter einem neuen Namen wieder aufgenommen werden[118]. Es geht vielmehr darum, ob der Verfassunggeber bei der Normsetzung von geschriebenen oder ungeschriebenen Grundsätzen und Leitlinien ausgegangen ist, die er als für sich und sein Gesetzgebungswerk verbindlich ansah, ohne sie ausdrücklich niederzuschreiben[119]. Damit ist letztlich nicht die Entstehungs-, sondern die umfassendere Entwicklungsgeschichte der Verfassung angesprochen[120]. Ihre Aufhellung soll den historischen Ansatzpunkt des Verfassunggebers sichtbar machen[121]. Das Bundesverfassungsgericht hat dem so verstandenen vorverfassungsrechtlichen Gesamtbild mehrfach normative Kraft beigemessen. So hat es das Rechtsstaatsprinzip[122] sowie die in Art. 103 GG verankerten Garantien von rechtlichem Gehör[123] und „ne bis in idem"[124] unter Hinweis auf die vor Inkrafttreten des Grundgesetzes geltenden Grundsätze näher konkretisiert. Der Aufgabenkreis der gem. Art. 88 GG zu errichtenden Bundesbank wurde ebenfalls durch das vorverfassungsrechtliche Bild der deutschen Währungs- und Notenbank abgegrenzt[125].

Ist das vorverfassungsrechtliche Bild eines Rechtssatzes oder einer Institution letztlich nur durch eine umfassende historische Untersuchung zu ermitteln, muß andererseits doch gelten, daß ein derartiges Bild nicht Anknüpfungspunkt normativer Überlegungen sein kann, wenn es nicht einmal den betroffenen Verfassungsvätern klar und deutlich vor Augen stand. Eine Untersuchung der Entstehungsgeschichte der betroffenen Landesverfassungen kann daher zwar kein vorverfassungsrechtliches Gesamtbild vom Parlamentarismus ergeben, aber doch zeigen, ob ein derartiges Bild überhaupt existieren konnte oder nur einzelne, untereinander nicht harmonierende Farbtupfer vorhanden waren.

Unter diesem Blickwinkel sind aus den Verfassungsberatungen der Länder — und auch des Bundes — eine Reihe unterschiedlicher und gegensätzlicher Äußerungen über Grundsätze und Einzelheiten des parlamentarischen Regierungssystems zu berichten. So wurde etwa die untrennbare Verknüpfung der Prinzipien von Parlamentarismus und Demokratie bejaht[126], aber auch bestritten[127]. Im übrigen bildeten die Mög-

---

[118] Auf diese Gefahr weist *Ossenbühl*, DöV 1965, S. 649, 656 hin.

[119] BVerfGE 2, S. 380, 403.

[120] Vgl. *Ossenbühl*, DöV 1965, S. 649, 658.

[121] *Starck*, VVDStRL 34, S. 43, 72.

[122] BVerfGE 25, S. 269, 290.

[123] BVerfGE 9, S. 84, 96.

[124] BVerfGE 23, S. 191, 202.

[125] BVerfGE 14, S. 197, 216.

[126] Abg. *Walter* (CDU), Verfassunggebende Landesversammlung Württemberg-Baden, 2. Sitzung am 18. 7. 1946, S. 11.

[127] Abg. *Heuss* (DVP), Verfassunggebende Landesversammlung Württemberg-Baden, 2. Sitzung am 18. 7. 1946, S. 25; Abg. *Kanka* (CDU), Verfassungberatende Landesversammlung Groß-Hessen, 3. Sitzung am 6. 8. 1946, S. 39.

lichkeiten einer Abberufung der Regierung durch das Parlament für die Verfassungsväter die Kernfrage nach dem Wesen des parlamentarischen Prinzips. Einigkeit bestand nur in der Auffassung, eine vorzeitig nicht ablösbare Regierung auf Zeit sei mit diesem Prinzip nicht mehr zu vereinbaren[128]. Einige der Verfassungsväter vertraten die Meinung, das Wesen des Parlamentarismus bestehe in der Möglichkeit, jederzeit einen Regierungssturz herbeizuführen[129]. Diese These, nach der die Regierung bei Annahme eines Mißtrauensvotums sofort zurückzutreten hätte, wurde aber auch bestritten[130]. Die Diskussion setzte sich bei der Frage fort, ob die Einrichtung des konstruktiven Mißtrauensvotums den Grundsätzen des Parlamentarismus noch entspreche[131] oder eine Einschränkung im Sinne einer Synthese zwischen diesem Prinzip und dem Vorschlag, eine Regierung auf Zeit einzusetzen, bedeute[132].

Am deutlichsten werden die Unterschiede in den Auffassungen bei der Einschätzung der in der bayerischen Landesverfassung getroffenen Regelung, die kein Mißtrauensvotum vorsieht, den Ministerpräsidenten jedoch zum Rücktritt verpflichtet, „wenn die politischen Verhältnisse ein vertrauensvolles Zusammenarbeiten zwischen ihm und dem Landtag unmöglich machen" (Art. 44 Abs. 3 S. 1 bayLV). Die Einordnung dieser Bestimmung war schon während der bayerischen Verfassungsberatungen umstritten. Einerseits wurde sie nur für die deklaratorische Wiedergabe eines ungeschriebenen Verfassungssatzes gehalten, der die selbstverständliche Abhängigkeit der Regierung vom Vertrauen des Parlaments ausspreche[133], andererseits aber jedenfalls vor ihrer ausdrücklichen Formulierung die Auffassung vertreten, die bayerische Verfassung habe eine bewußte Abkehr vom parlamentarischen System vollzogen[134]. Diese unterschiedliche Bewertung der bayerischen Regelung am Maßstab des „parlamentarischen Prinzips" blieb nicht auf Bayern

[128] Abg. *Middelhauve* (FDP), Landtag Nordrhein-Westfalen, 1. Wahlperiode, 20. Sitzung am 27. 11. 1947, S. 103; Abg. *Gönnenwein* (DVP/FDP), Verfassunggebende Landesversammlung Baden-Württemberg, 10. Sitzung am 25. 6. 1952, S. 285; Abg. *Süsterhenn* (CDU, Rheinland-Pfalz), Verfassungskonvent auf Herrenchiemsee, Plenum, 5. und 6. Sitzung am 12. 8. 1948, S. 37.

[129] *Nawiasky* (als Sachverständiger), Verfassungs-Ausschuß der Bayerischen Verfassunggebenden Landesversammlung, 24. Sitzung am 28. 8. 1946, S. 514; Ministerpräsident *Kopf* (SPD), Niedersächsischer Landtag, 103. Sitzung am 6. 9. 1950, Sp. 5758.

[130] Abg. *Walter* (CDU), Verfassunggebende Landesversammlung Württemberg-Baden, 2. Sitzung am 18. 7. 1946, S. 11.

[131] So Abg. *Gönnenwein* (DVP/FDP), Verfassunggebende Landesversammlung Baden-Württemberg, 10. Sitzung am 25. 6. 1952, S. 286.

[132] Innenminister *Menzel* (SPD), Landtag Nordrhein-Westfalen, 1. Wahlperiode, 117. Sitzung am 14. 4. 1949, Sp. 3637.

[133] *Nawiasky* (als Sachverständiger), Verfassungs-Ausschuß der Bayerischen Verfassunggebenden Landesversammlung, 24. Sitzung am 28. 8. 1946, S. 515.

[134] Ministerpräsident *Hoegner* (SPD) als Berichterstatter, Verfassungs-Ausschuß der Bayerischen Verfassunggebenden Landesversammlung, 24. Sitzung am 28. 8. 1946, S. 513.

beschränkt; sie wurde auch bei den Beratungen des Grundgesetzes[135] und der hessischen Landesverfassung deutlich[136]

Der Verlauf der Verfassungsberatungen läßt somit erkennen, daß den Vätern der Landesverfassungen kein einheitliches Bild vom Parlamentarismus vor Augen gestanden hat, dem Hinweise für eine Verknüpfung der Amtszeit der Regierung mit der Wahlperiode des Parlaments entnommen werden könnten. Der Parlamentarismusbegriff erwies sich vielmehr als eine geschmeidige Waffe, die innerhalb eines weiten Rahmens für beliebige politische Ziele eingesetzt werden kann.

bb) Gemeindeutsches Verfassungsrecht und innerdeutsche Rechtsvergleichung

In einer bemerkenswerten Rezension zum Schleswig-Holstein-Urteil des Bundesverfassungsgerichts[137] hat *Häberle* die Forderung nach einem innerdeutschen Rechtsvergleich zur Ermittlung gemeindeutschen Verfassungsrechts erhoben[138] und damit zugleich die Hoffnung geweckt, auf diesem Wege könne ein neuer, eigenständiger Lösungsansatz für die Frage nach der Verknüpfung der Amtszeit der Landesregierungen mit der Wahlperiode der Landtage gefunden werden.

Der Begriff des gemeindeutschen Verfassungsrechts hat zunächst eine historische Komponente[139]. Er entstand, als das Heilige Römische Reich Deutscher Nation dem Ansturm der französischen Revolutionsheere erlegen und spätestens nach der Niederlegung der Kaiserkrone durch Kaiser Franz II. im Jahre 1806 auch formell in eine Vielzahl von Kleinstaaten auseinandergebrochen war, und spielte vor allem für die wiedererwachende nationale Einheitsbewegung von der Gründung des Deutschen Bundes 1815 bis zur Bismarckschen Reichsgründung 1871 eine bedeutende Rolle. Hier wurden als gemeindeutsches Recht Rechtsregeln bezeichnet, die, dem alten gemeinsamen Reichsrecht entstammend, auch nach dem Untergang des Reiches in den deutschen Staaten als subsidiäre Rechtsquelle weitergelten sollten[140].

Dieses gemeindeutsche Recht war nicht Ergebnis einer „bloß statistischen oder synchronistischen Nebeneinanderstellung der einzelnen Lan-

[135] Vgl. Abg. *Schmid* (Württemberg-Hohenzollern/SPD), Verfassungskonvent auf Herrenchiemsee, Plenum, 5. und 6. Sitzung am 12. 8. 1948, S. 49, der die bayerische Regelung als ein unechtes parlamentarisches System bezeichnet.

[136] Abg. *Kanka* (CDU), Verfassungberatende Landesversammlung Groß-Hessen, 3. Sitzung am 6. 8. 1946, S. 39, der im bayerischen Verfassungsentwurf keine Abhängigkeit der Regierung vom Vertrauen des Parlamentes mehr sieht und meint, hier werde „das Kind mit dem Bade ausgeschüttet".

[137] BVerfGE 27, S. 44.

[138] JZ 1969, S. 613 und 617.

[139] Vgl. *Scheuner*, VVDStRL 19, S. 147 (Disk.).

[140] *Bornhak* S. 103.

desgesetzgebungen"[141] und wurde insoweit auch nicht durch einen aktuellen innerdeutschen Rechtsvergleich innerhalb der Verfassungen des Deutschen Bundes geprägt; soweit diese übereinstimmten, sollte es nicht auf zufällige Parallelen, sondern darauf ankommen, ob sie aus einer gemeinschaftlichen Grundlage abgeleitet werden konnten[142]. Als derartige gemeinsame Grundlage kamen vor allem die aus dem untergegangenen Deutschen Reich fortdauernden allgemeinen Rechtsüberzeugungen in Betracht. Sie waren freilich häufig so unbestimmt, daß ihnen über ihre Grundlagenfunktion hinaus kaum positive Gestaltungskraft zukam, und durch die Vielfalt einzelstaatlicher Gesetzgebung so durchlöchert, daß resignierend festgestellt wurde, das gemeindeutsche Staatsrecht gehe in seinen Ausnahmen fast auf[143]. Es verwundert daher kaum, daß es in der diese Rechtsfragen behandelnden Literatur des vorigen Jahrhunderts an konkreten Beispielen für gemeindeutsche, mit normativem Anspruch versehene Rechtssätze fehlt.

Das historische Begriffsbild des gemeindeutschen Verfassungsrechts erscheint demnach als nicht geeignet für einen neuen Ansatz zur Lösung der Frage nach der Amtszeit der Landesregierungen. Soll schon eine allgemeine Übereinstimmung der Verfassungen allein zur Ermittlung gemeinschaftlichen Rechts nicht ausreichen, gilt dies erst recht, wenn von elf Landesverfassungen vier eine der möglichen gemeindeutschen Rechtsregel entsprechende Norm nicht enthalten und überdies untereinander durch eine unterschiedliche Praxis geprägt sind. Gemeinschaftsverbindliche Grundlage ist hier nur der durch Art. 28 I GG festgelegte Mindestnormbestand, der dem historischen Begriffsbild des gemeindeutschen Verfassungsrechts insofern ähnelt, als er von einem die Einzelstaaten überwölbenden Rechtsbereich ausgeht und mit innerdeutscher Rechtsvergleichung nichts zu tun hat.

Der Begriff des gemeindeutschen Verfassungsrechts hat auch eine aktuelle Komponente, indem er in der Rechtsprechung des Bundesverfassungsgerichts mehrfach vorkommt und gelegentlich auch zur Bezeichnung empirisch festgestellter Normübereinstimmungen verwendet wird; der Verfassungsrechtsprechung sind außerdem Beispiele für die von *Häberle* geforderte innerdeutsche Rechtsvergleichung zu entnehmen[144].

Die vom Bundesverfassungsgericht betriebene innerdeutsche Rechtsvergleichung hat sich allerdings in der Rechtsprechung des Gerichts bis heute nicht zu einer eigenständigen Methode der Rechtsgewinnung ent-

---

[141] *v. Mohl* S. 292.

[142] *v. Mohl* S. 289; *v. Gerber* S. 9; *Mejer* S. 16 f.; *Zachariä* in Bluntschli / Brater, Stichwort „Deutsches Staatsrecht".

[143] *v. Mohl* S. 294; *Zachariä* in Bluntschli / Brater, Stichwort „Deutsches Staatsrecht".

[144] *Häberle*, JZ 1969, S. 613 mit Fn. 3.

wickelt; sie dient vielmehr der Untermauerung allgemeiner Rechtsüberzeugungen und steht gelegentlich der historischen Auslegung nahe. So hat das Gericht einer Übereinstimmung der meisten der nach 1945 erlassenen Wahlgesetze entnommen, daß Unterschriftsquoren für die Einreichung von Wahlvorschlägen allgemein für zulässig gehalten werden[145]; ebenso hat es einem Überblick über die Wahlgesetze entnommen, daß die Bekämpfung von Splitterparteien allgemein als zulässig gilt und die sog. Fünf-Prozent-Klausel durch allgemeine Rechtsüberzeugung anerkannt ist[146]. Der Feststellung einer allgemeinen Rechtsüberzeugung dient auch ein historischer Rechtsvergleich, der den Begriff „Wohnung" des Art. 13 GG unter Hinweis auf die belgische Verfassung 1831, die Frankfurter Reichsverfassung 1848/49, die preußische Verfassung 1850, die Weimarer Reichsverfassung sowie Quellen aus der Schweiz, Österreich, Italien und den USA auslegt[147]. Auf eine allgemeine Rechtsüberzeugung zielt schließlich eine Zusammenschau aktueller und historischer deutscher Verfassungen, mit der die Personalhoheit über Beamte als wesentlicher Teil der Regierungsgewalt und die Entscheidung über Personalangelegenheiten als Sache der Regierung ausgewiesen werden soll[148].

Der historischen Auslegung steht es nahe, wenn das Gericht aus einem Überblick über frühere Landesverfassungen folgert, der Vorbehalt des Gesetzes für die Änderung von Gerichtsbezirken ergebe sich aus Herkommen[149]. Diese Betrachtungsweise liegt um so näher, wenn Verfassungsinstitute wie das gemeindliche Selbstverwaltungsrecht ihrem Wesen nach nur entwicklungsgeschichtlich gedeutet werden können[150] oder die Verfassung selbst auf hergebrachte Grundsätze verweist. So hat das Bundesverfassungsgericht innerdeutsche Rechtsvergleiche zum Ausgangspunkt für den Nachweis einer herkömmlichen Beeinträchtigung der Personalhoheit der Gemeinden[151] oder der Abwählbarkeit politischer Beamter als hergebrachter Grundsatz des Berufsbeamtentums im Sinne des Art. 33 V GG[152] machen können.

Diese Beispiele verdeutlichen nur, daß innerdeutsche Rechtsvergleichung bisher nicht zu einer eigenständigen Auslegungsmethode ge-

[145] BVerfGE 4, S. 375, 384.

[146] BVerfGE 1, S. 208, 256.

[147] BVerfGE 32, S. 54, 69, 70 f.

[148] BVerfGE 9, S. 268, 283.

[149] BVerfGE 2, S. 307, 316 f. In dieser Entscheidung sieht *H. Schneider*, VVDStRL 19, S. 136 (Disk.), eine Anerkennung eines Satzes des gemeindeutschen Staatsrechts mit dem Inhalt, daß Gerichte nur durch Gesetz eingerichtet werden dürfen.

[150] BVerfGE 11, S. 266, 274 ff.

[151] BVerfGE 17, S. 172, 183 ff.

[152] BVerfGE 7, S. 155, 168.

worden, sondern nur Hilfsmittel bei der Anwendung der gängigen Prinzipien der Verfassungsinterpretation ist. Es ist auch schwer vorstellbar, wie es ein eigenständiges Argumentationsmuster „innerdeutsche Rechtsvergleichung" geben könnte, das auch dann noch Bedeutung gewinnt, wenn es nicht mit einer allgemeinen Rechtsüberzeugung einhergeht. Hier besteht vielmehr der Verdacht, daß die festgestellten Gemeinsamkeiten eher zufällig, jedenfalls aber nicht Ausdruck einer gemeinschaftlichen, mit normativem Anspruch versehenen Rechtsgrundlage sind.

Zusätzlich ist von einigen Entscheidungen zu berichten, in denen das Bundesverfassungsgericht ausdrücklich von „gemeindeutschem Verfassungsrecht" spricht. Diese Bezeichnung wird freilich eher beiläufig gebraucht, wenn ohne jede Erläuterung Gemeinden bestätigt wird, sie seien „in Übereinstimmung mit dem gemeindeutschen Verfassungsrecht Gebietskörperschaften des öffentlichen Rechts"[153].

Im sog. lippischen Schulstreit, in dem es um die Frage ging, ob zwischen dem ehemaligen Land Lippe und dem Land Nordrhein-Westfalen um die Jahreswende 1946/47 ein Staatsvertrag mit schulrechtlichem Inhalt zustande gekommen war, hat das Gericht allerdings einen entscheidungserheblichen Satz gemeindeutschen Verfassungsrechts formuliert. Im fraglichen Zeitpunkt hatten beide Länder keine geschriebene Verfassung. Obwohl das Gericht feststellte, der umstrittene Staatsvertrag sei schon aus tatsächlichen Gründen nicht zustande gekommen, erklärte es außerdem, die Vertretungsbefugnis beider Landesregierungen sei beschränkt gewesen, da der Vertrag sich auf Gegenstände der Gesetzgebung bezogen und damit der Zustimmung der Parlamente bedurft habe, und formulierte einen entsprechenden Leitsatz[154]. Dieser Satz wurde aus einem Vergleich früherer deutscher Verfassungen sowie der im Zeitpunkt der Entscheidung (28. 7. 1955) inzwischen in Kraft getretenen nordrhein-westfälischen Landesverfassung und des Grundgesetzes gewonnen[155]. Die Heranziehung dieser zwei im entscheidungserheblichen Zeitraum noch gar nicht geltenden Verfassungen läßt erkennen, daß es dem Bundesverfassungsgericht auch hier nur um den Nachweis einer allgemeinen Rechtsüberzeugung ging; sonst hätte es insoweit die Mög-

---

[153] BVerfGE 8, S. 122, 132; 38, S. 258, 270.

[154] BVerfGE 4, S. 250, 251 mit Leitsatz 3: „Vor Erlaß des Grundgesetzes und der Landesverfassungen konnten die Länder der britischen Zone miteinander Staatsverträge abschließen, für deren Zustandekommen das vom Besatzungsrecht überlagerte deutsche Verfassungsrecht maßgebend war. Auch für diese Zeit gilt es als Satz gemeindeutschen Verfassungsrechts, daß die Landesregierung zum Abschluß von Verträgen, die sich auf Gegenstände der Gesetzgebung beziehen, der Zustimmung des Parlaments bedarf. Solche Verträge bedurften ferner der Genehmigung der Besatzungsmacht." Vgl. auch ebd. S. 274 ff.

[155] BVerfGE 4, S. 250, 276/77.

lichkeit rückwirkender Schaffung gemeindeutschen Verfassungsrechts behaupten müssen.

Vor diesem Hintergrund läßt sich kein neuer Lösungsansatz für die Frage nach der Verknüpfung der Amtszeit der Regierung mit der Wahlperiode des Landtages aus dem Argumentationsmuster des gemeindeutschen Verfassungsrechts und der innerdeutschen Rechtsvergleichung gewinnen. In ihrer historischen Komponente stehen sie eher dem Gewohnheitsrecht, in ihrer aktuellen eher der Herleitung allgemeiner Rechtsgrundsätze nahe. Unter beiden Gesichtspunkten lassen sie den Nachweis einer Bindung der Regierung an den Bestand des Parlaments in den Ländern Berlin, Hamburg, Rheinland-Pfalz und Schleswig-Holstein nicht zu, da es hier insoweit an einer allgemeinen Rechtsüberzeugung fehlt.

Damit wird dem Begriff des gemeindeutschen Verfassungsrechts nur der selbständige normative Anspruch, aber nicht jeder eigene Wert abgesprochen. Er behält analytische Bedeutung, indem er vielfach bestehende partielle Rechtsübereinstimmungen beschreibt[156].

cc) Weitere allgemeine Aspekte

Aus der Einrichtung des konstruktiven Mißtrauensvotums können keine verläßlichen Schlüsse auf eine fehlende Begrenzung der Amtszeit gezogen werden. In der schleswig-holsteinischen Verfassungsdebatte des Jahres 1950 wurde zwar die Ansicht vertreten, logische Konsequenzen des konstruktiven Mißtrauensvotums sei, daß die Amtszeit des Ministerpräsidenten nicht mit dem Ablauf der Wahlperiode oder mit dem Zusammentritt eines neuen Landtages ende; das Mißtrauensvotum müsse der einzige (unfreiwillige) Beendigungsgrund sein[157]. Diese These wurde vom Bundesverfassungsgericht als entscheidungserheblicher Teil der Entstehungsgeschichte der schleswig-holsteinischen Landessatzung zitiert[158]. Ein Blick auf die Verfassungen anderer Länder zeigt aber, daß sie zwar einer politischen Forderung entsprechen mag, aber keine normative Kraft entfaltet. In Rheinland-Pfalz ist kein konstruktives, sondern nur ein einfaches Mißtrauensvotum vorgesehen (Art. 99 rhpfLV), so daß die hier fehlende ausdrückliche Begrenzung der Amtszeit nicht logische Folge der Einrichtung eines konstruktiven Mißtrauensvotums sein kann. In Baden-Württemberg, Bremen, Niedersachsen und Nordrhein-Westfalen hingegen sehen die Verfassungen ein konstruktives Mißtrauensvotum oder eine sich ebenso auswirkende Regelung vor (Art. 54 I bwLV,

---

[156] Vgl. *Korte*, JöR n. F. 5 (1956), S. 1, 146; *M. Friederich*, JöR n. F. 24 (1975), S. 61, 67.

[157] Abg. *Katz* (SPD), Schleswig-holsteinischer Landtag, 2. Wahlperiode, 3. Sitzung am 13. 10. 1950, S. 104.

[158] BVerfGE 27, S. 44, 55.

Art. 110 bremLV, Art. 23 ndsLV, Art. 61 nwLV) und verknüpfen dennoch in der einen oder anderen Form die Amtszeit des Regierungschefs mit der Wahlperiode des Landtages. Es gilt daher weder die Regel, dort, wo ein konstruktives Mißtrauensvotum vorgesehen sei, sei die Amtszeit grundsätzlich unbegrenzt, noch der möglicherweise zu ziehende Umkehrschluß.

Auch mit dem Satz, das Parlament sei seinem Wesen nach ein Kreationsorgan, läßt sich die Notwendigkeit einer Neuwahl zu Beginn der Legislaturperiode nicht begründen[159]. Soweit er an überkommenen Vorstellungen anknüpfen will, wird er der historischen Entwicklung nicht gerecht: Parlamente haben die Regierungen nicht geschaffen oder gar erfunden, sondern sich ihre Rechte gegen den Widerstand der bereits etablierten Macht erkämpft[160]. Aus der Tatsache, daß in den Ländern Baden-Württemberg, Bayern, Bremen, Niedersachsen, Nordrhein-Westfalen und — seit 1979 — Saarland eine Wahl des Ministerpräsidenten zu Beginn der Legislaturperiode vorgesehen ist, kann kein Wesensmerkmal der Institution „Parlament“ entwickelt werden, das die Verfassungslage in den übrigen Bundesländern mit normativer Kraft gestalten könnte. Nicht einmal die Weimarer Verfassung, die in den Verfassungsdebatten der Nachkriegszeit häufig als allzu reiner Parlamentarismus apostrophiert und abgelehnt wurde, sah eine Wahl des Reichskanzlers durch den Reichstag vor: er wurde gem. Art. 53 WRV vom Reichspräsidenten ernannt. Vor allem aber wird dem Parlament die *Möglichkeit*, „kreativ“ tätig zu werden und eine Regierungsbildung vorzunehmen, nicht dadurch genommen, daß die Verfassung keine entsprechende *Verpflichtung* zu Beginn der Legislaturperiode statuiert.

Ebensowenig kann die These anerkannt werden, das Wesentliche des parlamentarischen Prinzips bestehe in der Homogenität von Regierung und Parlament bzw. Parlamentsmehrheit; diese Homogenität müsse zu Beginn der Legislaturperiode durch die Neuwahl des Regierungschefs (wieder) hergestellt werden[161].

Eine derartige Homogenität wird von den Verfassungen der Länder zwar ermöglicht. In Bayern, Berlin, Bremen, Niedersachsen, Nordrhein-Westfalen und Schleswig-Holstein wird sie aber schon deshalb nicht un-

---

[159] So aber *H. P. Ipsen*, Hamburgs Verfassung, S. 293; *Häberle*, JZ 1969, S. 613, 615 mit Fn. 31; ablehnend *Maunz / Dürig / Herzog / Scholz*, Art. 20 (1978), II Rdn. 80.

[160] Vgl. die Darstellung bei *Loewenstein*, Staatsrecht Großbritannien I, S. 11 ff.; *ders.*, Verfassungslehre, S. 81 f.; *v. Beyme* S. 49 und passim; *Glum* S. 10 ff., 51 ff. Die ältere Literatur läßt hieran keinen Zweifel, vgl. z. B. *Bucher* S. 85 f.

[161] Vgl. aber *H. P. Ipsen*, Hamburgs Verfassung, S. 293; *Nawiasky* (als Sachverständiger), Verfassungs-Ausschuß der Bayerischen Verfassunggebenden Landesversammlung, 24. Sitzung am 28. 8. 1946, S. 514; *ders.*, Grundgedanken, S. 98.

abdingbar gefordert, da die Wahl des Regierungschefs auch durch eine Landtagsminderheit möglich ist. Das in Baden-Württemberg und Hamburg allein zulässige konstruktive Mißtrauensvotum bedeutet, daß eine Homogenität von Regierung und Parlament nicht herbeigeführt werden kann, solange sich die Parlamentsmehrheit zwar auf die Verneinung der bisherigen, aber nicht auf die Einsetzung einer neuen Regierung einigen kann.

Auch für Hessen und das Saarland trifft die Auffassung nicht zu, die Verfassung habe die behauptete Homogenität so weit wie möglich sicherstellen wollen. In Hessen kann der Landtag zwar gem. Art. 114 hessLV durch qualifizierten Mehrheitsbeschluß den Rücktritt der Regierung erzwingen; er ist aber aufgelöst, falls er nicht binnen zwölf Tagen mit der Mehrheit seiner gesetzlichen Mitglieder einen neuen Ministerpräsidenten wählt und der von ihm gebildeten Regierung das Vertrauen ausspricht (Art. 114 V hessLV). Ähnlich kann der saarländische Landtag gem. Art. 88, 87 saarLV nur mit qualifizierter Mehrheit den Rücktritt des Ministerpräsidenten durch Vertrauensentzug erzwingen und einen Nachfolger wählen. Auch diese Verfassungen sehen also nicht in jedem Falle eine möglichst weitgehende Übereinstimmung zwischen Regierung und — relativer oder absoluter — Parlamentsmehrheit vor. Die Verfassungen bieten den Parlamenten nur die auch im Hinblick auf eine ohne zeitliche Begrenzung amtierende Regierung bestehende Möglichkeit, durch einen qualifizierten Mehrheitsbeschluß die Übereinstimmung mit der Exekutive herzustellen.

Der Hinweis auf die angeblich erforderliche Homogenität zwischen Regierung und Parlament ist letztlich nur Ausdruck der allgemeineren These, im parlamentarischen Regierungssystem sei die Regierung vom Vertrauen des Parlaments abhängig; ihre Amtszeit könne daher nicht über dessen Wahlperiode hinaus andauern[162]. Ohne zusätzliche Differenzierung trifft dieser Satz aber weder in seinem Ausgangspunkt noch in seiner Schlußfolgerung zu.

Das Ende der Wahlperiode des Parlaments oder seine Auflösung können nicht mit einem Vertrauensverlust oder -entzug für die Landesregierung gleichgesetzt werden. Die Frage, ob eine Regierung nach dem Wegfall des Parlaments noch dessen Vertrauen besitzt, ist sinnlos; sie täuscht eine Möglichkeit alternativer Beantwortung vor, die aufgrund der Fragestellung von vornherein ausgeschlossen ist. Ein Parlament, das nicht mehr besteht, kann Vertrauen weder bezeugen noch entziehen; wo diese Kriterien nicht mehr angewendet werden können, darf ihr Fehlen nicht zur Verneinung der Legitimation der Regierung führen.

---

[162] So *Landsberg / Goetz*, Art. 41 Anm. 1; *H. P. Ipsen*, Hamburgs Verfassung, S. 293; *Bernzen / Sohnke*, Art. 34 Anm. 1; dagegen *Drexelius / Weber*, Art. 10 Anm. 3, Art. 34 Anm. 4; *Pfennig / Neumann*, Art. 41 Rdn. 3.

Wer mit der Aussage, die Regierung bedürfe zu ihrer Amtsführung des Vertrauens des Landtages, eines der Essentialia des parlamentarischen Regierungssystems formulieren will[163] kann sich zwar auf den Wortlaut einer Reihe von Landesverfassungen berufen (Art. 44 III S. 2 bayLV, Art. 42 I berlLV, Art. 99 I rhpfLV, Art. 88 I S. 1 saarLV). In ihrer absoluten Fassung trifft sie aber nicht zu, weil sie die einzelnen Regelungen, die bei einem Verlust des Vertrauens eingreifen, nicht berücksichtigt, sondern den Anschein erweckt, im parlamentarischen Regierungssystem könne es eine Regierung ohne das Vertrauen des Parlaments nicht geben[164]. Dieser Schein trügt jedoch. Zwar bedarf jede Regierung bei ihrem Amtsantritt des Vertrauens des Parlamentes, eine Aussage, die bereits dadurch relativiert wird, daß in den Ländern Bayern, Berlin, Bremen, Niedersachsen, Nordrhein-Westfalen und Schleswig-Holstein auch das Vertrauen einer Minderheit ausreichend sein kann. Die an den Verlust des Vertrauens anknüpfenden Regelungen machen aber deutlich, daß das Fortbestehen des einmal ausgesprochenen Vertrauens entweder — zu Unrecht — fingiert wird oder aber nicht unbedingt erforderlich ist. Abgesehen davon, daß das Parlament außer in Bayern (dort eine automatische Rücktrittspflicht gem. Art. 44 III S. 2) den Wegfall des Vertrauens durch förmlichen Beschluß geltend machen muß, hat dieser Verlust in den Ländern Baden-Württemberg, Berlin, Bremen, Hamburg, Niedersachsen, Nordrhein-Westfalen und Schleswig-Holstein, in denen der Landtag auf das konstruktive Mißtrauensvotum verwiesen bleibt, nur Bedeutung, wenn sich eine Mehrheit für eine neue Regierung finden läßt. Dort bleibt sonst die rechtliche Stellung einer Regierung von dem Verlust des Vertrauens des Parlaments unberührt.

Es läßt sich somit kein allgemeiner Satz mit dem Inhalt formulieren, eine Regierung, die nicht vom aktuellen Vertrauen des Parlaments getragen sei, habe aus dem Amt zu scheiden. Entscheidend ist nur, daß das Parlament überhaupt die Möglichkeit hat, durch ein Mißtrauensvotum den Rücktritt der Regierung zu erzwingen[165].

---

[163] Vgl. *Badura*, Festschrift Michaelis, S. 9, 15; ähnl., aber nicht ganz klar, *Stern* S. 749.

[164] Vgl. auch *Uhlitz*, DöV 1956, S. 485, 487.

[165] Vgl. *Maunz / Dürig / Herzog / Scholz*, Art. 20 (1978), II Rdn. 78; *Nebinger*, Art. 70 Anm. 4; *Anschütz*, Art. 17 Anm. 4; *Scheuner*, AöR 13 (1927), S. 109, 228, 231; *Lucas*, JR 1925, Sp. 516, 519, 530; *Löwenthal*, in: Bosl / Möckl, Parlamentarismus, S. 348; *Knies*, JuS 1975, S. 420, 421; ähnl. *Rauschning*, Bundesverfassungsgericht und Grundgesetz II, S. 214/215; *Glum* S. 1; vgl. auch *Schätzel*, DRZ 1947, S. 245, 246, der die Festlegung der rheinland-pfälzischen Landesverfassung auf das parlamentarische System aus Art. 99 rhpfLV (Mißtrauensvotum) herleitet, und *Schunck*, JöR n. F. 5 (1956), S. 159, 177, nach dessen Auffassung Art. 99 I rhpfLV („Die Landesregierung und die Minister bedürfen zu ihrer Amtsführung des Vertrauens des Landtages") dasselbe aussagt wie Art. 99 II rhpfLV („Sie müssen zurücktreten, wenn ihnen der Landtag ... das Vertrauen entzieht").

g) Das Homogenitätsprinzip des Art. 28 GG

Eine normative Aufwertung der sich auf das Parlamentarismusprinzip berufenden Gesichtspunkte, mit denen die Verknüpfung der Amtszeit des Regierungschefs mit der Wahlperiode des Landtages begründet werden soll, wird auch nicht durch die Homogenitätsklausel des Art. 28 I GG bewirkt. Ist schon umstritten, ob das Grundgesetz den Ländern nur Parlamente vorschreibt[166], oder ob die zweideutige Formulierung des Bundesverfassungsgerichts, es werde „durch Art. 28 Abs 1 S. 1 GG die Form des parlamentarischen Regierungssystems . . . für die Landesverfassung nicht zwingend vorgeschrieben“[167], als Indiz für eine grundsätzliche Verpflichtung der Länder zur Einführung des parlamentarischen Regierungssystems gewertet werden muß[168], so kann aus der Erwähnung der Volksvertretungen in Art. 28 I GG jedenfalls nicht die Notwendigkeit hergeleitet werden, zu Beginn jeder Legislaturperiode eine Neuwahl des Ministerpräsidenten durchzuführen.

Zu erörtern ist allerdings, ob das gem. Art. 28 I GG verbindliche Demokratieprinzip, zu dem sich ohnehin alle Landesverfassungen bekennen, Ausgangspunkt für eine Begrenzung der Amtszeit des Regierungschefs sein kann. Demokratie und parlamentarisches Regierungssystem sind nicht identisch[169].

Für die Anwendung des Demokratieprinzips genügt es freilich nicht, an das bekannte Wort von *Heuss* zu erinnern, Demokratie sei Herrschaft auf Zeit[170]; damit wird nur zum Ausdruck gebracht, daß in der Demokratie keine dem Wechsel und der Entscheidung des Volkssouveräns entzogenen dauerhaften Herrschaftsstrukturen geschaffen werden dürfen[171], aber nicht von vornherein eine bestimmte Grenze für die Dauer von durch Wahl legitimierter Herrschaft festgelegt[172]. Das durch die Rück-

---

[166] So *Maunz / Dürig / Herzog / Scholz,* Art. 28 Rdn. 27, 32; *Stern,* BK Art. 28 Rz. 32; *Friesenhahn,* VVDStRL 16, S. 9, 51.

[167] BVerfGE 9, S. 268, 281.

[168] Ablehnend *Häberle,* JZ 1969, S. 613, 616; zu recht offengelassen von *Geller / Kleinrahm,* Art. 51 Anm. 3 und *Rauschning,* Bundesverfassungsgericht und Grundgesetz II, S. 224.

[169] *Maunz / Dürig / Herzog / Scholz,* Art. 20 (1978), II Rdn. 81; zutreffend der Hinweis von *v. Beyme* S. 780, der obligatorische Rücktritt bei Wahlen betreffe die demokratische Komponente des Parlamentarismus; wenig differenzierend hingegen die Bemerkung von *Oppermann,* VVDStRL 33, S. 7, 19, der Parlamentarismus sei als unentbehrliche technisch-organisatorische Hülse des demokratischen Prinzips im richtig verstandenen Demokratiebezug des Art. 20 I GG mitenthalten.

[170] *Heuss,* zit. bei *Menzel,* DöV 1969, S. 765, 772.

[171] Vgl. *Scheuner,* DöV 1957, S. 633, 635; ähnl. *Thoma,* Demokratie, S. 6, der die Absetzbarkeit der Regierung als wesentlich ansieht.

[172] In seiner Wahlkampfentscheidung hat das Bundesverfassungsgericht allerdings von einem Bedürfnis demokratischer Legitimation „in regelmäßig wiederkehrenden zeitlichen Abständen“ gesprochen (BVerfGE 44, S. 125, 139).

führbarkeit aller Staatsgewalt auf das Volk gekennzeichnete[173] Prinzip demokratischer Legitimation hat vielmehr ebenso wie die Staatsgewalt selbst zumindest drei Aspekte: einen institutionellen[174], einen inhaltlichen[175] und einen personellen. In den Hände des Volkes oder seiner Vertreter müssen daher die Schaffung der zur Ausübung von Staatsgewalt berufenen Institutionen und die Bestimmung ihrer Kompetenzen, die inhaltliche Kontrolle ihrer Tätigkeit und ihre personelle Besetzung liegen. Der Wahlakt betrifft nur den personellen Aspekt. Über den qualitativen und quantitativen Umfang der Rechte des Gewählten sagt er nichts aus; insbesondere darf der Wahlakt nicht mit der Erteilung einer Vollmacht verwechselt werden[176]. Die Kompetenzen des Gewählten ergeben sich vielmehr aus der Stellung seines Amtes, aus dessen demokratischer Legitimation er nach seinem Amtsantritt schöpft, und aus der inhaltlichen Kontrolle, der seine Tätigkeit unterliegt; die isoliert betrachtete Wahl kann hierüber nichts aussagen. Die These, jede Regierung stehe und falle mit der Volksvertretung, da sie von dieser ihre eigentliche Autorisation erhalte[177], wird diesem grundlegenden Unterschied zwischen Legitimationsakt und Legitimationsumfang nicht gerecht.

Berücksichtigt man den besonderen Charakter der mittelbaren Demokratie, so ergeben sich keine wesentlich neuen Aspekte. Tritt das Parlament im Wege der Repräsentation an die Stelle des Volkes[178], so können die Mitglieder der Regierung ihre demokratische Legitimation direkt nur vom Parlament erhalten. Damit wird aber keine Ausnahme von der Rückführbarkeit aller Staatsgewalt auf das Volk geschaffen; denn diesem werden die Beschlüsse des Parlaments zugerechnet[179]. Der Wegfall des alten und die Wahl eines neuen Parlaments bedeuten zwar

---

Das Gericht bezieht seine Feststellung ausdrücklich freilich nur auf das Regierungssystem des Bundes und findet in ihr die ratio der Art. 39 I, 63 und 69 II GG. Eine Abkehr von den Grundsätzen des Schleswig-Holstein-Urteils kann der Wahlkampfentscheidung schwerlich entnommen werden. Hier verweist das Gericht auf die Sicherung der Verantwortlichkeit der personellen Träger der obersten politischen Staatsorgane als Grund für das genannte Bedürfnis; dort hatte es aber bereits in der Einrichtung des konstruktiven Mißtrauensvotums eine ausreichende Verwirklichung der Abhängigkeit der Regierung gesehen und im übrigen die Gestaltungsfreiheit des Landesverfassungsgebers, der nicht in allen Einzelheiten den Regelungen des Grundgesetzes entsprechen muß, unterstrichen (BVerfGE 27, S. 44, 56).

[173] *Kriele*, VVDStRL 29, S. 46.

[174] Vgl. BVerfGE 47, S. 253, 275; *Ossenbühl*, Verwaltungsvorschriften und Grundgesetz, S. 199.

[175] Vgl. *Maunz / Dürig / Herzog / Scholz*, Art. 20 II (1978) Rdn. 48.

[176] So schon *Bluntschli*, S. 489, für das Verhältnis zwischen Repräsentanten und Repräsentierten.

[177] *Nawiasky*, Grundgedanken, S. 98.

[178] *Leibholz* S. 28 f., 48 f.

[179] *Maunz / Dürig / Herzog / Scholz*, Art. 38 Rdn. 2.

die Bestellung eines neuen Repräsentanten; damit wird aber nicht etwa ein staatsrechtlich „neues“ Volk fingiert. Das Auftreten eines neuen Repräsentanten allein kann daher die demokratische, nämlich dem Volk zuzurechnende Bestellung der Regierung nicht in Frage stellen. Nicht das neugewählte Parlament ist es, das die Regierung legitimiert[180], sondern das Volk, das durch seinen neuen Repräsentanten den ursprünglichen Legitimationsakt widerrufen kann, aber nicht notwendig bestätigen muß.

Vor diesem Hintergrund ist es auch nicht möglich, aus der zeitlich begrenzten Legitimation des Landtages unter Anwendung des aus dem Zivilrecht bekannten Satzes „nemo plus iuris transferre potest quam ipse habet“ den Schluß zu ziehen, die Regierung könne den Ablauf der Wahlperiode des Parlaments nicht überdauern[181]. Der Hinweis auf diesen Satz ist im übrigen deshalb abwegig, weil das Parlament der Regierung mit der Wahl keines seiner eigenen Rechte überträgt. Das könnte — in dem von der Verfassung zugelassenen Umfang — nur durch ein (Ermächtigungs-)Gesetz geschehen.

Die Bestellung einer Regierung auf unbestimmte Zeit ist daher nicht von vornherein undemokratisch; sie liegt innerhalb der durch Art. 28 I GG vorgeschriebenen Homogenität der Landesverfassungen[182].

h) Exkurs: Die Rechtslage im Saarland bis zur Verfassungsreform vom 4. 7. 1979

Die Regelung des Art. 87 III S. 1 saarLV, die das Amt des Ministerpräsidenten mit dem Zusammentritt eines neuen Landtages enden läßt, wurde erst durch die Verfassungsreform vom 4. 7. 1979 geschaffen. Art. 89 S. 1 saarLV i. d. F. vom 10. 4. 1953 hatte nur vorgesehen, daß der Ministerpräsident vom Landtag gewählt wird, aber die Dauer seiner Amtszeit offengelassen. Die Verfassungspraxis, die sich unter dieser Regelung entwickelte, bietet ein schwankendes Bild. Der parteilose Ministerpräsident *Welsch*, der allerdings nur ein Übergangskabinett nach dem durch die Ablehnung des Saarstatuts bedingten Rücktritt der Regierung *Hoffmann* (CVP) geleitet hatte, trat zu Beginn der 3. Wahlperiode im Jahre 1956 zurück[183]. Zu Beginn der 4. Wahlperiode im Jahre 1961 erklärte Ministerpräsident *Röder* (CDU) seinen Rücktritt unter ausdrücklichem Hinweis auf die erfolgte Landtagsneuwahl[184]. In den Jah-

---

180 So aber *Häberle*, JZ 1969, S. 613, 616.

181 So aber Abg. *Steffen* (SPD) bei der Begründung des Antrages auf Änderung der schleswig-holsteinischen Landessatzung, Schleswig-holsteinischer Landtag, 6. Wahlperiode, 54. Sitzung am 24. 11. 1969, S. 2321.

182 Vgl. auch *Drexelius* / *Weber*, Art. 34 Anm. 4.

183 Landtag des Saarlandes, 3. Wahlperiode, 2. Sitzung vom 10. 1. 1956, S. 14.

184 Landtag des Saarlandes, 4. Wahlperiode, 1. Sitzung am 3. 1. 1961, S. 2 f.

ren 1965 und 1970 wurde *Röder* zu Beginn der Legislaturperiode zum Ministerpräsidenten gewählt, ohne vorher seinen Rücktritt erklärt zu haben[185]. Als zu Beginn der 7. Wahlperiode im Jahre 1975 ein Stimmengleichstand im saarländischen Landtag eingetreten war, erklärte *Röder* nicht zuletzt unter Berufung auf das allerdings auch schon im Jahre 1970 bekannte Schleswig-Holstein-Urteil des Bundesverfassungsgerichts vom 22. 7. 1969[186], sein Amt habe weder mit dem Zusammentritt des neuen Landtages geendet, noch sei er zum Rücktritt verpflichtet[187]. Diese Auffassung wurde von der FDP geteilt[188], von der SPD allerdings bestritten[189]. Nachdem *Röder* mit der FDP eine Koalitionsregierung gebildet hatte, stellte er gem. Art. 90 saarLV a. F. die Vertrauensfrage[190], obwohl der Landtag die für die Kabinettsumbildung erforderliche Zustimmung gem. Art. 89 saarLV a. F. erteilt hatte[191]. An der Abstimmung über die Vertrauensfrage beteiligten sich die in Opposition stehenden Abgeordneten der SPD nicht, da sie das offene Verfahren für eine unzulässige Umgehung der von ihnen geforderten geheimen Neuwahl des Ministerpräsidenten hielten[192].

Eine Darstellung der Entstehungsgeschichte des Art. 89 saarLV a. F. muß berücksichtigen, daß diese Bestimmung Gegenstand einer Verfassungsänderung gewesen ist. Art. 69 II der Verfassung des Saarlandes vom 15. 12. 1947 hatte vorgesehen, daß der am 5. 10. 1947 gewählte Landtag „nach Ablauf der ersten auf fünf Jahre festgesetzten Legislaturperiode kreisweise gewählt" wird; danach sollten alle zwei Jahre in einem der drei Wahlkreise Neuwahlen für sechs Jahre stattfinden. Auf diese Regelung nahm Art. 89 II saarLV i. d. F. vom 15. 12. 1947 Bezug, der anordnete, nach Ablauf der 1. Legislaturperperiode könne der *neugewählte* Ministerpräsident nicht länger als drei Jahre im Amt bleiben. Der Wortlaut dieser Bestimmung macht deutlich, daß die saarländische Verfassung von 1947 die Amtszeit des Ministerpräsidenten mit der Wahlperiode des Landtages verknüpft, soweit eine abgrenzbare Legislaturperiode überhaupt vorgesehen war[193].

---

185 Landtag des Saarlandes, 5. Wahlperiode, 1. Sitzung am 10. 7. 1965, S. 4; 6. Wahlperiode, 1. Sitzung am 13. 7. 1970, S. 7.

186 BVerfGE 27, S. 44.

187 Landtag des Saarlandes, 7. Wahlperiode, 1. Sitzung am 14. 7. 1975, S. 10.

188 Abg. *Klumpp*, Landtag des Saarlandes, 7. Wahlperiode, 3. Sitzung am 18. 7. 1975, S. 29.

189 Abg. *Läpple*, Landtag des Saarlandes, 7. Wahlperiode, 3. Sitzung am 18. 7. 1975, S. 27.

190 Landtag des Saarlandes, 7. Wahlperiode, 23. Sitzung am 28. 3. 1977, S. 1147.

191 Landtag des Saarlandes, 7. Wahlperiode, 22. Sitzung am 1. 3. 1977, S. 1130.

192 Abg. *Läpple* (SPD), Landtag des Saarlandes, 7. Wahlperiode, 24. Sitzung am 29. 3. 1977, S. 1167; 25. Sitzung am 2. 4. 1977, S. 1364.

193 Unzutreffend daher die Auffassung von *Knies*, JuS 1975, S. 420, 425 mit Fn. 51, die ursprüngliche saarländische Verfassung habe keine Wahlperiode des

Die Verfassungsänderung vom 10. 4. 1953 ersetzte die in Art. 69 saarLV i. d. F. vom 15. 12. 1947 vorgesehene Regelung durch die Festlegung einer einheitlichen, auf fünf Jahre bemessenen Legislaturperiode. Damit verlor auch die an dem ursprünglich für die Zeit ab 1952 vorgesehenen „ewigen Parlament" orientierte Begrenzung der Amtszeit des Ministerpräsidenten auf zunächst drei Jahre ihren Sinn; Art. 89 II saarLV i. d. F. vom 15. 12. 1947 wurde daher gestrichen. Zur Begründung dieser von ihr vorgeschlagenen Änderung erklärte die Landesregierung, daß „das Gefüge unserer Verfassung grundsätzlich Legislaturperiode und Ministerpräsidentschaft zeitlich identifiziert", eine Auffassung, die bei den Landtagsberatungen vom Berichterstatter wörtlich wiederholt wurde[194]. Eine Diskussion über diesen Punkt erfolgte nicht. Die Entstehungsgeschichte des Art. 89 saarLV a. F. läßt damit erkennen, daß das Parlament von einer Verknüpfung des Endes der Amtszeit des Ministerpräsidenten mit dem Ablauf der Wahlperiode des Landtages ausgegangen ist.

Dieser Befund der Entstehungsgeschichte des Art. 89 saarLV a. F. reicht für die Annahme einer Begrenzung der Amtszeit des Ministerpräsidenten unter der vor der Verfassungsreform 1979 geltenden Regelung freilich nicht aus. Vielmehr gab es für das Saarland ebensowenig wie für die Länder Berlin, Hamburg, Rheinland-Pfalz und Schleswig-Holstein einen zwingenden Aspekt, aus dem eine Verknüpfung der Amtszeit des Regierungschefs mit der Legislaturperiode des Parlaments hätte hergeleitet werden können. Dies gilt für das Saarland um so mehr, als seine unstete, von Protesten der Beteiligten begleitete Verfassungspraxis keinen Ansatzpunkt für die Bildung von Gewohnheitsrecht erkennen läßt.

Landtages gekannt und daher auch Legislaturperiode und Ministerpräsidentschaft zeitlich nicht identifizieren können; vgl. *Schranil*, Art. 89 (a. F.) Anm. 3; *Thieme*, JöR n. F. 9 (1960), S. 423, 433; *Krause*, DöV 1975, S. 401, 402.

[194] Landtag des Saarlandes, 2. Wahlperiode, Drs. Abtlg. II Nr. 16 I, S. 3, abgedruckt bei *Knies*, JuS 1975, S. 420, 425; Abg. *Kessler* (CVP), Landtag des Saarlandes, 2. Wahlperiode, 8. Sitzung am 10. 4. 1953, S. 100.

VII. Regierung auf Zeit?

1. Die Diskussion in Niedersachsen, Nordrhein-Westfalen und Württemberg-Baden

Die Bestellung einer Regierung auf Zeit, in Bayern anscheinend durch das Fehlen des Mißtrauensvotums verwirklicht, ist ausführlich auch in den Verfassungsberatungen der Länder Niedersachsen, Nordrhein-Westfalen und Württemberg-Baden debattiert worden. Unter „Regierung auf Zeit“ ist eine Regierung zu verstehen, die das Parlament für eine festgelegte Dauer wählt und nicht vorzeitig wieder absetzen kann. Mit dem Demokratiepostulat der „Herrschaft auf Zeit“ hat das Prinzip der Regierung auf Zeit kaum etwas gemein: während jenes auf eine Begrenzung der Amtszeit zielt, will dieses der Regierung eine bestimmte, nicht vorzeitig abkürzbare Zeitspanne sichern. Die Regierung auf Zeit ist daher eine Regierung auf Mindestzeit. Wenig hilfreich ist es, wenn gelegentlich behauptet wird, auch das Prinzip des konstruktiven Mißtrauensvotums oder einer vergleichbaren Regelung führe zu einer Regierung auf Zeit, nämlich auf unbestimmte Zeit[1].

Bei den niedersächsischen Verfassungsberatungen des Jahres 1950 war der Vorschlag, die Regierung für eine festgelegte Zeit, nämlich die Wahlperiode des Landtages, wählen zu lassen, von der Landesregierung selbst vorgelegt worden. Damit sollte eine bewußte Abkehr vom parlamentarischen Regierungssystem Weimarer Prägung in Richtung auf eine Stärkung der Exekutive vollzogen werden. Diese Stärkung sollte um so notwendiger sein, als die Landesregierung aufgrund der beschränkten Kompetenzen der Länder nur zu einem geringen Teil wirkliche Regierungshandlungen vornehme; in erster Linie führe sie typische Verwaltungsgeschäfte, bei denen ihre unangetastete Aktionsfähigkeit von entscheidender Bedeutung sei. Eine Regierung auf Zeit widerspreche auch nicht dem Demokratieprinzip: wenn das Parlament eine Vollmacht für vier Jahre erhalten könne, müsse dies auch für die Exekutive möglich sein. Schließlich verbleibe dem Landtag die Möglichkeit, durch eine Selbstauflösung auch das Ende der Amtszeit der Regierung herbeizuführen[2].

---

[1] Vgl. *v. Brünneck*, JöR 3 (1954), S. 213, 250; Verfassungskonvent auf Herrenchiemsee, Unterausschuß III, Bericht an das Plenum, Teil I, S. 28.

[2] Vgl. Ministerpräsident *Kopf* (SPD), Niedersächsischer Landtag, 1. Wahlperiode, 103. Sitzung am 6. 9. 1950, Sp. 5758 - 5760.

Mit ihrem Vorschlag stieß die Landesregierung jedoch auf den geschlossenen Widerstand des Parlaments. Eine während ihrer Amtszeit unabsetzbare Regierung habe auf die Dauer von vier Jahren praktisch die Stellung eines absoluten Monarchen und damit auch alle Möglichkeiten, eine neue Diktatur aufzubauen; die Selbstauflösung des Landtages komme der Chance zur Selbstzerstörung näher als dem angemessenen Ersatz für das Mißtrauensvotum[3]. Die Regierungsvorlage scheiterte insoweit bereits in den Ausschußberatungen[4].

Im nordrhein-westfälischen Landtag wurde der Vorschlag, eine Regierung auf Zeit zu bestellen, von der FDP-Fraktion eingebracht und ähnlich wie in Niedersachsen mit den Schwächen eines rein parlamentarischen Systems begründet[5]. Er wurde aber abgelehnt; die Synthese von jederzeit möglichem einfachem Mißtrauensvotum und Unabsetzbarkeit der Regierung sollte mit der Einrichtung des konstruktiven Mißtrauensvotums geschaffen werden[6].

Auch bei den Beratungen der verfassunggebenden Landesversammlung für das Land Württemberg-Baden wurde der Vorschlag geäußert, eine Regierung auf Zeit zu institutionalisieren. Damit sollte dem parlamentarisch-demokratischen Staat keine Absage erteilt werden: die Bildung der Regierung sollte vom Vertrauen der Volksvertretung abhängig bleiben. Die Befürworter einer Regierung auf Zeit waren der Auffassung, es gehöre nicht zum Wesen des parlamentarisch-demokratischen Staates, daß eine Regierung nach Annahme eines Mißtrauensvotums durch das Parlament sofort zurückzutreten habe. Im übrigen warnten sie vor den Erfahrungen, die in der Weimarer Republik mit dem einfachen Mißtrauensvotum gemacht worden waren[7].

2. Die Rechtslage in Bayern

a) Entstehungsgeschichte

Nach Art. 44 I, III S. 2 bayLV wird der Ministerpräsident auf die Dauer von vier Jahren gewählt und hat zurückzutreten, wenn die politi-

---

[3] Vgl. Abg. *Diederichs* (SPD), Niedersächsischer Landtag, 1. Wahlperiode, 103. Sitzung am 6. 9. 1950, Sp. 5760; Abg. *Hoffmeister* (SPD), 104. Sitzung am 7. 9. 1950, Sp. 5768; Abg. *Heile* (DP), Sp. 5774; Abg. *Hofmeister* (CDU), Sp. 5788/89; Abg. *Föge* (FDP), Sp. 5791; vgl. auch *Abendroth*, Verfassungsfrage, S. 8.

[4] Vgl. Abg. *Hofmeister* (CDU) als Berichterstatter, Niedersächsischer Landtag, 1. Wahlperiode, 120. Sitzung am 8. 3. 1951, Sp. 6623.

[5] Vgl. Abg. *Middelhauve* (FDP), Landtag Nordrhein-Westfalen, 1. Wahlperiode, 20. Sitzung am 27. 11. 1947, S. 103; 129. Sitzung am 3. 5. 1950, S. 4489/90.

[6] Vgl. Innenminister *Menzel* (SPD), Landtag Nordrhein-Westfalen, 1. Wahlperiode, 117. Sitzung am 14. 12. 1949, S. 3637; Abg. *Dobbert* (SPD), 129. Sitzung am 3. 5. 1950, S. 4475; Abg. *Scholtissek* (CDU), S. 4479 f.

[7] Abg. *Walter* (CDU), Verfassunggebende Landesversammlung Württemberg-Baden, 2. Sitzung am 18. 7. 1946, S. 11.

schen Verhältnisse ein vertrauensvolles Zusammenarbeiten zwischen ihm und dem Landtag unmöglich machen. Ein einfaches oder konstruktives Mißtrauensvotum des Landtages ist nicht vorgesehen. Eine verbreitete Auffassung sieht in dieser Regelung eine Kodifikation des Prinzips der Regierung auf Zeit[8]. Diese Auslegung kann sich auf die Entstehungsgeschichte und die — freilich spärliche — Verfassungspraxis zu dieser Norm berufen.

Bei den Beratungen des Verfassungsausschusses hatten sich vor allem Ministerpräsident *Hoegner* (SPD) und der Staatsrechtler *Nawiasky*, der als Sachverständiger kooptiertes Ausschußmitglied war, für eine Wahl des Ministerpräsidenten auf die Dauer von vier Jahren sowie für die Abschaffung des Mißtrauensvotums eingesetzt. Ursprünglich sollte das „sogenannte" parlamentarische System ganz abgeschafft und daher auch keine Pflicht zum Rücktritt bei einer Störung des Vertrauensverhältnisses zwischen Regierung und Parlament statuiert werden; das Kabinett sollte nicht von Zufallsvoten, die seinen Rücktritt erzwingen könnten, abhängig sein. Der ständige Wechsel der Regierungen in Weimar habe sehr stark zur „Diskreditierung von Demokratie und Parlamentarismus" beigetragen. Andererseits erschien es den Beteiligten selbstverständlich, daß der Regierungschef nach dem Verlust seiner Mehrheit zurückreten würde, da er ohne sie nicht mehr regieren könne; um diese Selbstverständlichkeit im Verfassungstext sichtbar zu machen und Bedenken auszuräumen, ein Ministerpräsident, mit dem das Parlament nicht zusammenarbeiten wolle, werde im Amt bleiben, wurde die Formulierung des Art. 44 III S. 2 bayLV geschaffen. Damit sollte allerdings kein verstecktes Mißtrauensvotum eingeführt werden: im Streitfall habe nicht der Landtag, sondern der Staatsgerichtshof zu entscheiden, ob die Voraussetzungen für eine vertrauensvolle Zusammenarbeit zwischen Regierung und Parlament weiterhin gegeben seien. Daß neben Zufallsvoten vor allem destruktive Mehrheiten für das Staatswesen gefährlich werden können, kam nur am Rande zur Sprache; insoweit sollte die notwendige Stabilität durch einen Staatspräsidenten sichergestellt werden[9]. Zu dessen Institutionalisierung kam es jedoch nicht.

Der Verlauf der Debatte in der verfassunggebenden Landesversammlung selbst deutet darauf hin, daß eine Verpflichtung des Ministerpräsidenten, bei einem Verlust des Vertrauens des Parlaments zurückzutreten, nicht in jedem Falle angenommen wurde; Anträge, in die Verfassung die Formulierung aufzunehmen, der Ministerpräsident bedürfe zu seiner Amtsführung des Vertrauens des Landtages, oder ähn-

[8] *Maunz / Dürig / Herzog / Scholz*, Art. 28 Rdn. 32 mit Fn. 2; *Birke*, ZParl. 1977, S. 77, 86; *Hoegner*, Lehrbuch, S. 84; *Reißfelder* S. 102; *Lippert* S. 414.

[9] Ministerpräsident *Hoegner* (SPD), Verfassungs-Ausschuß der Bayerischen Verfassunggebenden Landesversammlung, 24. Sitzung am 28. 8. 1946, S. 513, 517; *Nawiasky* (als Sachverständiger), S. 514 ff.

lich, er sei an das Vertrauen des Landtages gebunden, wurden nämlich abgelehnt[10]. Auch machen spätere Äußerungen von *Nawiasky* deutlich, daß ein Verlust des parlamentarischen Vertrauens den Bestand der Regierung nicht automatisch gefährden sollte. Die in Art. 44 III S. 2 bayLV gefundene Formulierung, der Ministerpräsident habe zurückzutreten, wenn die politischen Verhältnisse eine vertrauensvolle Zusammenarbeit zwischen ihm und dem Landtag unmöglich machen, sollte vielmehr einen Weg zwischen sich in Zufallsvoten ausdrückenden politischen Konjunkturschwankungen und einer dauerhaften Entfremdung zwischen Staatsleitung und Volksvertretung weisen[11].

b) Verfassungspraxis

Die Auffassung, im Streitfall solle anstelle des Landtages der Statsgerichtshof entscheiden, bestimmte auch die bisherige Verfassungspraxis. Im Jahre 1949 beantragte die WAV, der Landtag möge den Rücktritt des Ministerpräsidenten und seiner Regierung fordern und feststellen, daß sie nicht mehr das Vertrauen des Parlaments besäßen. Es gelang der WAV jedoch nicht, ihren Antrag auf die Tagesordnung zu setzen; mit Zustimmung des Landtages wurde er als verfassungs- und geschäftsordnungswidrig nicht behandelt[12]. Das ging allerdings erheblich über die Erklärung des Ministerpräsidenten in der Debatte hinaus, ein Beschluß des Landtages, einem Regierungsmitglied das Vertrauen zu entziehen, könne nicht die Wirkung haben, einen Rücktritt zu erzwingen; gebe der Landtag seine Auffassung über die Tätigkeit der Regierung kund, obliege es gem. Art. 44 III S. 2 bayLV allein dem Ministerpräsidenten, nach pflichtgemäßem Ermessen über sein Verbleiben im Amt zu entscheiden[13].

Zu einer Anwendung des Art. 44 III S. 2 bayLV kam es nur im Jahre 1957, als Ministerpräsident *Hoegner* (SPD) zurücktrat, nachdem BP und BHE die Koalitionsregierung verlassen hatten und er dadurch seine Mehrheit im Landtag verlor. *Hoegner* sah sich nun als von Verfassung wegen zum Rücktritt verpflichtet an[14].

---

[10] Getrennte Anträge von FDP und KPD, Bayerische Verfassunggebende Landesversammlung, 7. Sitzung am 19. 9. 1946, S. 163.

[11] *Nawiasky*, BayVBl. 1956, S. 355, 356.

[12] Bayerischer Landtag, 1. Wahlperiode, 103. Sitzung am 24. 2. 1949, S. 746/747. Der Antrag hatte folgenden Wortlaut: „Der Ministerpräsident Dr. *Ehard* und seine Regierung haben nicht mehr das Vertrauen des Landtages. Der Landtag fordert den Rücktritt des Ministerpräsidenten und seiner Regierung."

[13] Ministerpräsident *Ehard* (CSU), Bayerischer Landtag, 1. Wahlperiode, 103. Sitzung am 24. 2. 1949, S. 747.

[14] So ausdrücklich *Hoegner* in seinen Memoiren: Der schwierige Außenseiter, S. 337 f.

c) Art. 44 III S. 2 im System der Bayerischen Verfassung

Entstehungsgeschichte und spärliche Praxis, für die Auslegung ohnehin nur Hilfsmittel begrenzter Tragweite, zeichnen indessen kein zutreffendes Bild von der Bedeutung des Art. 44 III S. 2 bayLV. Für die Anwendbarkeit der Norm bleibt entscheidend, wer die Unmöglichkeit einer vertrauensvollen Zusammenarbeit zwischen Ministerpräsident und Landtag verbindlich feststellen kann. Da eine vertrauensvolle Zusammenarbeit schon dann nicht mehr möglich erscheint, wenn einer der beteiligten Partner das Vertrauen verloren hat, läge es nahe, diese Feststellung dem Landtag zu überlassen[15].

Auf eine derartige Feststellungskompetenz des Landtages deutet § 67 GObayLT jedoch nur scheinbar hin[16]. Die Bestimmung spricht zwar sybillinisch zunächst nur von Anträgen „auf Erörterung" der Frage, ob der Landtag die Voraussetzungen für die Rücktrittspflicht des Ministerpräsidenten als gegeben erachtet; aus dem Erfordernis, nach Schluß der Aussprache eine Entscheidung über den Antrag zu fällen, sowie aus § 65 II GObayLT, der für alle Anträge die Einleitungsformel „Der Landtag wolle beschließen" vorsieht, ergibt sich jedoch, daß der Landtag über die politischen Voraussetzungen für eine vertrauensvolle Zusammenarbeit mit dem Ministerpräsidenten nicht nur debattieren, sondern sich dazu auch abschließend äußern soll. Allerdings geht § 67 GObayLT nicht von seiner Feststellung der Voraussetzungen des Art. 44 III S. 2 bayLV durch den Landtag aus; die Formulierung „als gegeben erachtet" macht vielmehr deutlich, daß es um eine definitive, aber subjektive Äußerung des Landtages geht. § 67 GObayLT bedeutet nicht, daß der Ministerpräsident einen Beschluß des Landtages über die Unmöglichkeit vertrauensvoller Zusammenarbeit als verbindliche Feststellung der Voraussetzungen des Art. 44 III S. 2 bayLV und damit seiner eigenen Rücktrittspflicht anzusehen hätte; die Bestimmung läßt ihm vielmehr die rechtliche Freiheit, seinerseits eine vertrauensvolle Zusammenarbeit mit dem Landtag als möglich anzusehen.

Eine gegenteilige Annahme widerspräche neben der Entstehungsgeschichte auch der Systematik der bayerischen Verfassung. Sie legte Art.

[15] So *Reißfelder*, Verfassungsautonomie, S. 103; *Süsterhenn / Schäfer*, Vorbemerkung zum Abschnitt „Die Landesregierung", S. 354; *Mang / Maunz / Mayer / Obermayer*, Staats- und Verwaltungsrecht, S. 51.

[16] § 67 GObayLT: „Anträge auf Erörterung der Frage, ob der Landtag die Voraussetzungen des Art. 44 Abs. 3 S. 2 BV als gegeben erachtet, können nur von einer Fraktion oder 20 Abgeordneten eingebracht werden. Anträge, die diesen Voraussetzungen nicht entsprechen, werden nicht auf die Tagesordnung gesetzt. Zulässige Anträge müssen auf die nächste Tagesordnung gesetzt werden und können an keine Ausschüsse zur Vorbereitung verwiesen werden. Eine Vertagung ist nicht zulässig. Zwischen dem Schluß der Aussprache und der Entscheidung über den Antrag muß eine Frist von 48 Stunden sein."

44 III S. 2 bayLV die Funktion eines einfachen Mißtrauensvotums bei, das gem. Art. 23 I bayLV sogar mit einfacher Mehrheit der abgegebenen Stimmen beschlossen werden könnte, obwohl die bayerische Verfassung als einzige Landesverfassung in dem Streben nach Stärkung der Regierung nicht einmal ein konstruktives Mißtrauensvotum vorgesehen hat. Der Landtag hat daher jedenfalls nicht die formelle Feststellungskompetenz für die Voraussetzungen des Art. 44 III S. 2 bayLV[17]. Das kann nicht verwundern, wenn man berücksichtigt, daß einem Parlament ohnehin nicht die Aufgabe übertragen ist, eine Verfassung oder einfache Gesetze durch schlichte Beschlüsse verbindlich auszulegen. Dies obliegt für den Bereich der Verfassung der Verfassungsgerichtsbarkeit.

Kann somit entsprechend der schon die Verfassungsberatungen beherrschenden Ansicht die Entscheidung über das Bestehen der Rücktrittspflicht gem. Art. 44 III S. 2 bayLV nur vom Staatsgerichtshof getroffen werden[18], macht dies die ganze Unzulänglichkeit der anscheinend so ausgewogenen Regelung deutlich. Denn hat auch der Landtag nicht die formelle Feststellungskompetenz, kann ihm doch nicht die Chance genommen werden, die Unmöglichkeit vertrauensvoller Zusammenarbeit mit dem Ministerpräsidenten durch eine Mißtrauensresolution sichtbar zu machen; andernfalls bliebe Art. 44 III S. 2 bayLV unanwendbar. Für den Staatsgerichtshof stellt sich die Frage, anhand welcher Kriterien er entscheiden soll, ob die politischen Verhältnisse ein vertrauensvolles Zusammenarbeiten zwischen Ministerpräsident und Landtag unmöglich machen. Das Gericht wird sich mit eigenen Wertungen um so mehr zurückhalten müssen, als ihm hier im Kleid einer Rechtsfrage ein wesensmäßig politisches Problem zur Entscheidung vorgelegt wird[19]. Vor allem aber kann es nicht an der Tatsache vorbeigehen, daß der Landtag möglicherweise eine Mißtrauensresolution verabschiedet, jedenfalls aber Klage erhoben hat. Der Beweis für die Unmöglichkeit vertrauensvollen Zusammenarbeitens ist damit bereits weithin sichtbar erbracht[20]. Die endgültige Störung des Vertrauensverhältnisses, das für Art. 44 III S. 2 bayLV allein entscheidende Ergebnis, könnte selbst dann nicht mehr in Frage gestellt werden, wenn der Landtag grundlos die Kooperation mit dem Regierungschef aufgekündigt hätte. Der Staatsgerichtshof kann einer entsprechenden Feststellungsklage nur stattgeben.

---

[17] Vgl. auch *Hoegner*, Lehrbuch S. 84.

[18] *Hoegner*, Lehrbuch S. 84; *Nawiasky / Leusser / Schweiger / Zacher (Nawiasky)*, III, S. 17; *Lippert* S. 414/415.

[19] So die zutreffende Kritik des Abg. *Schmid* (SPD) an dem Versuch der bayerischen Vertreter, eine entsprechende Regelung auch in das Grundgesetz einzufügen, in: Verfassungskonvent auf Herrenchiemsee, Plenum, 5. und 6. Sitzung vom 12. 8. 1948, S. 49.

[20] Vgl. *Münch* S. 38.

Diese Bewertung erfährt keinen grundlegenden Wandel durch den besonderen Charakter der Verfassungsgerichtsbarkeit. In der Diskussion um ihr Wesen und ihre Grenzen ist mit Nachdruck auf den besonderen politischen Charakter des Verfassungsrechts und die sich daraus ergebenden Schwierigkeiten seiner judiziellen Anwendung hingewiesen worden. Beziehe sich die Verfassungsgerichtsbarkeit auf Streitigkeiten, die, weil sie politisch seien, ihrer Natur nach einer prozeßförmigen Entscheidungsfindung widerstrebten, so unterscheide sich die Verfassungsgerichtsbarkeit grundsätzlich von der Judikatur anderer Rechtsgebiete; das Wesen der Verfassung stehe weithin mit dem Wesen der Verfassungsgerichtsbarkeit in Widerspruch[21].

Diese Ausgangsthese legt die Folgerung nahe, mangels einer ausreichend eindeutigen Normierung seien Verfassungsgerichte weniger normgebundene Gerichte im üblichen Sinne als vielmehr Regierungsorgane besonderer Art, die in einem verfassungsmäßig vorgesehenen Verfahren am politischen Gestaltungsprozeß beteiligt werden[22]. Damit wird im Bereich der Staatsgewalt eine bemerkenswerte Machtverschiebung vollzogen, die allerdings unvermeidbar sein kann, soweit die Verfassung zur rechtlichen Anwendung politischer oder gar moralischer Maßstäbe — etwa „Gerechtigkeit" — zwingt[23]. Diese Machtverschiebung kann bewußt gewollt sein; es paßt jedenfalls zusammen, wenn *Nawiasky*, der sich bei den Beratungen des Bayerischen Verfassungsausschusses entschieden gegen jedes parlamentarische Mißtrauensvotum aussprach und den Abgeordneten statt dessen die Einführung einer staatsgerichtlich überprüfbaren Rücktrittspflicht des Ministerpräsidenten empfahl, an anderer Stelle erklärte, es gebe keine immanenten Grenzen für die Justiziabilität, vielmehr könne jede politische Frage zu einer Rechtsfrage gemacht werden[24]. Derartige Ausführungen lassen die Verfassungsgerichtsbarkeit letztlich als eine Art Schiedsgerichtsbarkeit erscheinen[25].

Es kann dahingestellt bleiben, ob eine derartige Funktion mit dem Bild der gewaltentrennenden Demokratie, wie es vom Grundgesetz verstanden und gem. Art. 28 I GG auch für die Länderverfassungen vorgeschrieben wird[26], noch vereinbar ist[27]. Denn selbst wenn der Bayerische Staatsgerichtshof bei der Frage, ob die politischen Verhältnisse eine

---

[21] *Triepel*, VVDStRL 5, S. 2, 8, 28.

[22] So ausdrücklich *Drath*, VVDStRL 9, S. 17, 96.

[23] Vgl. *Kelsen*, VVDStRL 5, S. 30, 70.

[24] *Nawiasky*, VVDStRL 9, S. 122 f. (Disk.).

[25] Vgl. *Peters*, VVDStRL 9, S. 118 (Disk.); entschieden ablehnend *E. Kaufmann*, ebd., Schlußwort, S. 128.

[26] Vgl. *Maunz / Dürig / Herzog / Scholz*, Art. 28 Rdn. 24.

[27] Vgl. die einschränkende Auffassung bei *Hesse*, Grundzüge, S. 229, mit zahlreichen Nachweisen aus der Rechtsprechung des Bundesverfassungsgerichts.

vertrauensvolle Zusammenarbeit zwischen dem Ministerpräsidenten und dem Landtag unmöglich machen, die Rolle eines Schiedsgerichts anzunehmen hätte, das auch nach außerrechtlichen Gesichtspunkten entscheiden kann, bliebe er doch auf die Feststellung eines bestimmten Sachverhalts beschränkt, dessen Entstehung sich außerhalb seines Einflußbereiches vollzieht. Es gibt kein Kriterium, an dem die Behauptung des Landtages überprüft, und damit auch kein Argument, mit dem ihre Richtigkeit bestritten werden könnte.

Damit wird deutlich, daß die materielle Feststellungskompetenz für die Voraussetzungen des Art. 44 III S. 2 bayLV beim Landtag liegt. Berücksichtigt man, daß gem. Art. 64, Art. 23 I bayLV der Landtag eine Organklage vor dem Staatsgerichtshof mit einfacher Mehrheit der abgegebenen Stimmen erheben kann, läuft die Regelung des Art. 44 III S. 2 bayLV auf ein einfaches, durch das Erfordernis richterlicher Beglaubigung erschwertes Mißtrauensvotum hinaus. Die Stellung der Regierung wird zwar durch die zusätzliche Einschaltung des Staatsgerichtshofs gefestigt. Das sollte man nicht unterschätzen. Der Ministerpräsident kann aber angesichts der Aussichtslosigkeit seiner Position nach einem einmal eingeleiteten Verfahren einem Rücktritt nicht mehr ausweichen. Letztlich bietet die bayerische Landesverfassung der Regierung damit weniger Schutz als alle anderen Verfassungen, die die Durchführung eines Mißtrauensvotums von der Mehrheit der gesetzlichen Mitgliederzahl des Landtages abhängig machen[28].

Es darf nicht vergessen werden, wie sehr diese Situation dem Willen des historischen Verfassunggebers zuwiderläuft. Sie ist Folge der einseitigen Betonung von Zufallsvoten, die die Gefahr destruktiver Mehrheiten teils beiseite, teils in den Verantwortungsbereich des später nicht institutionalisierten Staatspräsidenten schob. Vor allem aber hat der Verfassunggeber die Verwirklichung seiner Absichten selbst vereitelt, indem er die Entscheidung einer politischen Frage aus dem wechselvollen politischen Geschehen herausnehmen und statt dessen einem Kontinuität und Stabilität verkörpernden Verfassungsgericht übertragen wollte. Einerseits grundsätzlich die Abhängigkeit der Regierung vom Parlament zu wollen und deshalb entsprechende materiellrechtliche Vorschriften in die Verfassung aufzunehmen, andererseits aber dem Parlament eine verantwortungsvolle Handhabung dieser Abhängigkeit nicht zuzutrauen und ihm deshalb die entsprechenden Verfahrensrechte vorzuenthalten, ist die eigentliche Crux der bayerischen Regelung.

---

[28] Vgl. auch die Kritik bei *H. Schneider*, VVDStRL 8, S. 21, 24 mit Fn. 9.

VIII. Mißtrauensvoten gegen gewählte Regierungsmitglieder

1. Objekt des Mißtrauensvotums

Die voll im Amt befindliche Regierung ist das typische Objekt eines Mißtrauensvotums in einfacher oder konstruktiver Form.

In Betracht kommen kann aber auch ein Mißtrauensvotum gegen eine nur geschäftsführende Regierung. Für den Bereich des Bundes ist die Möglichkeit eines konstruktiven Mißtrauensvotums gegen den geschäftsführenden Bundeskanzler umstritten, weil die Gefahr besteht, daß auf diesem Wege das dem Bundespräsidenten gem. Art. 63 I GG allein zugewiesene Vorschlagsrecht für die Kanzlerwahl umgangen wird[1]. Dieses Problem stellt sich in den Ländern, die ja kein Staatsoberhaupt neben der Regierung kennen, nicht. Daher spielt für sie auch die Möglichkeit eines konstruktiven Mißtrauensvotums gegen eine nur geschäftsführende Regierung keine Rolle: ist in den Ländern, die nur diese Form des Mißtrauensvotums vorsehen, die Regierung nach einem Rücktritt nur noch geschäftsführend im Amt, kann der Landtag eine Neuwahl vornehmen, ohne daß daneben der Weg des konstruktiven Mißtrauensvotums eine zusätzliche politische oder rechtliche Attraktivität auszuüben vermöchte. Daher bedarf die Frage, ob das konstruktive Mißtrauensvotum sein Ziel verfehlt, wenn es gegen eine nur geschäftsführende, möglicherweise nicht vom Vertrauen des Parlaments getragene Regierung gerichtet wird, kaum weiterer Erörterung[2].

Bedeutung gewinnen kann demnach nur die Möglichkeit eines einfachen Mißtrauensvotums gegen eine geschäftsführende Regierung. Gegenüber einer durch Vertrauensentzug schon gestürzten Regierung ginge ein solches Votum allerdings ins Leere; ihr könnte nichts an parlamentarischer Legitimation genommen werden, was sie nicht schon vorher verloren hätte. Ein Mißtrauensvotum gegen eine schon durch Vertrauensentzug gestürzte Regierung ist nicht nur sinnlos, sondern auch unzulässig, da es auf etwas rechtlich Unmögliches gerichtet ist[3].

Anders ist ein Mißtrauensvotum gegen eine Regierung zu beurteilen, deren geschäftsführender Charakter sich nicht aus einem Vertrauens-

[1] Vgl. *Röttger*, JuS 1975, S. 358 f. gegen *Arndt / Schweitzer*, JuS 1974, S. 622, 625 f.

[2] Vgl. aber *Geller / Kleinrahm*, Art. 62 Anm. 5 (ablehnend), mit Hinweisen auf bundesrechtliche Literatur.

[3] Vgl. *R. Lutz*, Geschäftsregierung, S. 70.

entzug, sondern etwa aus einem Rücktritt ergibt. Mit dem Rücktritt gibt die Regierung den ihr erteilten Regierungsauftrag an das Parlament zurück; damit entfällt nach einer verbreiteten Auffassung ihre parlamentarische Legitimation[4]. Dieses Defizit kennzeichnet auch eine Regierung, der das Vertrauen entzogen worden ist. Aus dieser Parallele können aber keine Bedenken gegen die Zulässigkeit eines Mißtrauensvotums hergeleitet werden. Rücktritt und Vertrauensentzug haben zwar eine übereinstimmende Folge. Dennoch dürfen sie nicht gleichgesetzt werden: der Rücktritt ist eine einseitige Maßnahme der Regierung, während Vertrauenserteilung und Vertrauensentzug der ebenso autonomen Entscheidung des Parlaments zugewiesen sind. Tritt ein Regierungschef aus Gesundheitsgründen zurück, besteht offensichtlich kein Grund, von einem Vertrauensverlust zu sprechen. Läßt somit der Rücktritt einer Regierung allein keine Rückschlüsse auf den Verlust des parlamentarischen Vertrauens zu, dessen Fortbestehen nach seiner Erteilung grundsätzlich vermutet wird[5], muß das Parlament die Möglichkeit haben, der Regierung das Vertrauen zu entziehen[6].

Ein derartiger Vertrauensentzug hat zunächst den Wert eines politischen Signals. Ein Blick in die Verfassung von Berlin zeigt, daß er auch rechtliche Bedeutung entfalten kann. Hier kann das Abgeordnetenhaus gem. Art. 42 III S. 3 berlLV bei einem Mißtrauensvotum gegen den Regierenden Bürgermeister oder einen Senator darauf Einfluß nehmen, ob der Betroffene seine Geschäfte bis zum Amtsantritt eines Nachfolgers weiterzuführen hat: dies geschieht nur, wenn das Parlament es verlangt. Führt ein Mitglied des Berliner Senats nach einem freiwilligen Rücktritt seine Amtsgeschäfte zunächst weiter, so könnte das Abgeordnetenhaus es daran bei Unzulässigkeit eines Mißtrauensvotums nicht hindern. Kann das Parlament hingegen dem betroffenen Regierungsmitglied auch nach seinem Rücktritt noch das Vertrauen entziehen, so gibt ihm Art. 42 III S. 3 berlLV auch die Möglichkeit, die sofortige Beendigung der Amtstätigkeit des Betroffenen herbeizuführen. Dieser könnte sich sonst einer solchen Maßnahme jedenfalls rechtlich durch den freiwilligen Rücktritt entziehen.

Vor diesem Hintergrund verwundert es nicht, daß aus den Landesparlamenten der Weimarer Zeit die Annahme von Mißtrauensvoten gegen geschäftsführende Regierungen berichtet werden kann. Im Juni 1932 wurden im preußischen Landtag zwei derartige, fast gleichlautende Anträge der Abgeordneten der Kommunisten und der deutschnatio-

---

[4] *Spreng / Birn / Feuchte*, Art. 47 Anm. 1; *Geller / Kleinrahm*, Art. 62 Anm. 5; *Nawiasky*, BayVBl. 1932, S. 33.

[5] *Thoma*, HdbDStR I, S. 507; *Maunz / Dürig / Herzog / Scholz*, Art. 62 Rdn. 9.

[6] Für die Zulässigkeit eines derartigen Mißtrauensvotums *Gmelin*, AöR n. F. 22 (1932), S. 224, 233; *E. R. Huber*, DJZ 1932, Sp. 194, 195.

nalen Volkspartei (DNVP) gegen die Regierung des Ministerpräsidenten *Braun* (SPD) eingebracht[7], die nach ihrer Niederlage bei den preußischen Landtagswahlen vom 24. 4. 1932 zurückgetreten und daher nur noch geschäftsführend im Amt war[8]. Der Antrag der Kommunisten lautete: „Der Landtag spricht dem Geschäftsministerium *Braun / Severing* das schärfste Mißtrauen aus[9]", während derjenige der DNVP in die Form eines Feststellungsantrages gekleidet war: „Jede Amtsführung durch den bisherigen Ministerpräsidenten und die Minister dieses Kabinetts — gleichgültig, auf welcher formellen Rechtsgrundlage sie erfolgen sollte — entbehrt des Vertrauens des Landtages[10]." Zur Begründung beider Anträge wurde geltend gemacht, die Regierung könne sich durch den „formellen" Rücktritt nicht ihrer Verantwortung entziehen, zumal wenn sie ihre bisherige von der Mehrheit des Parlaments mißbilligte Politik geschäftsführend fortsetze; der Landtag müsse dazu eindeutig Stellung nehmen können.

Zu einer ausführlichen Sachdebatte über die Zulässigkeit der Mißtrauensanträge kam es nicht, da die parlamentarischen Auseinandersetzungen bereits durch die unversöhnlichen Gegensätze zwischen den Parteien in der letzten Phase der Weimarer Republik gekennzeichnet waren. Die Staatsregierung, die während der Debatte abwesend war, begnügte sich mit einer Stellungnahme in einem Schreiben an den Präsidenten des preußischen Landtages, wo sie die Anträge als Verstoß gegen jeden parlamentarischen Brauch und gegen den Geist der Verfassung bezeichnete[11]. Die Antragsteller wiesen in der Debatte noch einmal auf das politische Zeichen hin, das die Annahme des Mißtrauensvotums setzen würde: das amtierende Kabinett könne nicht mehr geltend machen, es habe wenigstens insoweit noch eine Legitimation, als ihm weder der vorhergehende noch der neugewählte Landtag das Vertrauen ausdrücklich entzogen habe[12]. Die Abgeordneten der Fraktion des Zentrums hielten beide Mißtrauensanträge für verfassungsrechtlich unzulässig und beteiligten sich daher nicht an der Abstimmung[13]. Das von den Kommunisten eingebrachte Mißtrauensvotum wurde angenommen, der Antrag der DNVP daraufhin als weniger weitgehend und damit gegenstandslos betrachtet[14].

---

[7] Antrag Abg. *Pieck* (Kommunisten), Preußischer Landtag, 4. Wahlperiode, 4. Sitzung am 2. 6. 1932, Sp. 109 f.; Antrag Abg. *v. Winterfeld* (DNVP), ebd., Sp. 113.

[8] AdG, 26. 4. 1932, S. 310 E.

[9] Preußischer Landtag, 4. Wahlperiode, 4. Sitzung am 2. 6. 1932, Sp. 110.

[10] Preußischer Landtag, 4. Wahlperiode, 4. Sitzung am 2. 6. 1932, Sp. 113.

[11] Preußischer Landtag, 4. Wahlperiode, 5. Sitzung am 3. 6. 1932, Sp. 303.

[12] Abg. *Steuer* (DNVP), Preußischer Landtag, 4. Wahlperiode, 4. Sitzung am 2. 6. 1932, Sp. 116 f.; ähnl. Abg. *Stendel* (DVP), ebd., Sp. 210 f.

[13] Abg. *Steger* (Zentrum), Preußischer Landtag, 4. Wahlperiode, 4. Sitzung am 2. 6. 1932, Sp. 306.

2. Inhalt des Antrags

In den Ländern, die nur ein einfaches Mißtrauensvotum kennen, erscheint es selbstverständlich, daß der zum Sturz der Regierung eingebrachte Antrag auf den Entzug des Vertrauens gerichtet sein muß. Dies ist in Bremen (Art. 110 II), Hessen (Art. 114 II S. 1) und Rheinland-Pfalz (Art. 99 III) ausdrücklich vorgeschrieben. Art. 42 II S. 2 berlLV spricht von einem „Mißtrauensantrag", dessen Annahme zum Entzug des Vertrauens führt; der Antrag muß hierauf gerichtet sein. Ähnlich sieht Art. 88 II saarLV einen „Antrag auf ausdrückliche Erklärung des Mißtrauens" vor. In Bremen hat der Senat gem. Art. 110 IV bremLV zusätzlich die Möglichkeit, bei der Bürgerschaft zu beantragen, einem der Senatoren wegen beharrlicher Verweigerung der Erfüllung seiner Pflichten oder gröblicher Verletzung „der dem Senat oder seiner Stellung schuldigen Achtung" die Mitgliedschaft im Senat zu entziehen.

In den Ländern Baden-Württemberg, Hamburg, Niedersachsen, Nordrhein-Westfalen und Schleswig-Holstein, die nur ein konstruktives Mißtrauensvotum kennen, kann dem Regierungschef das Vertrauen nur dadurch entzogen werden, daß der Landtag einen Nachfolger wählt. Dies ist die Formulierung des geltenden Verfassungsrechts (Art. 54 I bwLV, Art. 35 II S. 1 hambLV, Art. 23 III ndsLV, Art. 61 I nwLV, Art. 30 shLS). Kann das Vertrauen nur durch eine Neuwahl entzogen werden, so kann ein auf Vertrauensentzug gerichteter Antrag auch nur ein Antrag auf Neuwahl sein. Allerdings sprechen Art. 54 II bwLV und Art. 61 II nwLV von einem „Antrag auf Abberufung", der der Wahl um mindestens drei Tage bzw. 48 Stunden vorangehen müsse. Hieraus darf aber nicht hergeleitet werden, es könne eine selbständige Abberufung des Ministerpräsidenten oder auch nur einen selbständigen hierauf gerichteten Antrag geben. Abberufung und Wahl sind identisch, der Antrag auf Abberufung ist daher der Antrag auf Neuwahl[15]. § 55 GObwLT bestätigt, daß ein Mißtrauensantrag ohne einen namentlich genannten Kandidaten für das Amt des Ministerpräsidenten gar nicht auf die Tagesordnung des Landtages gesetzt werden darf[16].

Aus Niedersachsen ist allerdings trotz der Formulierung des Art. 23 III ndsLV, die einen Vertrauensentzug für den Ministerpräsidenten nur durch die Wahl eines Nachfolgers vorsieht, eine abweichende Praxis zu berichten. In den Jahren 1953 und 1970 wurden Mißtrauensanträge eingebracht, die nur auf den Entzug des Vertrauens gerichtet waren, ohne

---

[14] Preußischer Landtag, 4. Wahlperiode, 4. Sitzung am 2. 6. 1932, Sp. 306. Von einem weiteren Beispiel (Mißtrauensvotum gegen die geschäftsführende Landesregierung in Hessen im Jahre 1931) berichtet *Gmelin*, AöR n. F. 22 (1932), S. 224, 225 - 227.

[15] Vgl. ähnl. *Domes*, in: Res publica, S. 53, 56.

[16] Für Nordrhein-Westfalen ebenso *Geller / Kleinrahm*, Art. 61 Anm. 4.

einen Nachfolger für den amtierenden Ministerpräsidenten zu benennen[17]. In beiden Fällen war die Zulässigkeit eines derartigen Mißtrauensantrages umstritten. Die Antragsteller behielten sich vor, ihren Kandidaten erst am Morgen der Abstimmung zu präsentieren. Im Jahre 1953 machten sie geltend, die gem. Art. 23 II S. 2 ndsLV zwischen der Behandlung des Antrages und der Abstimmung liegende Frist von drei Wochen müsse zu Verhandlungen genutzt werden, damit bei der Abstimmung ein möglichst aussichtsreicher Kandidat vorgestellt werden könne[18]. Die gegen dieses Verfahren gerichteten rechtlichen Einwände wurden schließlich fallengelassen; es blieb nur die politische Kritik, die Parteien könnten bei der Debatte über den Mißtrauensantrag im Landtag keine abschließende Stellungnahme abgeben, solange ihnen die Person eines eventuellen Nachfolgers unbekannt sei. Der Landtagspräsident erklärte, der Mißtrauensantrag sei verfassungsmäßig eingereicht[19].

Auch 1970 wurde ein Mißtrauensantrag ohne Nennung eines Kandidaten auf die Tagesordnung des Landtages gesetzt, ohne daß die Regierung hiergegen entschieden Widerstand geleistet oder die rechtliche Zulässigkeit nachdrücklich bestritten hätte[20].

Dieses Verfahren ist um so bemerkenswerter, als in beiden Fällen die Antragsteller nicht über die Mehrheit im Landtag verfügten. Im Jahre 1953 wurde zu Beginn der Abstimmung ein Kandidat für das Amt des Ministerpräsidenten vorgeschlagen, der Mißtrauensantrag jedoch abgelehnt[21]. Im Jahre 1970 wurde der Mißtrauensantrag zurückgezogen, bevor es zu einer Abstimmung kam[22]; die Regierungskrise wurde schließlich durch eine Selbstauflösung des Landtages bereinigt.

Gegen diese Praxis ergeben sich grundsätzliche Bedenken aus der Untrennbarkeit von Vertrauensentzug und Neuwahl. Ein derartiger Zusammenhang ist allerdings gerade für Niedersachsen bestritten wor-

---

[17] Antrag der DP/CDU und der FDP vom 22. 9. 1953, Niedersächsischer Landtag, 2. Wahlperiode, Drs. Nr. 1124 mit folgendem Wortlaut: „Der Landtag wolle beschließen: dem Ministerpräsidenten wird das Vertrauen entzogen." Antrag der CDU vom 23. 3. 1970, Niedersächsischer Landtag, 6. Wahlperiode, Drs. Nr. 1228 mit folgendem Wortlaut: „Der Landtag wolle beschließen: gemäß Artikel 23 der Vorläufigen Niedersächsischen Verfassung wird dem Ministerpräsidenten das Vertrauen entzogen."

[18] Vgl. Abg. *Hofmeister* (DP/CDU), Niedersächsischer Landtag, 2. Wahlperiode, 56. Sitzung am 8. 10. 1953, Sp. 3608 f.

[19] Vgl. Abg. *Haasler* (Gesamtdeutscher Block/BHE), Niedersächsischer Landtag, 2. Wahlperiode, 56. Sitzung am 8. 10. 1953, Sp. 3605, 3609; Präsident *Olfers* (SPD), ebd., Sp. 3609.

[20] Antrag der CDU, Niedersächsischer Landtag, 6. Wahlperiode, 74. Sitzung am 1. 4. 1970, Sp. 6723; vgl. die Kritik des Abg. *Riege* (SPD), ebd., Sp. 6741 f.

[21] Niedersächsischer Landtag, 2. Wahlperiode, 58. Sitzung am 4. 11. 1953, Sp. 3665. Vorgeschlagen war der Abg. *Neddenrieb* (DP/CDU).

[22] Niedersächsischer Landtag, 6. Wahlperiode, 79. Sitzung am 27. 5. 1970, Sp. 7080.

den[23]. Die Möglichkeit einer Trennung von Mißtrauensvotum und Wahl eines neuen Ministerpräsidenten jedenfalls in der verfahrensmäßigen Behandlung soll sich aus der in Art. 23 II S. 2 ndsLV vorgeschriebenen Frist von drei Wochen sowie aus der Entstehungsgeschichte des konstruktiven Mißtrauensvotums in Niedersachsen ergeben.

Die Frist selbst wird nur durch einen Blick auf die Entstehungsgeschichte des Mißtrauensvotums in Niedersachsen verständlich. Die Geschichte des Art. 23 ndsLV macht den durch Kompromisse geprägten Leidensweg einer Verfassungsnorm deutlich, dessen Abschluß nicht von einer Erlösung verklärt wird. Der Verfassungsausschuß des niedersächsischen Landtages ging von einem Vorschlag aus, der die Aussprache des Mißtrauens gegenüber dem Ministerpräsidenten nur durch die Wahl eines Nachfolgers vorsah und dann fortfuhr: „Zwischen dem Antrag auf Abberufung und der Wahl müssen mindestens 48 Stunden liegen." Die Ausschußmitglieder waren einmütig der Auffassung, in dem von ihnen angestrebten System des konstruktiven Mißtrauensvotums dürfe es keinen selbständigen Mißtrauensantrag mehr geben. Das Aussprechen des Mißtrauens sollte in der Wahl liegen; die Möglichkeit, die Nennung des Namens eines Nachfolgekandidaten bis zum Morgen der Abstimmung zu verschieben, sollte ausgeschlossen sein und auch durch einen Geschäftsordnungsantrag auf verfahrensmäßige Trennung von Vertrauensentzug und Neuwahl nicht geschaffen werden können[24]. Die Diskussion der Ausschußmitglieder entzündete sich nur an der Frage, ob die Formulierung „Antrag auf Abberufung" diesem Willen noch gerecht werde. Um jeden Zweifel auszuschließen, wurden die Worte „zwischen dem Antrag auf Abberufung" schließlich durch „zwischen dem Vorschlag des Nachfolgers" ersetzt[25].

Im weiteren Verlauf der Beratungen des Verfassungsausschusses schlug die SPD dann eine Aufgabe des Prinzips des konstruktiven Mißtrauensvotums zugunsten der sog. „Berliner Lösung" vor. Danach sollte das Mißtrauensvotum in einen negativen und einen positiven Teil aufgespalten werden. Ein Vertrauensentzug sollte jederzeit möglich sein; er sollte aber unwirksam werden, wenn nach Ablauf von 21 Tagen noch

[23] Abg. *Hofmeister* (DP/CDU), Niedersächsischer Landtag, 2. Wahlperiode, 56. Sitzung am 8. 10. 1953, Sp. 3608. Der Abgeordnete hatte im Verfassungsausschuß die gegenteilige Ansicht vertreten, vgl. Verfassungsausschuß des Niedersächsischen Landtages, 1. Wahlperiode, 20. Sitzung am 31. 1. 1951, in: Vorläufige Niedersächsische Verfassung I, S. 541. Gegen die Einheit des Mißtrauensvotums auch *Toews*, AöR 96 (1971), S. 354, 382 - 385.

[24] Abg. *Böhme* (SPD), Abg. *Diederichs* (SPD), Abg. *Hofmeister* (CDU), Abg. *Früchte* (DP), Abg. *Abel* (KPD), Verfassungsausschuß des Niedersächsischen Landtages, 1. Wahlperiode, 9. Sitzung am 7. 11. 1950, in: Vorläufige Niedersächsische Landesverfassung I, S. 191 - 194.

[25] Vgl. die Zusammenfassung des Vorsitzenden Abg. *Hoffmeister* (SPD), Verfassungsausschuß des Niedersächsischen Landtages, 1. Wahlperiode, 9. Sitzung am 7. 11. 1950, in: Vorläufige Niedersächsische Landesverfassung I, S. 195.

kein neuer Ministerpräsident gewählt war (Art. 42 III berlLV)[26]. Von seinen Kritikern wurde dieser Vorschlag als unglücklichste aller Lösungen bezeichnet, die nichts mehr mit dem konstruktiven Mißtrauensvotum zu tun habe[27].

Die heute geltende Lösung wurde dann im Redaktionsausschuß des Verfassungsausschusses entworfen. Sie kehrt zu der ursprünglichen Vorlage zurück. Der Berichterstatter wies vor dem Ausschußplenum darauf hin, daß durch die Verbindung von Vertrauensentzug und Neuwahl ein Teil des konstruktiven Mißtrauensvotums nach dem Muster des Grundgesetzes übernommen sei; dieses Modell habe lediglich insoweit nicht auf Niedersachsen übertragen werden können, als es hier im Gegensatz zum Bund kein Staatsoberhaupt gebe[28]. Daraufhin zog die SPD ihren Vorschlag, die „Berliner Lösung“ zu verwirklichen, zurück[29], und der Entwurf des Redaktionsausschusses wurde vom Verfassungsausschuß endgültig angenommen[30].

Die SPD hatte sich somit mit ihrem Vorschlag, Vertrauensentzug und Neuwahl zu trennen, nicht durchsetzen können. Die in dem von ihr zeitweise befürworteten System des auflösend bedingten Mißtrauensvotums sinnvolle Frist von drei Wochen, die für die Suche nach einem Nachfolger für den bereits gestürzten Ministerpräsidenten nutzbar war, floß unverändert in das — unbestritten — konstruktive Mißtrauensvotum ein, das seinem Wesen nach Vertrauensentzug und Neuwahl nicht trennt. Die Dreiwochenfrist kann in diesem Regelungsmuster die ihr zugedachte Funktion nicht mehr erfüllen, sondern bildet einen Fremdkörper, nahe an einem Redaktionsversehen, der allerdings das System selbst und damit auch die Einheit von Vertrauensentzug und Wahl nicht in Frage stellen kann. Ein Mißtrauensvotum ist auch in Niedersachsen nur in konstruktiver Form möglich. Ein Antrag, dem Ministerpräsidenten das Vertrauen zu entziehen, ohne gleichzeitig einen Nachfolger zu benennen, ist auf ein von der Verfassung nicht vorgesehenes Mißtrauensvotum gerichtet. In dieser Form kann er von Verfassungs wegen nicht angenommen werden. Ein derartiger Antrag widerspricht auch in

[26] Abg. *Böhme* (SPD), Verfassungsausschuß des Niedersächsischen Landtages, 1. Wahlperiode, 16. Sitzung am 11. 1. 1951, in: Vorläufige Niedersächsische Landesverfassung I, S. 374; zustimmend Abg. *Lehmann* (KPD), ebd., S. 376.

[27] Abg. *Hofmeister* (CDU), Verfassungsausschuß des Niedersächsischen Landtages, 1. Wahlperiode, 16. Sitzung am 11. 1. 1951, in: Vorläufige Niedersächsische Verfassung I, S. 377.

[28] Abg. *Hofmeister* (CDU), als Berichterstatter, Verfassungsausschuß des Niedersächsischen Landtages, 1. Wahlperiode, 20. Sitzung am 31. 1. 1951, in: Vorläufige Niedersächsische Verfassung I, S. 541. Diese Sitzung bleibt unberücksichtigt bei *Toews*, AöR 96 (1971), S. 354 ff.

[29] Verfassungsausschuß des Niedersächsischen Landtages, 1. Wahlperiode, 21. Sitzung am 1. 2. 1951, in: Vorläufige Niedersächsische Verfassung I, S. 577.

[30] Verfassungsausschuß des Niedersächsischen Landtages, 1. Wahlperiode, 22. Sitzung am 9. 2. 1951, in: Vorläufige Niedersächsische Verfassung I, S. 640.

Niedersachsen der Landesverfassung und ihrer Entstehungsgeschichte. Er darf im Landtag nicht behandelt werden; die entgegengesetzte Praxis ist verfassungswidrig.

Nicht gangbar ist auch ein Mittelweg zwischen einem nur auf Vertrauensentzug gerichteten und einem den Nachfolgekandidaten bereits namentlich benennenden Mißtrauensantrag. Diese dritte Möglichkeit soll darin bestehen, bei der Einbringung des konstruktiven Mißtrauensvotums zu beantragen, der Landtag möge anstelle des gegenwärtigen Amtsinhabers einen anderen wählen. Der neue Kandidat soll dann erst direkt vor der Abstimmung vorgestellt werden[31]. Der Antrag, „einen anderen" zu wählen, ist sinnlos; er könnte vom Parlament nicht angenommen werden. Er entspricht auch nicht dem Antrag, über den beim konstruktiven Mißtrauensvotum schließlich abgestimmt wird. Der Antrag, einen anderen als den bisherigen Regierungschef zu wählen, kann daher kein Antrag auf Annahme eines konstruktiven Mißtrauensvotums sein.

3. Die notwendige Mehrheit

a) Quorum für die Einbringung des Antrages

Neben dem Ablauf der Amtszeit des Ministerpräsidenten an einem von vornherein genau festgelegten Zeitpunkt stehen das einfache und das konstruktive Mißtrauensvotum als typischer Ausdruck einer irregulären Beendigung des Amtes. Gegenüber anderen Beendigungsgründen bildet der Sturz der Regierung eine Ausnahme, deren Eintritt von den Landesverfassungen und den für ihre Handhabung ebenfalls zu berücksichtigenden Geschäftsordnungen der Landtage soweit wie möglich erschwert wird.

Dies wird schon bei dem für die Einbringung eines Mißtrauensantrags von einzelnen Landesverfassungen vorgeschriebenen Quorum deutlich. In Niedersachsen (Art. 23 II ndsLV) muß ein derartiger Antrag von einem Drittel der Abgeordneten des Landtages unterzeichnet werden, in Bremen (Art. 110 II bremLV) und in Hamburg (Art. 35 II hambLV) muß jeweils ein Viertel der Bürgerschaft der Einbringung des Antrages zustimmen, während in Hessen (Art. 114 II hessLV) die Zustimmung eines Sechstels der gesetzlichen Zahl der Abgeordneten ausreichend ist. Für einen (normalen) Vorschlag für die Wahl eines Ministerpräsidenten oder eines Senators schreiben die genannten Landesverfassungen kein Quorum vor. Nur in der Geschäftsordnung der bremischen Bürgerschaft wird für die Einbringung eines Wahlvorschlages die Unterstützung von mindestens 5 Abgeordneten oder einer Fraktion verlangt (§ 58 Abs. 1 GObremB).

[31] *Drexelius / Weber*, Art. 35 Anm. 5.

Bei den Verfassungsberatungen in Hessen war sogar vorgeschlagen worden, schon der Antrag auf Entziehung des Vertrauens müsse von mindestens zwei Dritteln der Mitglieder des Landtages unterzeichnet sein. Damit sollte eine besonders hohe Barriere nicht nur gegen die Annahme des Mißtrauensvotums, sondern auch gegen die mit der Diskussion eines derartigen Antrages im Parlament häufig verbundene Diskreditierung der Regierung errrichtet werden[32]. Ein derartiges Quorum hätte zur Folge, daß das Mißtrauensvotum selbst aus der Öffentlichkeit des Parlaments herausgenommen und in den weitgehend undurchsichtigen Bereich von Einzelgesprächen und Unterschriftensammlungen verlagert worden wäre. Damit hätte es seinen parlamentarischen Charakter zu einem beträchtlichen Teil verloren. Der Vorschlag scheiterte bereits in den Ausschußberatungen[33] und wurde im Plenum zwar erneut vorgebracht, aber nicht noch einmal ausdrücklich zur Abstimmung gestellt. Mit dem schließlich in der Verfassung verankerten Quorum von einem Sechstel der gesetzlichen Zahl der Abgeordneten sollte einer „besonderen Gefahrenquelle für den Parlamentarismus", der „sogenannten Ministerstürzerei", vorgebeugt werden[34].

Im überwiegenden Teil der übrigen Länder ist in der Geschäftsordnung des Landtages eine verfahrensmäßige Erschwerung der Einbringung eines Mißtrauensvotums gegenüber der Vorlage eines Wahlvorschlages oder sonstiger Anträge vorgesehen. In Baden-Württemberg kann das (konstruktive) Mißtrauensvotum gem. § 55 GObwLT nur von einem Viertel der Abgeordneten beantragt werden. In Berlin bedarf die Stellung eines Mißtrauensantrages gem. § 45 I GOberlAbgH der Unterstützung eines Viertels der anwesenden Abgeordneten oder einer Fraktion, die gem. § 7 GOberlAbgH mindestens 5 % der Mitglieder des Abgeordnetenhauses umfaßt. Ein Fraktionsantrag ist gem. Art. 88 II S. 3 saarLV auch im Saarland seit der Verfassungsreform 1979 erforderlich, während hier vorher jeder Abgeordnete ein Mißtrauensvotum beantragen konnte[35] In Rheinland-Pfalz kann ein Antrag auf Sturz der Regierung gem. § 73 I GOrhpfLT nur von mindestens 16 Abgeordneten gestellt werden, was aufgrund der durch Art. 79 rhpfLV auf 100 festgelegten Zahl der Abgeordneten etwa einem Sechstel der Mitglieder des Landtages entspricht. In Schleswig-Holstein ist gem. § 33 II GOshLT für die Einbringung eines konstruktiven Mißtrauensvotums die Unterstützung von mindestens 15 Abgeordneten erforderlich. Das bedeutet

[32] Abg. *Bleek* (LDP), Verfassungberatende Landesversammlung Groß-Hessen, 5. Sitzung am 1. 10. 1946, S. 175, 176.

[33] Verfassungsausschuß der Verfassungberatenden Landesversammlung Groß-Hessen, 12. Sitzung am 24. 9. 1946, S. 179.

[34] Abg. *Schlitt* (CDU) als Berichterstatter, Verfassungberatende Landesversammlung Groß-Hessen, 5. Sitzung am 1. 10. 1946, S. 174.

[35] Vgl. *Wern*, Vertrauensgrundsatz, S. 103.

bei 73 Abgeordneten (§ 1 shWahlG) etwa ein Fünftel der Mitglieder des Landtages. In allen genannten Ländern ist hingegen sonst für einen Wahlvorschlag kein Quorum festgesetzt.

Nur in Nordrhein-Westfalen bestehen keine besonderen verfahrensmäßigen Hindernisse; hier sind gem. § 87 I GOnwLT für die Einbringung des (konstruktiven) Mißtrauensvotums ebenso wie für andere Anträge 3 Unterzeichner erforderlich.

b) Mehrheit für die Annahme

Mehr noch als der Versuch ist die Verwirklichung eines Regierungssturzes durch das Erfordernis einer qualifizierten Mehrheit erschwert. Außer in Nordrhein-Westfalen bedarf die Annahme eines einfachen oder konstruktiven Mißtrauensvotums in allen Ländern der Mehrheit der Mitglieder des Parlaments (Art. 54 I bwLV, Art. 42 III berlLV, Art. 110 II bremLV, Art. 35 II hambLV, Art. 114 III hessLV, Art. 23 III nds-LV, Art. 99 II rhpfLV, Art. 88 II S. 3 saarLV, Art. 30 shLS). Bei den Verfassungsberatungen in Rheinland-Pfalz war sogar erwogen worden, für die Annahme eines Mißtrauensvotums eine Zweidrittelmehrheit vorzusehen. Der zuständige Ausschuß ließ diesen Vorschlag jedoch auf Anregung der französischen Militärregierung fallen[36]. Auf ein ähnliches Ergebnis lief der bereits erwähnte Vorschlag für die Einbringung eines Mißtrauensvotums in Hessen hinaus.

Die Bedeutung des Quorums ergibt sich aus einem Vergleich mit den Mehrheiten, die außerhalb des Regierungssturzes für die Wahl des Regierungschefs erforderlich sind. Es ist daran zu erinnern[37], daß der Regierungschef in Berlin und Bremen von vornherein[38], in Niedersachsen, Nordrhein-Westfalen und Schleswig-Holstein jedenfalls in einem späteren Wahlgang von einer Minderheit gewählt werden kann. Auch solche Minderheitsregierungen profitieren von dem Schutz, den das Erfordernis einer absoluten Mehrheit für die Annahme des Mißtrauensvotums gewährt, obwohl es vielleicht nahegelegen hätte, Minderheitsregierungen auch durch Minderheiten stürzen zu lassen[39]. Durch diese Diskrepanz zwischen der für die Wahl und der für den Sturz erforderlichen Mehrheit werden — im Bereich des Regierungswechsels — auch Minderheitsregierungen praktisch zu Mehrheitsregierungen „aufgewertet".

Für das konstruktive Mißtrauensvotum in Nordrhein-Westfalen gilt jedoch gem. Art. 61 I nwLV, daß der Landtag bereits mit der Mehrheit

[36] Vgl. Abg. *Wuermeling* (CDU) als Berichterstatter, Beratende Landesversammlung Rheinland-Pfalz, Drs. Nr. 16, 8. Sitzung vom 23. - 25. 4. 1947, S. 5.

[37] s. o. Kap. II 2 c).

[38] Ebenso auch in Bayern.

[39] Vgl. den Vorschlag des Abg. *Klingelhöller* (KPD), Landtag Nordrhein-Westfalen, 1. Wahlperiode, 129. Sitzung am 3. 5. 1950, S. 4486.

der abgegebenen Stimmen einen Nachfolger des amtierenden Ministerpräsidenten wählen kann. Diese Regelung bedeutet gegenüber der normalen Wahl insoweit eine Erschwerung, als es nicht entsprechend Art. 52 II nwLV zu einer Stichwahl kommen kann, bei der schließlich gewählt ist, wer die meisten Stimmen erhält. Ein solches Verfahren kann beim konstruktiven Mißtrauensvotum auch nicht zugelassen werden. Sonst könnte eine Minderheit, indem sie notfalls zwei Kandidaten präsentiert, einen von der Mehrheit des Landtages getragenen Regierungschef stürzen, da dieser als amtierender Ministerpräsident beim Mißtrauensvotum ja schwerlich selbst als Bewerber auftreten könnte[40].

Der zu Art. 90 S. 3 saarLV a. F. vertretenen Meinung, eine einfache Mehrheit reiche für die Annahme des Mißtrauensvotums aus, soweit es in Gestalt der Ablehnung einer von der Landesregierung gestellten Vertrauensfrage erfolge[41], kann auch nach der Verfassungsreform 1979 nicht zugestimmt werden. Zwar sieht Art. 88 II S. 1 saarLV vor, daß das Vertrauen neben der ausdrücklichen Erklärung des Mißtrauens auch durch „Ablehnung des Antrages, das Vertrauen auszusprechen (Vertrauensfrage)“, entzogen werden kann. Ein solcher Antrag ist bereits abgelehnt, wenn er keine Mehrheit findet; er muß also nicht am Widerspruch der Mehrheit der gesetzlichen Mitgliederzahl des Landtages scheitern. Da aber der Beschluß, das Vertrauen zu entziehen, an den Art. 88 I S. 2 saarLV das Ausscheiden der Regierungsmitglieder knüpft, gem. Art. 88 II S. 3 saarLV nur mit der genannten qualifizierten Mehrheit gefaßt werden kann, bleibt die Ablehnung der Vertrauensfrage rechtlich folgenlos, wenn sie nicht durch die Mehrheit der Landtagsmitglieder erfolgt[42]. Offen ist allerdings, ob eine Landesregierung das politische Debakel überleben könnte, das unabhängig von den besonderen rechtlichen Mehrheitserfordernissen in jeder — auch „unqualifizierten“ — Ablehnung der Vertrauensfrage liegt.

4. Abstimmungsverfahren

Mehrheiten, die ein Regierungsmitglied wählen, sind in den Ländern Baden-Württemberg, Hamburg und Nordrhein-Westfalen von Verfassungs oder Gesetzes wegen anonym; in den Ländern Bayern, Berlin, Bremen, Hessen und Niedersachsen ist der Schutz ihrer Identität durch entsprechende Bestimmungen über die Geheimheit der Wahl in den Geschäftsordnungen der Landtage gesichert[43]. Mehrheiten, die zum

[40] Vgl. Abg. *Scholtissek* (CDU), Landtag Nordrhein-Westfalen, 1. Wahlperiode, 129. Sitzung am 3. 5. 1950, S. 4479 zur Begründung des Antrags auf Einführung der geltenden Regelung.

[41] *Wern* S. 114.

[42] Vgl. *Knies*, JuS 1975, S. 420, 422.

[43] s. o. Kap. II 2 b).

Sturz der Regierung antreten, genießen diesen Schutz in den Ländern Berlin, Hessen, Rheinland-Pfalz und dem Saarland aber nicht: dort ist vorgeschrieben, daß die Abstimmung über das (einfache) Mißtrauensvotum namentlich erfolgt (Art. 42 II S. 2 berlLV, Art. 114 III S. 1 hessLV, Art. 99 III rhpfLV, Art. 88 II S. 5 saarLV). Auch diese Bestimmung bedeutet eine beträchtliche Erschwerung der Durchführung des Mißtrauensvotums. Denn mancher Abgeordnete, der mit einer Regierung, die von seiner Partei gestellt oder in einer Koalition unterstützt wird, nicht zufrieden ist, wird trotzdem nicht bereit sein, sich in einer offenen Abstimmung gegen „seine" Regierung und damit auch gegen die Mehrheit seiner politischen Freunde zu stellen. Der niedersächsische Regierungswechsel im Jahre 1976, bei dem es allerdings nicht um ein Mißtrauensvotum ging, bietet hierfür ein deutliches Beispiel. Nach dem Rücktritt der von SPD und FDP getragenen Regierung *Kubel* (SPD) wurde nicht der von der SPD vorgeschlagene Nachfolger, sondern der CDU-Kandidat *Albrecht* zum neuen Ministerpräsidenten gewählt, ohne daß vorher die Regierungskoalition von einem der beiden Partner gekündigt worden wäre. Welche Abgeordneten dem CDU-Kandidaten zur Mehrheit verhalfen, wurde nicht bekannt[44].

Ist es in den Ländern Hessen, Rheinland-Pfalz und Saarland wegen des dort vorgesehenen einfachen Mißtrauensvotums nur eine negative Mehrheit, die ihre Identität bekennen muß, so läuft der besondere Charakter des Mißtrauensvotums in Berlin darauf hinaus, daß die neue Regierungsmehrheit namentlich feststehen muß. Gem. Art. 42 II, III S. 4 berlLV verliert das in namentlicher Abstimmung anzunehmende Mißtrauensvotum seine Wirksamkeit, wenn nicht binnen 21 Tagen eine Neuwahl des Regierenden Bürgermeisters erfolgt ist. Für den Regierungswechsel in Berlin ist eine destruktive Mehrheit verfassungsrechtlich daher nur von Bedeutung, wenn sie auch die neue Regierungsmehrheit bildet; so wird diese namentlich bekannt.

Hingegen ergibt sich aus den Verfassungen von Baden-Württemberg und Nordrhein-Westfalen, daß über das dort allein zulässige Mißtrauensvotum geheim abzustimmen ist. Dieses Erfordernis kann zwar dem Wortlaut der Art. 54 bwLV, 61 nwLV nicht entnommen werden. Es ergibt sich aber daraus, daß diese Bestimmungen die Durchführung des konstruktiven Mißtrauensvotums nicht abschließend regeln, sondern zu ihrer Ergänzung die Verfassungsnormen über die Wahl des Ministerpräsidenten herangezogen werden müssen. Dies wird für Baden-Württemberg durch das Fehlen einer Bestimmung über die Wählbarkeit zum Ministerpräsidenten im Verfahren des konstruktiven Mißtrauensvo-

[44] AdG, 10. 2. 1976, S. 20004 F; zur Diskussion um den Wert geheimer Abstimmungen im Hinblick auf die Vorgänge in Niedersachsen vgl. die Kontroverse zwischen *Hans H. Klein*, ZRP 1976, S. 81 und *Buschmann / Ostendorf*, ZRP 1977, S. 153 sowie *Hofmann*, ZfP 1978, S. 32, 48 f.

tums gem. Art. 54 bwLV verdeutlicht, wie sie Art. 46 I bwLV für die (reguläre) Wahl des Regierungschefs enthält. Art. 46 I bwLV verlangt vom betroffenen Kandidaten die Wählbarkeit zum Abgeordneten sowie die Vollendung des 35. Lebensjahres. Diese Bestimmung könnte im Falle eines Regierungssturzes nicht angewendet werden, wenn Art. 54 bwLV die Durchführung des konstruktiven Mißtrauensvotums abschließend regelte; für eine insoweit unterschiedliche Behandlung der Kandidaten läßt sich aber keine Rechtfertigung finden.

Ebenso zeigt ein Vergleich der Regelung über das konstruktive Mißtrauensvotum in Art. 61 nwLV mit den Bestimmungen des Art. 52 nwLV über die „normale“ Wahl des Ministerpräsidenten, daß Art. 61 nwLV nicht abschließend ist. Art. 52 I nwLV verlangt nämlich, daß der Ministerpräsident aus der Mitte des Landtages gewählt wird. Ein Grund, von diesem in Art. 61 nwLV nicht erwähnten Erfordernis beim konstruktiven Mißtrauensvotum abzusehen, ist nicht erkennbar. Art. 61 nwLV bedarf insoweit offensichtlich der Ergänzung durch Art. 52 nwLV. Enthält Art. 61 nwLV keine abschließende Regelung für die Wahl des Ministerpräsidenten im Wege des konstruktiven Mißtrauensvotums, muß die in Art. 52 I nwLV festgeschriebene Notwendigkeit einer geheimen Wahl auch für den Regierungssturz gelten[45].

Die in Art. 23 ndsLV getroffene Regelung des konstruktiven Mißtrauensvotums bedarf hingegen für ihre Durchführbarkeit nicht offensichtlich einer Ergänzung durch die Bestimmungen über die reguläre Wahl des Ministerpräsidenten in Art. 20 ndsLV. Art. 23 ndsLV kann aus sich selbst heraus angewendet werden, ohne daß damit die Möglichkeit geschaffen wird, einen Kandidaten zum Ministerpräsidenten zu wählen, der dieses Amt im regulären Verfahren niemals erlangen könnte. Erscheint somit das in Art. 20 ndsLV vorgeschriebene geheime Wahlverfahren für die Durchführung des konstruktiven Mißtrauensvotums des Art. 23 ndsLV nicht von vornherein zwingend, muß es wegen der materiellen Parallelität beider Bestimmungen doch für notwendig gehalten werden. In beiden Fällen geht es um die Wahl des Ministerpräsidenten. Ist für die reguläre Regierungsbestellung ein geheimer Wahlakt vorgeschrieben, um die Entscheidungsfreiheit jedes einzelnen Abgeordneten zu sichern, so gilt dieser Gesichtspunkt auch für das Verfahren im Rahmen eines Regierungssturzes, solange die Verfassung nicht ausdrücklich — wie in den Ländern Berlin, Hessen, Rheinland-Pfalz und Saarland — einer namentlichen Feststellung aller Befürworter des Mißtrauensvotums den Vorrang einräumt. Für einen geheimen Wahlakt spricht auch, daß auch in den bereits erwähnten Ländern Baden-

[45] Vgl. für die Anwendbarkeit des Art. 52 nwLV im Rahmen des Verfahrens nach Art. 61 hinsichtlich des Verbots einer Aussprache *Geller / Kleinrahm*, Art. 61 Anm. 2 a.

Württemberg und Nordrhein-Westfalen die Bestimmungen über die reguläre Wahl des Ministerpräsidenten zur Ergänzung der Regelung des konstruktiven Mißtrauensvotums herangezogen werden müssen.

In den Ländern Hamburg und Schleswig-Holstein können die soeben erörterten Probleme nicht auftreten, da hier schon für die Regierungsbestellung kein geheimer Wahlakt vorgeschrieben ist. Auch in Bremen genießen die Befürworter eines Mißtrauensvotums keinen Schutz ihrer Identität, da es an einer Parallelbestimmung zu § 58 VI GObremBg fehlt, der für die Senatsbestellung eine geheime Wahl vorschreibt.

5. Erledigung durch Geschäftsordnungsbeschluß?

Einen zeitlichen Rahmen für die Behandlung eines Mißtrauensantrages legen nur die Verfassungen der Länder Hessen, Rheinland-Pfalz und Saarland fest. In Hessen muß die Abstimmung über den Antrag spätestens am zehnten Tag nach seiner Einbringung erfolgen (Art. 114 II S. 2 hessLV); in Rheinland-Pfalz muß der Antrag binnen einer Woche erledigt werden (Art. 99 III rhpfLV). Die saarländische Landesverfassung sieht in Art. 88 II S. 4 eine Frist von sieben Tagen vor, die aber erst mit dem Schluß der Aussprache zu laufen beginnt. Damit ist sie etwas flexibler: Die Aussprache selbst ist an keine starre, etwa an der Einbringung des Antrages anknüpfende Frist gebunden.

Die Einhaltung der Frist ist nirgends sanktioniert. Eine Überschreitung hat daher keine rechtlichen Folgen; insbesondere kann sie nicht bedeuten, der eingebrachte Mißtrauensantrag habe sich von selbst erledigt oder könne nicht mehr behandelt werden.

Der Wortlaut des Art. 99 III rhpfLV, der die Erledigung binnen einer Woche vorschreibt, läßt offen, ob diese Erledigung auch in einem „Übergang zur Tagesordnung" bestehen kann, wie er entsprechend verbreitetem Parlamentsrecht in § 24 GOrhpfLT vorgesehen und nur für Gesetzentwürfe sowie sonstige Vorlagen und Anträge der Landesregierung ausgeschlossen ist. Der Beschluß, über einen Gegenstand zur Tagesordnung überzugehen, bedeutet die Erledigung des betroffenen Verhandlungspunktes; eine weitere Behandlung findet nicht statt[46]. Eine Erledigung des Mißtrauensantrages durch Übergang zur Tagesordnung schließt die rheinland-pfälzische Landesverfassung letztlich jedoch aus. Wenn gem. Art. 99 III rhpfLV der Antrag frühestens am zweiten Tag nach Schluß der Aussprache erledigt werden darf, kann die von der Verfassung vorgesehene Debatte nicht durch einen Geschäftsordnungsbeschluß ausgeschlossen werden; sie muß stattfinden. Da Art. 99 III rhpfLV weiter vorschreibt, über den Mißtrauensantrag werde nament-

[46] So z. B. § 61 IV GOhessLT.

lich abgestimmt, kann eine derartige Abstimmung nicht durch einen Übergang zur Tagesordnung vermieden werden. Der Wortlaut der Verfassung ließe vielleicht die Auslegung zu, eine namentliche Abstimmung habe nur stattzufinden, soweit überhaupt über den Mißtrauensantrag abgestimmt werde. Eine derartige Einschränkung würde aber der Bedeutung nicht gerecht, die der Abstimmung über einen Mißtrauensantrag allgemein zukommt und die hier noch durch das Erfordernis eines namentlichen Votums unterstrichen wird. Die Öffentlichkeit soll wissen, wer hinter dem Mißtrauensantrag steht.

Schließlich ist auch die von der Verfassung getroffene Festlegung eines Quorums für die Einbringung des Antrages zu berücksichtigen. Bei Erreichen dieses Quorums sind Mißtrauensanträge im Sinne einer parlamentarischen Behandlung verfassungsrechtlich „diskussionswürdig". Könnten Mißtrauensanträge dennoch durch Geschäftsordnungsbeschlüsse von der Tagesordnung abgesetzt werden, würde diese Wertung der Verfassung mißachtet.

Da ein Quorum für die Einbringung des Antrages und/oder eine namentliche Abstimmung über das Mißtrauensvotum auch in den Ländern Berlin, Hessen und Saarland von Verfassungs wegen vorgeschrieben ist, besteht hier ebenfalls keine Möglichkeit, die Behandlung eines Mißtrauensantrages durch Absetzen von der Tagesordnung oder einen ähnlichen Geschäftsordnungsbeschluß abzuschließen.

Ein entsprechendes Ergebnis gilt auch in den Ländern Niedersachsen, Bremen und Hamburg. In Niedersachsen ist eine Aussprache über den Mißtrauensantrag (konstruktives Mißtrauensvotum) schon deshalb unumgänglich, weil sie von der Verfassung als „Besprechung" ausdrücklich erwähnt wird (Art. 23 II S. 2 ndsLV). Der Wortlaut der Verfassung schließt allerdings nicht aus, daß im Wege des § 66 I Nr. 4 GOndsLT die Abstimmung über den Mißtrauensantrag von der Tagesordnung abgesetzt wird. Hier ist aber ebenso wie in den Ländern Bremen und Hamburg, deren Verfassungstexte weder einen Hinweis auf die Notwendigkeit einer Debatte noch einer abschließenden Abstimmung enthalten, die jeweils von der Verfassung mit der Festlegung des Quorums ausgesprochene Bewertung des Antrages zu beachten. In den genannten Ländern haben Mißtrauensanträge daher verfassungsrechtlichen Anspruch auf abschließende parlamentarische Entscheidung.

Diese Erwägungen treffen auch auf die Rechtslage in den Ländern Baden-Württemberg und Schleswig-Holstein zu, wo das für die Einbringung des Mißtrauensantrages erforderliche Quorum allerdings nur in den Geschäftsordnungen der Landtage festgelegt ist (§ 55 GObwLT, § 33 II GOshLT). Diese Bestimmungen wären kaum erforderlich, wenn Mißtrauensanträge ohne weiteres entsprechend §§ 87 GObwLT, 45 IV

GOshLT von der Tagesordnung abgesetzt werden könnten. Solange die Geschäftsordnungen der betroffenen Landtage für die Einbringung von Mißtrauensanträgen ein Quorum vorschreiben, muß über ordnungsgemäß eingebrachte Anträge abschließend entschieden werden.

Anders ist die Rechtslage in Nordrhein-Westfalen. Hier läßt sich weder der Verfassung noch der Geschäftsordnung des Landtages ein Hinweis auf die Notwendigkeit einer abschließenden Entscheidung über (konstruktive) Mißtrauensanträge entnehmen. Ein Quorum ist nicht vorgesehen. In diesem Lande kann daher ein Mißtrauensantrag auch durch Übergang zur Tagesordnung gem. § 45 GOnwLT erledigt werden. Dieses Ergebnis erscheint zunächst überraschend. Der Übergang zur Tagesordnung kann aber die allein angemessene Reaktion auf ein konstruktives Mißtrauensvotum sein, das eine kleine, vom Fehlen des Quorums profitierende Gruppe parlamentarischer Außenseiter allein um des politischen Schauspiels willen beantragt hat.

6. Inhalt des Mißtrauensvotums

Das Mißtrauensvotum in seiner einfachen und konstruktiven Form ist das klassische Mittel des Regierungssturzes. Es geht um Mehrheiten und damit um Macht. In diesem Bereich ist der Begriff „Mißtrauen" nicht wörtlich zu nehmen; einer neuen Mehrheit kann das Recht zum Regierungssturz nicht mit dem Hinweis bestritten werden, sie könne für den beantragten Vertrauensentzug keine ausreichende Begründung vorbringen. Die in einigen Landesverfassungen ausdrücklich vorgeschriebene Aussprache über den Mißtrauensantrag (Art. 114 II S. 2 hessLV, Art. 23 II S. 2 ndsLV, Art. 99 III rhpfLV, Art. 88 II S. 4 saarLV) impliziert keine Pflicht zu einer im Sinne eines überzeugenden Mißtrauens „richtigen" Begründung[47].

Geht es um Macht, ist es nur folgerichtig, daß die Gründe für den Sturz einer Landesregierung nicht einmal in ihren Verantwortungsbereich fallen müssen. Dies belegen die Vorgänge um den Sturz des nordrhein-westfälischen Ministerpräsidenten *Arnold* (CDU) im Jahre 1956. In der entscheidenden Debatte gaben die Vertreter von SPD und FDP eine rein bundespolitische Begründung für ihren Antrag auf Annahme eines konstruktiven Mißtrauensvotums. Der Antrag sei kein „sozusagen persönliches Mißtrauen" gegen den Ministerpräsidenten, sondern als „Anklage gegen die Politik der CDU in erster Linie im Bunde" zu verstehen[48]. Man habe nur die Formulierung des Art. 61 nwLV über-

[47] Zur rheinland-pfälzischen und zur saarländischen Landesverfassung vgl. *Wern* S. 103; zu Art. 67 GG vgl. (ebenso) *v. Mangoldt / Klein*, Art. 67 Anm. III 3 b.

[48] Abg. *Dobbert* (SPD), Landtag Nordrhein-Westfalen, 3. Wahlperiode, 32. Sitzung am 16. 2. 1956, S. 1021.

nommen[49]. Nicht Ministerpräsident *Arnold* sei Hauptverantwortlicher für die Entwicklung, die seinen Sturz herbeiführe, der Wunsch auf Abberufung stützte sich vielmehr auf die Verhältnisse in Bonn; gegen die dort amtierende Regierung *Adenauer* müsse ein Schlag geführt werden[50]. Die Verfassungsmäßigkeit des mit dieser Begründung angenommenen konstruktiven Mißtrauensvotums kann nicht bestritten werden[51].

Das Mißtrauensvotum setzt also, rechtlich gesehen, kein Mißtrauen voraus. Damit ist natürlich nicht ausgeschlossen, daß es im politischen Bereich bis zu einem gewissen Grad als ehrenrührig angesehen wird[52], eine Aussage, die durch das Beispiel des Sturzes der Regierung Arnold freilich nicht belegt werden kann.

7. Folgen des Mißtrauensvotums

Die Annahme eine konstruktiven Mißtrauensvotums hat, richtet es sich nicht gegen einen hanseatischen Senator, Auswirkungen auf die Amtszeit des betroffenen Regierungschefs und seiner Regierung; die Annahme eines einfachen Mißtrauensvotums kann darüber hinaus auch eine vorzeitige Beendigung der Legislaturperiode bewirken. Im folgenden werden nur die Auswirkungen auf Regierungschef und Parlament untersucht; die sich für die übrigen Regierungsmitglieder ergebenden Konsequenzen sind Folgen ihrer Abhängigkeit vom Regierungschef und sollen daher später behandelt werden[53].

a) Konstruktives Mißtrauensvotum

Die Annahme eines konstruktiven Mißtrauensvotums erfolgt in Baden-Württemberg gem. Art. 54 I bwLV durch Wahl eines neuen Ministerpräsidenten *und* Bestätigung der von ihm gebildeten Regierung, in den Ländern Hamburg, Niedersachsen, Nordrhein-Westfalen und Schleswig-Holstein bereits durch die Wahl eines neuen Senators (Art. 35 hambLV) oder Regierungschefs (Art. 23 ndsLV, Art. 61 nwLV, Art. 30 shLS).

Die unmittelbaren Folgen der Annahme eines konstruktiven Mißtrauensvotums für die bisherige Landesregierung sind unterschiedlich. Ein nahtloser Übergang der Amtsgeschäfte des alten auf den neuen Regie-

[49] Abg. *Siemsen* (SPD), Landtag Nordrhein-Westfalen, 3. Wahlperiode, 32. Sitzung am 16. 2. 1956, S. 1016.

[50] Abg. *Kohlhase* (FDP), Landtag Nordrhein-Westfalen, 3. Wahlperiode, 32. Sitzung am 16. 2. 1956, S. 1014, 1016.

[51] Vgl. *Geller / Kleinrahm*, Art. 61 Anm. 1, 2 a.

[52] Vgl. *v. Beyme* S. 638.

[53] s. Kap. XII 3.

rungschef wird nur durch die in den Ländern Nordrhein-Westfalen und Hamburg geltende Regelung ermöglicht. In Nordrhein-Westfalen beginnt die Amtszeit des Ministerpräsidenten mit der Annahme der Wahl, die die Durchführung des konstruktiven Mißtrauensvotums abschließt[54].

Ebenso ist die Rechtslage in Hamburg. Dort kann die Bürgerschaft jedem Senator im Wege des konstruktiven Mißtrauensvotums das Vertrauen entziehen und damit gem. Art. 35 I S. 2 hambLV sein Ausscheiden aus dem Amt herbeiführen. Wäre der Vertrauensentzug bereits mit der Neuwahl abgeschlossen, entstände ein — kurzes — Interregnum, da der neugewählte Senator die Amtsgeschäfte nicht unmittelbar, sondern gem. Art. 38 hambLV erst nach der Eidesleistung übernehmen kann[55]. Der Wortlaut des Art. 35 II S. 1 hambLV ermöglicht jedoch eine Auslegung, die ein derartiges Interregnum vermeidet. Die Verfassung läßt einen Vertrauensentzug nur dadurch zu, daß der betroffene Senator „durch Neuwahl ersetzt" wird. „Ersetzt" ist der bisherige Amtsinhaber erst, wenn ein Nachfolger seine Amtsgeschäfte übernimmt. Der Entzug des Vertrauens, der die Beendigung des Amtsverhältnisses auslöst, vollendet sich daher erst mit der Vereidigung des neugewählten Senators. Erst in diesem Augenblick scheidet der bisherige Amtsinhaber gem. Art. 35 I S. 2 hambLV aus seinem Amt aus. Ein Interregnum entsteht daher nicht.

In den Ländern Baden-Württemberg, Niedersachsen und Schleswig-Holstein hingegen stehen vor Abschluß des konstruktiven Mißtrauensvotums zwei gewählte Ministerpräsidenten nebeneinander. Dies folgt für Baden-Württemberg aus Art. 54 I bwLV, der den Vertrauensentzug nicht schon mit der Wahl eines neuen Minsterpräsidenten, sondern erst mit der Bestätigung der von ihm gebildeten Regierung wirksam werden läßt. In dem Zeitraum zwischen der Neuwahl und der Bestätigung bleibt der bisherige Ministerpräsident uneingeschränkt im Amt[56]. Es gibt zwei Ministerpräsidenten. Der neugewählte ist zwar noch kompetenzlos, sein Amtsverhältnis hat aber jedenfalls im besoldungsrechtlichen Sinne gem. § 2 bwMinG bereits begonnen.

Weder die baden-württembergische Landesverfassung noch das Ministergesetz regeln die Frage, was geschehen soll, wenn im Wege des konstruktiven Mißtrauensvotums ein neuer Ministerpräsident zwar gewählt, die von ihm gebildete Regierung aber vom Landtag nicht gem. Art. 46 III bwLV bestätigt wird. Bei einer regulären Regierungsbildung zu Beginn der Legislaturperiode hat der designierte Ministerpräsident innerhalb der durch Art. 47 bwLV gesetzten Dreimonatsfrist die Mög-

---

[54] Vgl. oben Kap. II 2 d).

[55] s. o. Kap. II 2 f.

[56] Vgl. *Spreng / Birn / Feuchte*, Art. 54 Anm. 1.

lichkeit, dem Landtag beliebig oft eine Regierung zur Bestätigung vorzuschlagen[57].

Der Wortlaut der Verfassung schließt nicht aus, dieses Recht auch dem zum Regierungssturz angetretenen Nachfolgekandidaten einzuräumen. Ein dauerndes Nebeneinander von amtierendem, aber durch ein teilweise vollzogenes Mißtrauensvotum geschwächtem Regierungschef einerseits und designiertem, sich vergeblich um eine Regierungsbildung bemühendem Nachfolger andererseits wäre jedoch nicht nur politisch schwer erträglich, sondern widerspräche auch dem Sinn der Landesverfassung. Die dem regulär gewählten Ministerpräsidenten zugestandene Möglichkeit, mehrfach eine Regierung zur Bestätigung vorzuschlagen, ist Folge des Bestrebens, für eine Regierungsbildung dort möglichst viele Wege zu eröffnen, wo noch keine Exekutive im Amt ist. Dieses Bedürfnis besteht nicht beim Sturz einer Regierung. Auch soll die Einrichtung des konstruktiven Mißtrauensvotums der schnellen Überwindung einer Regierungskrise durch eine eindeutige Entscheidung dienen und das Eintreten des Schwebezustandes verhindern, der durch einen einfachen Vertrauensentzug bewirkt wird. Diesen Zweck könnte Art. 54 bwLV nicht erfüllen, wenn ein im Wege des konstruktiven Mißtrauensvotums designierter Ministerpräsident dem Landtag beliebig oft eine Regierung zur Bestätigung vorschlagen könnte. Diese Chance kann ihm nur einmal gegeben werden. Wird die Bestätigung versagt, ist das konstruktive Mißtrauensvotum endgültig gescheitert[58].

In Niedersachsen ist jedoch ein länger andauerndes Nebeneinander zweier Ministerpräsidenten nicht auszuschließen. Wird das in Art. 23 ndsLV vorgesehene konstruktive Mißtrauensvotum durch die Wahl eines neuen Ministerpräsidenten angenommen, ist der bisherige Regierungschef gem. Art. 24 II ndsLV zum sofortigen Rücktritt verpflichtet. Der neu gewählte Ministerpräsident kann gem. Art. 20 III ndsLV sein Amt aber erst übernehmen, wenn die von ihm gebildete Regierung vom Landtag bestätigt worden ist. Der bisherige Regierungschef hat gem. Art. 24 IV ndsLV seine Amtsgeschäfte bis zur Übernahme durch den Nachfolger weiterzuführen. Dieser hat sich unterdessen in dem auch bei regulärer Wahl geltenden Verfahren um eine Regierungsbildung zu bemühen. Die Rechtslage in Niedersachsen ist insoweit mit derjenigen in Baden-Württemberg nicht vergleichbar: schon die Wahl des Nachfolgers löst die Rücktrittspflicht des bisherigen Amtsinhabers aus, und die in Art. 21 ndsLV getroffene Fristregelung für die Regierungsbildung gilt ausdrücklich auch für den Fall des Rücktritts der Landesregierung. Erhält der neugewählte Ministerpräsident nicht innerhalb von drei Wochen nach seiner den Rücktritt der Landesregierung auslösenden

57 s. o. S. 59.

58 Im Ergebnis ebenso *Spreng / Birn / Feuchte*, Art. 54 Anm. 2; *Monz* S. 48.

Wahl eine Bestätigung für die von ihm vorgeschlagene Regierung, hat der Landtag gem. Art. 21 I ndsLV über eine Parlamentsauflösung zu beschließen. Wird die Auflösung nicht beschlossen, findet gem. Art. 21 II ndsLV eine neue Wahl statt, wobei gewählt ist, wer die meisten Stimmen erhält. Der in diesem Verfahren gewählte Regierungschef bedarf für die Amtsübernahme keiner weiteren Bestätigung. Sein Amtsverhältnis beginnt daher gem. § 2 ndsMinG bereits mit der Annahme der Wahl. Hat das Verfahren mit einem konstruktiven Mißtrauensvotum begonnen, ist erst in diesem Zeitpunkt das Nebeneinander von noch geschäftsführendem und bereits designiertem Ministerpräsidenten beendet.

Die Möglichkeit eines — kurzen — Interregnums als Folge der Annahme eines konstruktiven Mißtrauensvotums scheint sich in Schleswig-Holstein (Art. 30 shLS) aus einer Diskrepanz zwischen Landesverfassung und Ministergesetz zu ergeben. Gem. § 6 I shMinG endet das Amtsverhältnis des Ministerpräsidenten u. a. mit der Annahme der Wahl durch einen Nachfolger. Der neugewählte Ministerpräsident kann sein Amt aber nicht unmittelbar nach Annahme der Wahl antreten, sondern gem. Art. 23 I shLS erst nach der Vereidigung vor dem Landtag[59]. Weder die Landessatzung noch das Ministergesetz schreiben für diesen Fall eine Weiterführung der Amtsgeschäfte bis zur Übernahme durch den Nachfolger vor; eine weitere Amtstätigkeit wird durch § 6 I shMinG sogar ausgeschlossen. Dennoch entsteht für den Zeitraum zwischen Annahme der Wahl und Ablegung des Eides kein Interregnum, währenddessen der bisherige Ministerpräsident nicht mehr, der neugewählte aber noch nicht amtieren kann. In diesem Zeitraum sind die Geschäfte vielmehr von dem in Art. 21 II S. 2 shLS vorgesehenen stellvertretenden Regierungschef wahrzunehmen, dessen Amtsverhältnis gem. § 6 II shMinG erst mit der Aushändigung seiner Entlassungsurkunde endet.

b) Einfaches Mißtrauensvotum

aa) Folgen für Ministerpräsidenten und Senatoren

Die Folgen der Annahme eines einfachen Mißtrauensvotums könnten sich in der Herbeiführung des Rücktritts des Ministerpräsidenten erschöpfen. Eine derartige Beschränkung enthält allerdings keine Landesverfassung.

Die Verfassungen der betroffenen Länder Berlin, Bremen, Hessen, Rheinland-Pfalz und Saarland sind vielmehr von dem Bestreben geprägt, auch nach Annahme eines Mißtrauensvotums das Zustandekommen einer voll im Amt befindlichen Regierung in der einen oder ande-

---

[59] s. Kap. II 2 f.

ren Form zu bewirken[60]. Den wirksamsten Schutz für die amtierende Regierung bietet die in Bremen geltende Regelung, die zugleich einem konstruktiven Mißtrauensvotums am nächsten kommt. Gem. Art. 110 III bremLV wird der Beschluß auf Entziehung des Vertrauens erst rechtswirksam, wenn die Bürgerschaft einen neuen Senator gewählt hat.

Ähnliche Regelungen galten vor dem Inkrafttreten der Bremer Landesverfassung am 22. Oktober 1947[61] bereits in den Ländern Baden, Württemberg-Baden und Würtemberg-Hohenzollern. Dort war vorgesehen, daß die Landesregierung bei Annahme eines Mißtrauensvotums zurückzutreten habe, dieser Rücktritt aber erst rechtswirksam werde, wenn der Landtag einer neuen Regierung das Vertrauen ausspricht[62]. Diese Bestimmungen gehen noch über die in Bremen geltende Regelung hinaus, indem sie eine politisch desavouierte Regierung zum Rücktritt verpflichten, ihre Rücktrittserklärung zunächst aber nicht wirksam werden lassen.

Die sich an dieser Divergenz zwischen rechtlicher Wertung und politischer Wirklichkeit entzündende Kritik hat sich zu Recht auf die in Berlin geltende Lösung konzentriert. Dort ist gem. Art. 42 III berlLV das vom Abgeordnetenhaus angenommene Mißtrauensvotum zunächst wirksam; der betroffene Senator hat sofort zurückzutreten. Das Mißtrauensvotum verliert aber seine Wirksamkeit, wenn nicht binnen 21 Tagen eine Neuwahl erfolgt ist. Kommt eine derartige Wahl nicht zustande, hilft § 14 II berlSenG mit einer Fiktion: das Amt des betroffenen Senators „gilt nicht als beendet". Obwohl der Senator wirksam zurückgetreten ist, wird er nun behandelt, als sei dieser — vom Parlament erzwungene — Rücktritt niemals erfolgt: ein Strich des Gesetzgebers, und ein Stück Geschichte ist gelöscht.

Diese Regelung ist auf das in den Verfassungsdebatten deutlich gewordene Bestreben zurückzuführen, dem Abgeordnetenhaus nicht nur die Möglichkeit zum Sturz des Senats zu geben, sondern ihm gleichzeitig auch die Verantwortung für eine neue Regierungsbildung aufzubürden. Solange es dieser Verantwortung nicht gerecht werden kann, soll ihm auch nicht das Recht zum Regierungssturz zustehen[63].

Mit diesem Modell setzte sich eine Reihe anderer verfassunggebender Versammlungen kritisch auseinander; dabei herrschte die Auffassung

[60] Unzutreffend *Beutler*, JöR n. F. 26 (1977), S. 1, 15, nach dessen Darstellung der Vertrauensentzug überall (außer Saarland) erst mit einer Neuwahl des Ministerpräsidenten wirksam wird.

[61] Vgl. Art. 155 bremLV.

[62] Art. 80 der Verfassung für Baden; Art. 73 I der Verfassung für Württemberg-Baden; Art. 51 I der Verfassung für Württemberg-Hohenzollern, Texte bei *Schultes* S. 80 ff., 127 ff., 149 ff.

[63] Vgl. Abg. *Suhr* (SPD), Stadtverordnetenversammlung von Groß-Berlin, 1. Wahlperiode, 41. Sitzung am 2. 9. 1947, S. 16; 60. Sitzung am 22. 3. 1948, S. 13.

vor, das gesteckte Ziel könne so nicht erreicht werden. In Bayern wurde die Berliner Lösung als „unsinnig“[64], in Niedersachsen als „unglücklichste aller möglichen Lösungen“ bezeichnet[65]. Auch der Verfassungskonvent auf Herrenchiemsee lehnte die Berliner Regelung ab. Ebenso wie die entsprechenden bayerischen und niedersächsischen Gremien hielt er den durch die Annahme des Mißtrauensvotums und den Zwang zum Rücktritt eintretenden Autoritätsverlust der Regierung für irreparabel. Sei die Regierung einmal vor aller Öffentlichkeit gestürzt, werde die nachträgliche Unwirksamkeit des Mißtrauensvotums zu einer juristischen Fiktion, die politisch nicht mehr ins Gewicht fallen könne. Die in Berlin und Bremen geltende Regelung unterscheide sich nur formal von der Weimarer Reichsverfassung: letztlich könne nach wie vor eine nur in der Ablehnung einige Mehrheit das Mißtrauensvotum anwenden; die Regierung werde in aller Form gestürzt, bleibe aber zur Weiterführung der Geschäfte verpflichtet[66].

Dieser Wertung ist wenig hinzuzufügen[67]. Der Hinweis, auch die Berliner Lösung entspreche dem Prinzip konstruktiven Mißtrauens[68], erscheint demgegenüber formal und wenig wirklichkeitsnah. Ein Regierungssturz bleibt Realität, auch wenn sich das Parlament nicht auf einen Nachfolger einigen kann.

Der Parallele zum konstruktiven Mißtrauensvotum steht eine weitere Eigentümlichkeit der Berliner Landesverfassung entgegen. Art. 42 III S. 4 berlLV verlangt eine Neuwahl, ohne hierfür ein besonderes Verfahren festzulegen; die Bestimmung enthält keinen Hinweis, daß die allgemeinen Wahlregeln nicht anzuwenden sind und das Abgeordnetenhaus entgegen Art. 41 II berlLV einzelne Senatoren auch ohne einen entsprechenden Wahlvorschlag des Regierenden Bürgermeisters wählen könnte. Für eine Modifikaton der Zuweisung des materiellen Kabinettsbildungsrechts an Regierenden Bürgermeister und Abgeordnetenhaus gemeinsam[69] besteht beim Mißtrauensvotum kein Grund. Ein zum Regierungssturz entschlossenes Landesparlament kann demnach zwar einen neuen Regierungschef aus eigener Initiative wählen. Richtet sich das Mißtrauensvotum aber nur gegen den Bürgermeister oder einen anderen Senator, so bleibt das Abgeordnetenhaus für die Wahl eines

---

[64] *Nawiasky* (als Sachverständiger), Verfassungs-Ausschuß der Bayerischen Verfassunggebenden Landesversammlung, 24. Sitzung am 28. 8. 1946, S. 515; ablehnend auch *ders.*, Grundgedanken, S. 100/101.

[65] Abg. *Hofmeister* (CDU), Verfassungsausschuß des Niedersächsischen Landtages, 1. Wahlperiode, 16. Sitzung am 11. 1. 1951, in: Vorläufige Niedersächsische Verfassung I, S. 377.

[66] Verfassungskonvent auf Herrenchiemsee, Unterausschuß III; Bericht an das Plenum, Teil I, S. 3, 26 f.

[67] Kritisch auch *H. Schneider*, VVDStRL 8, S. 21, 25.

[68] *Pfennig / Neumann*, Art. 42 Rdn. 3; *Domes*, in: Res publica, S. 53, 60.

[69] s. o. Kap. IV 2 b).

Nachfolgers auf den Vorschlag des Regierenden Bürgermeisters angewiesen. Diese Notwendigkeit des Zusammenwirkens läßt auch die formalen Unterschiede zwischen der in Berlin geltenden Regelung und dem konstruktiven Mißtrauensvotum erkennen. Darüber hinaus bedeutet sie zwar nicht, daß der Regierende Bürgermeister es in der Hand häte, die Wirksamkeit jedes gegen ein Mitglied seines Senats gerichteten Mißtrauensvotums zu vereiteln, indem er es unterläßt, innerhalb der in Art. 42 III S. 4 berlLV gesetzten Frist von 21 Tagen dem Parlament einen Wahlvorschlag vorzulegen. Sucht der Regierende Bürgermeister eine derartige Machtprobe mit dem Abgeordnetenhaus, ist dieses jedoch darauf angewiesen, zunächst ihn selbst zu stürzen und einen neuen Regierungschef zu wählen, der dann einen Wahlvorschlag für die Nachfolge des Senators unterbreitet, gegen den sich das ursprüngliche Mißtrauensvotum gerichtet hat.

In den Ländern Hessen, Rheinland-Pfalz und Saarland ist die Wirkung eines gegen den Ministerpräsidenten gerichteten Mißtrauensvotums nicht an den Eintritt einer Bedingung geknüpft; mit der Annahme verliert der Regierungschef endgültig seine parlamentarische Legitimation und muß zurücktreten (Art. 114 IV hessLV, Art. 99 II rhpfLV) oder scheidet automatisch aus dem Amt (Art. 88 I S. 2 saarLV).

bb) Folgen für den Landtag

Die Verfassungen von Hessen, Rheinland-Pfalz und dem Saarland versuchen, den Bestand einer voll im Amt befindlichen Landesregierung durch eine Auflösungsdrohung gegen das Parlament sicherzustellen. Mit der Fristsetzung für die Neubildung der Landesregierung (Art. 114 V hessLV, Art. 99 V rhpfLV, Art. 69 saarLV) wollten die Verfassungsväter aber nicht nur zum Schutz einer amtierenden Regierung beitragen oder nach deren Sturz wenigstens die Einsetzung einer neuen Exekutive bewirken, sondern vor allem auch den „Appell an das Volk" ermöglichen, wenn im Parlament eine nur im Verneinen einige Mehrheit zusammenfand[70].

Dabei wird die Länge der Frist den genannten Zielen in unterschiedlicher Weise gerecht. Spricht der Landtag in Hessen nicht binnen 12 Tagen nach Annahme eines Mißtrauensvotums einer neuen Regierung das Vertrauen aus, ist er aufgelöst (Art. 114 V hessLV). Gerade die Kürze dieser Frist bedeutet eine erhebliche Sicherung für die amtierende Landesregierung[71]. Denn die Bestätigung einer neuen Regierung ist nur der letzte Akt der binnen zwölf Tagen zu bewältigenden Regierungskrise; ihr müssen die Neuwahl des Ministerpräsidenten und die von ihm

[70] Abg. *Hermans* (CDU) als Berichterstatter, Beratende Landesversammlung Rheinland-Pfalz, Drs. Nr. 16, 8. Sitzung vom 23. - 25. 4. 1947, S. 7.

[71] Vgl. *v. Brünneck*, JöR n. F. 3 (1954), S. 213, 227.

vorzunehmende Regierungsbildung vorangehen. Für die erforderlichen Verhandlungen ist von der Verfassung ein enger zeitlicher Rahmen gesetzt. Nimmt der Landtag ein Mißtrauensvotum an, ohne daß feststeht, wer die neue Regierung bilden soll, setzt er seine eigene Existenz auf Spiel.

In Rheinland-Pfalz und im Saarland ist der Landtag von der Auflösung bedroht, falls nicht innerhalb von vier Wochen nach Annahme eines Mißtrauensvotums eine Regierungsneubildung gelingt (Art. 99 V rhpfLV, Art. 69 saarLV). Zu einer Auflösung kann es nach dem Wortlaut dieser Bestimmungen allerdings nur kommen, falls sich das Mißtrauensvotum gegen die gesamte Landesregierung und nicht lediglich gegen den Ministerpräsidenten allein oder einen einzelnen Minister gerichtet hat[72]. Diese Einschränkung bedeutet eine erhebliche Beschränkung der Realität der Auflösungsdrohung. Denn der Landtag kann sich auch dann, wenn er die gesamte Regierung stürzen will, auf ein Mißtrauensvotum gegen den Ministerpräsidenten beschränken. Dessen hierdurch erzwungener Rücktritt zieht — auch ohne ausdrückliche Verfassungsbestimmung[73] — den Rücktritt der gesamten Landesregierung nach sich. Sie überlebt den Sturz des Regierungschefs politisch also nicht. Die Möglichkeit, anstelle eines Mißtrauensvotums gegen den Ministerpräsidenten demonstrativ der gesamten Landesregierung das Vertrauen zu entziehen, dürfte um so weniger praktische Bedeutung haben, als der Landtag hierdurch nichts gewinnt, aber seine eigene Existenz riskiert.

8. Zur Geschichte des konstruktiven Mißtrauensvotums in den Ländern

Es entspricht allgemeiner Erkenntnis, daß die Einrichtung des konstruktiven Mißtrauensvotums eine direkte Antwort auf die häufigen Regierungskrisen der Weimarer Zeit ist[74], womit freilich nicht gesagt werden kann, das Fehlen eines derartigen staatsrechtlichen Instruments sei entscheidend für die Instabilität der damaligen Verhältnisse gewesen[75].

Gemeinsam mit den praktischen Erfahrungen, die sich aus der Weimarer Reichsverfassung ergaben, beeinflußte auch die an ihr schon vor 1933 geübte Kritik die Beratungen der Väter der Landesverfassungen. Diese Kritik hatte ihren Höhepunkt in der These gefunden, trotz des Wortlauts von Art. 54 WRV, nach dem jedes Mitglied der Reichsregierung bei einem vom Reichstag ausgesprochenen Vertrauensentzug zu-

[72] Vgl. *Süsterhenn / Schäfer*, Art. 99 Anm. 4.

[73] s. u. Kap. XII 3 a).

[74] Vgl. *Maunz / Dürig / Scholz*, Art. 67 Rdn. 1; *v. Mangoldt / Klein*, Art. 67 Anm. II 3 (S. 1290); *Meder*, BK Art. 67, Anm. I; *Lippert*, Regierungschef, S. 413; *H. P. Ipsen*, DVBl. 1953, S. 519, 524 (für Hamburg).

[75] Insoweit kritisch *Stern* S. 775; *Scheuner*, DöV 1957, S. 633 f.

rückzutreten hatte, sei diese Bestimmung so auszulegen, daß das Mißtrauensvotum nur eine Aufforderung zu den Reichspräsidenten bedeute, die Zusammensetzung des Kabinetts im Sinne eines besseren Zusammenwirkens mit dem Reichstag zu überprüfen. Auf die (von der Weimarer Reichsverfassung ausdrücklich erhobene) Forderung, das Kabinett müsse das Vertrauen des Reichstages genießen, sei zu verzichten, solange ihre Erfüllung an der Uneinigkeit des Reichstages scheitere[76]. Ein ähnlicher Versuch zur Beschränkung der Wirkung des einfachen Mißtrauensvotums wurde mit der These unternommen, ein derartiges Votum sei unbeachtlich und löse keine Pflicht zum Rücktritt aus, wenn im Parlament die zu seiner Annahme führenden Motive in offenem Widerspruch zueinander ständen: dann fehle das notwendige und vernünftige Korrelat eines Mißtrauensbeschlusses, nämlich die Möglichkeit des Vertrauens und einer neuen Regierungsbildung[77].

Beide Auffassungen widersprachen zwar dem klaren Wortlaut des Art. 54 WRV[78] und konnten schon deshalb keinen Einfluß auf die Verfassungspraxis gewinnen. Sie brachten aber ein verbreitetes Unbehagen an der Machtausübung von Parlamenten, die zwar zum Regierungssturz bereit waren, aber die Verantwortung für eine Regierungsneubildung nicht übernahmen, zum Ausdruck. Im parlamentarischen System verletze ein nur in der Ablehnung der Regierung einiges Parlament die wesensmäßigen Grundsätze seines eigenen Daseins und damit zugleich auch die Verfassung, die seine Aufgaben und Funktionen festlege[79].

An diese Überlegungen knüpften die Verfassungsberatungen über die Einführung des konstruktiven Mißtrauensvotums an. Meist wurde zur Begründung der abwehrenden Haltung gegenüber destruktiven Parlamentsmehrheiten pauschal auf die Erfahrungen mit der Weimarer Reichsverfassung verwiesen[80]. Die Stellung eines arbeitsfähigen Parlaments sei zu stärken, die eines nicht arbeitsfähigen hingegen zu schwächen[81]. Nur, was dem demokratischen Aufbau diene, habe überhaupt eine Existenzberechtigung[82].

[76] *Herrfahrdt* S. 52.

[77] *C. Schmitt* S. 345.

[78] Vgl. *Thoma*, HdbDStR I, S. 509, 511 mit Fn. 20.

[79] *Kaufmann*, Problematik des Volkswillens, S. 14; zustimmend *H. Schneider*, VVDStRL 8, S. 21, 23.

[80] Abg. *Gönnenwein* (DVP/FDP), Verfassunggebende Landesversammlung Baden-Württemberg, 10. Sitzung am 25. 6. 1952, S. 286; Zweiter Bericht des Verfassungsausschusses der Bürgerschaft zu Hamburg, in: Bürgerschaft zu Hamburg, Stenographische Berichte 1952, S. 652.

[81] Abg. *Küster* (Württemberg-Baden), Verfassungskonvent auf Herrenchiemsee, Plenum, 10. Sitzung am 22. 8. 1948, S. 8 f.

[82] Innenminister *Käber* (SPD), Schleswig-holsteinischer Landtag, 1. Wahlperiode, 26. Sitzung vom 24./25. 10. 1949, S. 50.

Von der allgemeinen Zustimmung zu diesen Erwägungen führte indessen kein gradliniger Weg zur Einführung des konstruktiven Mißtrauensvotums, das erstmals mit dem Inkrafttreten des Grundgesetzes am 24. Mai 1949 verwirklicht wurde. Typisches Zwischenstadium ist das in Art. 110 bremLV vorgesehene, aufschiebend bedingte Mißtrauensvotum[83]. Während der Verfassungsberatungen in Hamburg wurde vorgeschlagen, nach Annahme eines nicht mit einer Neuwahl verbundenen Mißtrauensvotums solle der Senat die Möglichkeit haben, die Bürgerschaft aufzulösen und Neuwahlen auszuschreiben. Erst das neugewählte Parlament solle endgültig über den Mißtrauensantrag entscheiden[84]. Eine derartige Regelung hatte die Oldenburger Verfassung von 1919 gekannt[85].

Deutlich wird der schwierige Weg zum konstruktiven Mißtrauensvotum auch an der Verfassungsgeschichte des Landes Baden-Württemberg. Art. 73 der Verfassung für Württemberg-Baden vom 24. 10. 1946, Art. 51 III der Verfassung für Württemberg-Hohenzollern vom 18. 5. 1947 und Art. 80 der Verfassung für Baden vom 22. 5. 1947 sahen übereinstimmend ein Mißtrauensvotum vor, dessen Annahme die Regierung zum Rücktritt verpflichtete, der aber erst mit der Bestätigung einer neuen Landesregierung rechtswirksam werden sollte[86]. Erst Art. 54 der Verfassung Baden-Württembergs vom 11. 11. 1953 formte diese Regelung zu einem konstruktiven Mißtrauensvotum um.

9. Mißtrauensvoten im System der Landesverfassungen

a) Ausdruck parlamentarischer Verantwortlichkeit

Die Einrichtung des Mißtrauensvotums ist typischer Ausdruck der parlamentarischen Verantwortlichkeit der Regierung. Die besondere Bedeutung der Möglichkeit des Vertrauensentzuges liegt auch darin, daß

---

[83] s. o. S. 133.

[84] Abg. *Meitmann* (SPD), Bürgerschaft zu Hamburg, 1. Wahlperiode, 8. Sitzung am 28. 4. 1948, S. 207. Die vorgeschlagene Formulierung lautete: „Bei einem Vertrauensentzug kann der Senat die Bürgerschaft auflösen und Neuwahlen anordnen. Die neugewählte Bürgerschaft entscheidet endgültig über den Mißtrauensantrag.“ (Ebd., S. 220.)

[85] Art. 40 VI der Verfassung für den Freistaat Oldenburg vom 17. 6. 1919: „Die Mitglieder des Staatsministeriums bedürfen des Vertrauens des Landtages. Versagt der Landtag dem gesamten Staatsministerium das Vertrauen, so tritt es zurück oder es löst den Landtag auf. Im Falle der Auflösung des Landtages hat es unverzüglich eine Neuwahl zu veranlassen und den neuen Landtag so rechtzeitig einzuberufen, daß er spätestens vier Monate nach der Auflösung des früheren Landtages versammelt ist. Versagt auch der neue Landtag dem Staatsministerium das Vertrauen in der gleichen Angelegenheit, so hat es zurückzutreten, ohne daß ihm das Recht zur Auflösung des Landtages zusteht.“ (Text in JöR 10 [1921], S. 420 ff.).

[86] s. o. S. 133.

das Bundesverfassungsgericht bereits in der Aufnahme des konstruktiven Mißtrauensvotums in eine Landesverfassung eine hinreichende Verwirklichung des dem parlamentarischen System immanenten Prinzips der Abhängigkeit der Regierung gefunden hat[87]. In dieser Funktion stehen die Regelungen über das Mißtrauensvotum in einer Reihe mit Bestimmungen über die Notwendigkeit einer Bestätigung der Landesregierung vor ihrer Amtsübernahme[88], über die Eidesleistung vor dem Parlament[89], die Bindung des Ministerpräsidenten an die Zustimmung des Landtages bei der Ernennung oder Entlassung von Ministern[90], die Anwesenheitspflicht von Mitgliedern der Regierung im Parlament oder in seinen Ausschüssen[91] und über die Ministeranklage[92, 93].

b) Stärkung der Regierung

In ihrer Funktion, die Stellung der Regierung gegenüber dem Parlament (durch zahlreiche Verfahrenshindernisse) zu stärken, stehen die Regelungen über das einfache und das konstruktive Mißtrauensvotum nicht allein. In den Ländern Bremen, Hamburg, Hessen und Nordrhein-Westfalen werden sie ergänzt durch das Recht der Landesregierung, gegen Beschlüsse des Parlaments Einspruch zu erheben (Art. 104 bremLV, Art. 50 hambLV, Art. 119 hessLV, Art. 67 nwLV), der — außer in Nordrhein-Westfalen — nur mit der Mehrheit der gesetzlichen Zahl der Abgeordneten zurückgewiesen werden kann. In Nordrhein-Westfalen hat die Landesregierung das Recht, einen vom Landtag abgelehnten Gesetzesentwurf am Parlament vorbei im Volksentscheid zur Abstimmung zu stellen. Wird der Entwurf auf diesem Wege angenommen — im Volksentscheid entscheidet schon die Mehrheit der abgegebenen Stimmen —, kann die Landesregierung den Landtag auflösen (Art. 68 III, IV nwLV). Das Recht zur Parlamentsauflösung steht auch dem Hamburger Senat zu, wenn die Bürgerschaft einem Antrag, ihm das Vertrauen auszusprechen, nicht mit der Mehrheit ihrer gesetzlichen Mitgliederzahl zustimmt

---

[87] BVerfGE 27, S. 44, 56.

[88] Art. 46 III bwLV, Art. 101 IV hessLV, Art. 20 III ndsLV, Art. 98 II rhpfLV.

[89] Art. 48 bwLV, Art. 56 bayLV, § 3 berlSenG, Art. 109 bremLV, Art. 38 hambLV, Art. 111 hessLV, Art. 22 ndsLV, Art. 53 nwLV, Art. 100 rhpfLV, Art. 89 saarLV, Art. 23 shLS.

[90] Art. 46 IV bwLV, Art. 45 bayLV, Art. 112 hessLV, Art. 20 IV ndsLV, Art. 98 rhpfLV, Art. 87 I S. 2 saarLV.

[91] Art. 34 I bwLV, Art. 24 I bayLV, Art. 34 I berlLV, Art. 98 II bremLV, Art. 23 I hambLV, Art. 91 hessLV, Art. 10 I ndsLV, Art. 45 II nwLV, Art. 89 I rhpfLV, Art. 76 I saarLV, Art. 16 I shLS.

[92] Art. 57 bwLV, Art. 59 bayLV, Art. 111 bremLV, Art. 115 hessLV, Art. 31 ndsLV, Art. 63 nwLV, Art. 131 rhpfLV, Art. 94 saarLV.

[93] Vgl. *Schunck*, JöR n. F. 5 (1956), S. 159, 177; *Spreng / Birn / Feuchte*, vor Art. 45 (S. 171 f.); *v. Beyme* S. 633 ff., der von — politischen — Äquivalenten des Mißtrauensvotums spricht.

und binnen drei Monaten auch nicht einen neuen Senat wählt, sich selbst auflöst oder dem amtierenden Senat noch nachträglich das Vertrauen ausspricht (Art. 36 hambLV). Ähnlich kann der Ministerpräsident in Schleswig-Holstein gem. Art. 31 shLS binnen zehn Tagen den Landtag auflösen, falls ein Antrag, ihm das Vertrauen auszusprechen, keine Mehrheit findet und auch kein neuer Regierungschef gewählt wird. In Hamburg kommt ebenso wie in den Ländern Berlin, Rheinland-Pfalz und Schleswig-Holstein hinzu, daß die Amtszeit der Landesregierung nicht automatisch ausläuft, sondern nur durch Rücktritt oder Sturz endet. Die sich hieraus ergebende besondere Absicherung der Landesregierung wurde schon bei den Verfassungsberatungen hervorgehoben[94].

c) Konstruktives Mißtrauensvotum und parlamentarisches System

Die Abhängigkeit der Regierung vom Parlament ist ein wesentlicher Bestandteil des parlamentarischen Regierungssystems. Dies hat zu der These geführt, die Beschränkungen des konstruktiven Mißtrauensvotums für die Geltendmachung dieser Abhängigkeit bedeuteten eine Durchbrechung dieses Systems[95]. Die Regierung werde von den Mehrheitsverhältnissen unabhängig gemacht und der Notwendigkeit ständiger demokratischer Legitimation enthoben[96]. Das konstruktive Mißtrauensvotum führe letztlich zur Bestellung einer Regierung auf Zeit[97] oder stelle zumindest eine Synthese zwischen diesem Prinzip und dem rein parlamentarischen System dar[98].

Die für diese Einschätzung vorgebrachten Gründe erweisen sich als wenig stichhaltig. Wird im parlamentarischen System das Fortbestehen des der Regierung einmal erteilten Vertrauens solange vermutet, bis es ihr ausdrücklich wieder entzogen worden ist, so gilt dies auch für ihre demokratische Legitimation. Die Regierung erhält ihre Legitimation, indem sie vom Parlament gewählt wird. Dieser Wahlakt und die Landtagswahl sind die notwendigen Bindeglieder zwischen der von der Regierung ausgeübten Staatsgewalt und dem Volk, von dem jegliche Herr-

[94] Abg. *Biermann-Ratjen* (FDP), Bürgerschaft zu Hamburg, 6. Sitzung am 15. 3. 1950, S. 247: die genannten Regelungen bildeten insgesamt eine „Art Sicherheitsgürtel um die Burg der jetzigen Regierungspartei", und 12. Sitzung am 28. 5. 1952, S. 711.

[95] *Traumann* S. 58; *U. M.*, AöR 75 (1949), S. 366, 370; abwägend *Peters*, Festschrift *Giacometti*, S. 229, 241: äußerste Grenze dessen, was noch mit Wesen der parlamentarischen Regierungsform vereinbar; ähnlich kritisch *Loewenstein*, Verfassungslehre, S. 193 f.

[96] Abg. *Suhr* (SPD), zit. bei *Birke*, ZParl. 1977, S. 76, 90.

[97] Abg. *v. Schmoller* als Berichterstatter, Verfassungskonvent auf Herrenchiemsee, Plenum, 11. Sitzung am 23. 8. 1948, S. 5; Abg. *Becker* (FDP), Parlamentarischer Rat, Hauptausschuß, 32. Sitzung am 7. 1. 1949, S. 396.

[98] Innenminister *Menzel* (SPD), Landtag Nordrhein-Westfalen, 1. Wahlperiode, 116. - 118. Sitzung vom 13. - 15. 12. 1949, S. 3637.

schaft auszugehen hat[99]. Kann die Verfassung für die Schaffung dieser Legitimationskette ein bestimmtes Verfahren vorsehen, ist es auch zulässig, daß ihr Bruch nur in einem genau definierten Verfahren, nicht aber schon anhand gewisser Indizien festgestellt werden kann. Eine Abstimmungsniederlage, so schwerwiegend sie im Einzelfall sein mag, bedeutet noch keinen Verlust demokratischer Legitimation. Das konstruktive Mißtrauensvotum läßt die Ablösung einer amtierenden Regierung zu. Die Regierung wird nicht der Notwendigkeit demokratischer Legitimation enthoben; mit ihrem Entzug bleibt vielmehr der Sturz des Kabinetts verknüpft.

Ebensowenig erscheint der Vergleich einer Exekutive, die nur durch konstruktives Mißtrauensvotum gestürzt werden kann, mit einer Regierung auf Zeit zutreffend. Der Begriff „Regierung auf Zeit" verkörpert nur dann einen eigenen Wert, wenn er eine Regierung kennzeichnet, die innerhalb einer genau bestimmten Frist nicht abgesetzt werden kann[100]. Dementsprechend ist eine „Regierung auf Zeit" typischerweise eine Regierung auf Mindestzeit. Hingegen ist jede Regierung, die — in gleich welchem Verfahren — gestürzt werden kann, eine Regierung auf unbestimmte Zeit. Indem das konstruktive Mißtrauensvotum den jederzeitigen Sturz der Regierung zuläßt, verwirklicht es keine Garantie auf eine bestimmte Amtsdauer oder kommt einer derartigen Zusicherung nahe, sondern fügt sich in das parlamentarische Regierungssystem ein.

Hält man das „rein" parlamentarische System überhaupt für eine vorgegebene Größe, so ergibt sich der Bruch, den das konstruktive Mißtrauensvotum in dieses System einfügt, aus einer anderen Überlegung. Ein Parlament, das in der Ausübung seiner Befugnisse nicht durch das konstruktive Mißtrauensvotum beschränkt ist, verfügt über zwei eigenständige Rechte: das Recht zum Regierungssturz und das Recht zur Regierungsneubildung. Die Regierungsneubildung setzt den Regierungssturz voraus; daher ist sie rechtlich mindestens ebenso schwer wie dieser. Diese Feststellung ist jedoch ohne große Bedeutung, da für den Regierungssturz höchstens eine negative Mehrheit erforderlich sein kann, die regelmäßig leichter zu erhalten ist als die für die Regierungsbildung notwendige Zusammenarbeit.

Demgegenüber schließt das konstruktive Mißtrauensvotum den eigenständigen Vertrauensentzug aus. An seine Stelle setzt es das Recht zur Neuwahl des Regierungschefs. Die Formulierung dieser Aussage täuscht allerdings: ein Ersatz für das verlorene Instrument des Vertrauensentzuges wird nicht geschaffen, denn das Parlament erhält keine Kompetenz, über die es nicht ohnehin verfügt hätte. Vielmehr muß die Durch-

---

[99] Vgl. *Kriele*, VVDStRL 29, S. 46; *Thoma*, HdbDStR I, S. 190.

[100] s. o. S. 105.

führung der Neuwahl gegenüber einer nicht auf Regierungssturz gerichteten Wahl erschwert werden: löst die Regierungsneubildung auch den Regierungssturz aus, müssen die zu seiner Erschwerung geschaffenen Vorschriften, da er selbst als eigenständiges Instrument entfallen ist, in das Verfahren der Regierungsneubildung übertragen werden. Hier gewinnen sie freilich eine ganz neue Qualität, da es nun nicht mehr um negative, sondern um positive Mehrheiten geht. Im System des konstruktiven Mißtrauensvotums hat das Parlament am Verlust der Möglichkeit zum eigenständigen Vertrauensentzug also doppelt zu tragen: es verliert nicht nur eines von zwei Rechten, sondern muß als zusätzliche Folge eine Erschwerung der Wahrnehmung des verbliebenen Rechts auf sich nehmen. Damit erweist sich das konstruktive Mißtrauensvotum seiner wesentlichen Funktion nach als Abschaffung des Mißtrauensvotums, verbunden mit einer Beschränkung der Möglichkeit, einen neuen Regierungschef zu wählen. Hierin liegt der grundsätzliche Unterschied gegenüber dem „rein" parlamentarischen System.

d) Grenzen und Ergänzungsbedürftigkeit des konstruktiven Mißtrauensvotums

Die Kehrseite der doppelt beschränkenden Wirkung des konstruktiven Mißtrauensvotums ist die Stärkung der Regierung. Das Auftreten infolge Vertrauensentzuges nur noch geschäftsführender Regierungen wird ausgeschlossen. Unzutreffend ist allerdings die Annahme, die Einrichtung des konstruktiven Mißtrauensvotums könne auch das Entstehen von Minderheitsregierungen behindern oder ausschließen[101]. Daß derartige Regierungen mit dem Prinzip des konstruktiven Mißtrauensvotums vereinbar sind, zeigen die Verfassungen der Länder Niedersachsen, Nordrhein-Westfalen und Schleswig-Holstein. Dort kann der Ministerpräsident unter bestimmten Voraussetzungen auch von einer Minderheit gewählt, in jedem Falle aber nur im Wege des konstruktiven Mißtrauensvotums wieder gestürzt werden[102].

Die Einrichtung des konstruktiven Mißtrauensvotums kann eine Regierung, die ihre Mehrheit verloren hat, zwar vor der politischen Herabminderung zum bloß geschäftsführenden Kabinett bewahren. Damit wird der Regierung die für die Verwirklichung ihrer Politik notwendige Mehrheit aber nicht erhalten, sondern nur ausgeschlossen, daß der fehlende Rückhalt der Regierung im Parlament gerade durch einen Ver-

---

[101] So allerdings Abg. *Katz* (SPD), Schleswig-holsteinischer Landtag, 2. Wahlperiode, 3. Sitzung am 13. 10. 1950, S. 104 und Gemeinsame Sitzung des Landtagsausschusses für Verfassung und Geschäftsordnung und des Landtagsausschusses für Volksbildung und Erziehung am 24. 10. 1950, S. 65, abgedruckt in den Stenographischen Berichten des Schleswig-Holsteinischen Landtages 1950.

[102] s. o. Kap. II 2 c).

trauensentzug zum Ausdruck gebracht wird. Außerhalb dieses Bereichs bleibt die Regierung vor keiner Abstimmungsniederlage bewahrt. Auf die Aktivitäten destruktiver Mehrheiten mag die Unmöglichkeit, einen Regierungssturz direkt und nicht auf dem Umweg über die Ablehnung sämtlicher Gesetzesvorlagen, besonders des Budgets, herbeizuführen, allgemein dämpfend wirken. Die Vorgänge in Niedersachsen im Frühjahr 1970 zeigen jedoch, wie wenig die isolierte Einrichtung des konstruktiven Mißtrauensvotums einer Regierung helfen kann, die ihre parlamentarische Mehrheit verloren hat. Die von Ministerpräsident *Diederichs* (SPD) geführte große Koalition aus SPD und CDU war zerbrochen, nachdem die CDU infolge einer Reihe von Übertritten zur stärksten Fraktion im Landtag geworden war und außerdem noch einen ehemaligen Abgeordneten der NPD als Hospitanten aufgenommen hatte. Dem Ministerpräsidenten gelang es nicht, die gem. Art. 20 IV ndsLV erforderliche Zustimmung des Landtages zur Entlassung der CDU-Minister zu erlangen. Die CDU beantragte ihrerseits ein konstruktives Mißtrauensvotum, zog ihren Antrag später aber wieder zurück; er hätte ohne die — unerwünschte — Unterstützung der NPD-Fraktion auch nicht zum Erfolg führen können. Schließlich gab die CDU dem Drängen der SPD nach und verhalf dem Antrag auf Auflösung des Landtages zu der in Art. 7 ndsLV geforderten qualifizierten Mehrheit[103], nachdem ihr Fraktionsvorsitzender im Landtag festgestellt hatte, Neuwahlen seien der einzige Ausweg aus der (fast ein Jahr andauernden) Regierungskrise[104].

Während dieser Zeit hatte die Regierung von der Einichtung des konstruktiven Mißtrauensvotums kaum profitiert. Sie konnte zwar nicht zu einem geschäftsführenden Kabinett (politisch) abgewertet werden; andererseits war doch offensichtlich, daß sie im Parlament über keine Mehrheit mehr verfügte. Die Einrichtung des konstruktiven Mißtrauensvotums übte letztlich auch keinen Zwang zur Zusammenarbeit aus: weder verhinderte es den Bruch der SPD-CDU-Koalition, noch bewirkte es eine Einbeziehung der allseits isolierten NPD in die parlamentarischen Verhandlungen.

Soll der Bestand einer funktionsfähigen Regierung gegenüber einem zu konstruktiver Arbeit nicht bereiten Parlament wirksam gesichert werden, bedarf das konstruktive Mißtrauensvotum, das hier Schutz nur in einem einzigen Punkt, dem des Vertrauensentzuges, bieten kann, der weiteren Ergänzung. Auf Bundesebene bietet das Grundgesetz eine solche Ergänzung mit dem in Art. 81 GG vorgesehenen Gesetzgebungsnot-

---

[103] Vgl. AdG, 14. 6. 1970, S. 15548; eine kurze Darstellung gibt auch *Toews*, AöR 96 (1971), S. 354, 355 ff.

[104] Abg. *Brandes* (CDU), Niedersächsischer Landtag, 6. Wahlperiode, 74. Sitzung am 1. 4. 1970, Sp. 6726.

stand an. Hat gem. Art. 68 I GG ein Antrag des Bundeskanzlers, ihm das Vertrauen auszusprechen, im Bundestag keine ausreichende Mehrheit gefunden, braucht der Regierungschef nicht zurückzutreten, sondern die Bundesregierung wird für den Bereich der für ihre Politik notwendigen Gesetzgebungsarbeit von der Abhängigkeit vom Bundestag gelöst und kann statt dessen gem. Art 81 GG auf eine aus Bundesrat und Bundespräsident gebildete legislative Reserve („Legalitätsreserve") zurückgreifen[105]. Der Bundestag wird insoweit ersetzt, die Regierung zunächst gestärkt[106].

Während der nordrhein-westfälischen Verfassungsberatungen ist die Übernahme dieses Modells in die Landesverfassung gefordert worden[107]. Sie ist aber weder hier noch in einem anderen Lande erfolgt. Wegen der entscheidenden Unterschiede im Organisationsrecht von Bund und Ländern ist sie auch gar nicht möglich. Die Länder kennen kein Staatsoberhaupt und — abgesehen von Bayern, dessen Senat an der Gesetzgebung lediglich gutachtlich beteiligt ist[108] — auch keine einer zweiten Kammer vergleichbare Institution. Ihnen fehlt damit die legislative Reserve, die jedenfalls für eine gewisse Zeit an die Stelle des Parlaments als ursprünglichem Gesetzgebungsorgan treten könnte. Die Aufnahme des grundgesetzlichen Gesetzgebungsnotstandes in die Landesverfassungen könnte damit nur auf ein schlichtes Notverordnungsrecht der Exekutive hinauslaufen, dessen Ausübung nur den Verlust der parlamentarischen Mehrheit der Regierung zur Voraussetzung hätte.

Die Unmöglichkeit, in den Ländern die Funktionsfähigkeit der Regierung jedenfalls für einen begrenzten Zeitraum nach dem Muster des Gesetzgebungsnotstandes des Art. 81 GG zu sichern[109], unterstreicht den begrenzten Wert des durch die isolierte Einrichtung des konstruktiven Mißtrauensvotums erreichbaren Schutzes. Die Position einer Regierung ohne Mehrheit ist politisch und staatsrechtlich aussichtslos, auch wenn sie wegen der besonderen Voraussetzungen des konstruktiven Mißtrauensvotums nicht gestürzt werden kann[110]. Kann die Regierung für die Verwirklichung ihrer Politik nicht aus ihrer parlamentarischen Abhängigkeit befreit werden, bleibt nach dem Verlust ihrer Mehrheit als Ausweg nur noch der Appell an das Volk[111]. Für diesen Weg haben sich

[105] *H. Schäfer* S. 97,

[106] Vgl. *H. Schneider,* VVDStRL 8, S. 21, 27.

[107] Innenminister *Menzel* (SPD), Landtag Nordrhein-Westfalen, 1. Wahlperiode, 129. Sitzung am 3. 5. 1950, S. 4482/4483.

[108] Art. 40 bayLV.

[109] Kritisch zum Wert dieses Instruments *Scheuner,* DöV 1957, S. 633, 634; *Hesse,* Grundzüge, S. 253, 288.

[110] Vgl. auch *Aschauer* S. 33.

[111] Vgl. *Hesse,* Grundzüge, S. 288, der dies auch im Bund trotz Art. 81 GG (Gesetzgebungsnotstand) für den einzig möglichen Weg hält.

die Verfassungen der Länder Hessen (Art. 114 V), Rheinland-Pfalz (Art. 99 V) und Saarland (Art. 69) von vornherein entschieden, indem sie die automatische Auflösung des Landtages anordnen, wenn nach einem durch einfaches Mißtrauensvotum bewirkten Regierungssturz innerhalb einer bestimmten Frist keine neue Regierung gebildet ist.

IX. Mißtrauensvoten gegen ernannte Regierungsmitglieder

Nur in den Ländern Baden-Württemberg, Rheinland-Pfalz und Saarland hat der Landtag die Möglichkeit, einen einzelnen Minister durch Annahme eines Mißtrauensvotums zu stürzen. Ein derartiges Votum kann in Baden-Württemberg auch gegen Staatssekretäre und Staatsräte, die gem. Art. 45 II S. 2 bwLV Mitglieder der Regierung sind, gerichtet werden. Da es um die Ablösung ernannter Regierungsmitglieder geht, kann ein Mißtrauensvotum nur in der einfachen, nicht jedoch in der konstruktiven, eine Neuwahl einschließenden Form in Betracht kommen.

Die Ausgestaltung in den einzelnen Ländern ist unterschiedlich. Während in Baden-Württemberg ein Minister oder ein anderes ernanntes Regierungsmitglied nur auf Beschluß von zwei Dritteln der Mitglieder des Landtages vom Ministerpräsidenten zu entlassen ist (Art. 56 bwLV), müssen in Rheinland-Pfalz und im Saarland Minister zurücktreten, wenn ihnen der Landtag mit der Mehrheit der gesetzlichen Mitglieder das Vertrauen entzieht (Art. 99 II rhpfLV, Art. 88 II S. 3 saarLV).

Die Bestimmungen über die Durchführung von Mißtrauensvoten gegen Minister unterscheiden sich nicht wesentlich von den Regeln über das Mißtrauensvotum gegen den Regierungschef; insoweit kann auf frühere Ausführungen verwiesen werden[1]. Der zur Abstimmung zu stellende Antrag muß in Rheinland-Pfalz und im Saarland auf den Entzug des Vertrauens, in Baden-Württemberg darauf gerichtet sein, daß der Ministerpräsident den Minister entläßt. Seine Einbringung bedarf in Baden-Württemberg der Unterstützung durch ein Viertel der Mitglieder des Landtages (§ 56 GObwLT), in Rheinland-Pfalz der Unterschriften von 16 Abgeordneten (§ 73 I GOrhpfLT) und kann im Saarland nur von einer Fraktion gestellt werden. Diese Anforderungen entsprechen den Voraussetzungen, die in den drei Ländern auch ein gegen den Ministerprsidenten selbst gerichteter Antrag erfüllen muß. Die Abstimmung erfolgt in Rheinland-Pfalz und im Saarland namentlich (Art. 99 III rhpfLV, Art. 88 II S. 5 saarLV), in Baden-Württemberg mangels einer entgegenstehenden Anordnung grundsätzlich offen. Über den Antrag hat in Rheinland-Pfalz und im Saarland eine Aussprache stattzufinden (Art. 99 III rhpfLV, Art. 88 II S. 4 saarLV). Damit wird den Antragstellern aber keine Pflicht zu einem überzeugenden Nachweis ihres Mißtrauens gegen-

---

[1] s. o. Kap. VIII.

über dem betroffenen Minister aufgebürdet[2]; ebenso wie beim Mißtrauensvotum gegen den Regierungschef geht es um eine Machtfrage, die durch Mehrheiten entschieden wird.

Tritt in Rheinland-Pfalz oder im Saarland ein Minister infolge eines Mißtrauensvotums zurück, so scheidet er nicht automatisch aus dem Amt, sondern hat seine Geschäfte bis zu ihrer Übernahme durch einen Nachfolger weiterzuführen (Art. 99 IV rhpfLV, Art. 87 V saarLV). Auch ist noch eine förmliche Entlassung durch den Ministerpräsidenten erforderlich. Dieser ist verpflichtet, sich unverzüglich um die Ernennung eines Nachfolgers für den gestürzten Minister zu bemühen. Das Institut des Mißtrauensvotums gegen einen einzelnen Minister hätte keinen Sinn, wenn dem Regierungschef gestattet würde, das gestürzte Regierungsmitglied geschäftsführend im Amt zu belassen, etwa im Vertrauen darauf, daß sich die Kompetenzen einer geschäftsführenden von denen einer voll im Amt befindlichen Regierung nicht grundsätzlich unterscheiden[3].

Mißtrauensvoten gegen einzelne Minister haben in der Vergangenheit keine große Bedeutung erlangt[4]. Im Jahre 1972 wurde im baden-württembergischen Landtag von den in Opposition stehenden Fraktionen von SPD und FDP/DVP gem. Art. 56 bwLV ein Antrag auf Entlassung des Kultusministers *Hahn* (CDU) eingebracht, der mit „reaktionärer Hochschulpolitik", vor allem aber mit einem umstrittenen Polizeieinsatz an der Universität Heidelberg begründet wurde; der Antrag wurde jedoch abgelehnt[5]. An der geringen Bedeutung derartiger Mißtrauensanträge dürfte sich auch in Zukunft nicht viel ändern[6]. Hält ein Regierungschef einen seiner Minister für politisch untragbar, wird er dessen Ablösung betreiben, ohne es auf ein entsprechendes Votum des Parlaments ankommen zu lassen. Will er an dem Minister aber festhalten, wird er sich einem Mißtrauensantrag entgegenstellen, so daß der Angriff auf den Minister zum Angriff auf den Regierungschef und damit auf die gesamte Landesregierung wird. Als politisch eigenständiger Bereich verbleibt für das Mißtrauensvotum gegen einen Minister somit nur der theoretische Fall, daß der Ministerpräsident ihm neutral oder gar gleichgültig gegenübersteht.

Die Einrichtung des Mißtrauensvotums gegen einzelne Minister ist sichtbarster Ausdruck ihrer parlamentarischen Verantwortung[7]. Indem

[2] Vgl. *Wern* S. 103.

[3] s. Kap. XIII 3.

[4] Vgl. zunächst die Beispiele bei *Schunck*, JöR n. F. 5 (1956) S. 159, 178 (Ausscheiden kommunistischer Minister aus der ersten rheinland-pfälzischen Landesregierung).

[5] Baden-Württembergischer Landtag, 6. Wahlperiode, 13. Sitzung am 14. 12. 1972, S. 567, 602.

[6] *v. Beyme* S. 719.

[7] *Spreng / Birn / Feuchte*, vor Art. 45 (S. 172).

sie die Eigenverantwortlichkeit des Ministers gegenüber dem Parlament unterstreicht, ist sie auch geeignet, seine Stellung innerhalb der Regierung zu stärken[8]. Die geringe theoretische und praktische Bedeutung des Mißtrauensvotums gegen einzelne Minister führt aber dazu, daß in der politischen Wirklichkeit eine Stärkung der Stellung der ernannten Regierungsmitglieder der drei betroffenen Länder gegenüber derjenigen von Ministern anderer Länder nicht zu beobachten ist.

In den drei Ländern, die ein Mißtrauensvotum gegen einzelne Minister kennen, ist auch die Berufung eines Regierungsmitgliedes nur mit parlamentarischer Zustimmung möglich[9]. Diesem Zustimmungserfordernis entspricht die Einrichtung des Mißtrauensvotums, indem sie den Landtag ermächtigt, das einmal erteilte Vertrauen wieder zu entziehen. Das Vertrauen des Landtages wird damit zu einer notwendigen Voraussetzung für das Verbleiben im Ministeramt. In einem Land wie Hessen, das kein Mißtrauensvotum gegen einen einzelnen Minister kennt, wurde es während der Verfassungsberatungen sogar als unlogisch bezeichnet, zwar eine Bestätigung der gesamten Landesregierung und damit ein Vertrauensvotum für jeden einzelnen Minister vorzuschreiben, gleichzeitig aber die Möglichkeiten des Landtages zu beschneiden, das einmal erteilte Vertrauen wieder zu entziehen[10]. Berücksichtigt man, daß in den Ländern Rheinland-Pfalz und Saarland der Ministerpräsident einen Minister nur mit parlamentarischer Zustimmung abberufen, der Landtag ihn hingegen ohne fremdes Mitwirken stürzen kann, gewinnt das parlamentarische Vertrauen sogar vorrangige Bedeutung[11].

In den übrigen Ländern gibt es kein Mißtrauensvotum gegen einzelne Minister; das Parlament bleibt auf die Möglichkeit verwiesen, den Sturz der gesamten Regierung herbeizuführen.

---

[8] Vgl. *U. M.*, AöR 76 (1950/51), S. 338, 342.

[9] s. o. Kap. II 3 b.

[10] Abg. *Bleek* (LDP), Verfassungberatende Landesversammlung Groß-Hessen, 5. Sitzung am 1. 10. 1946, S. 176.

[11] s. o. S. 48.

X. Mißbilligungsbeschlüsse

Parlamentarische Mißbilligungsbeschlüsse sind in keiner Landesverfassung ausdrücklich vorgesehen. Mangels rechtlicher Verankerung lösen sie keine Rechtfolgen aus[1]. Sie sind auch kein typischer Bestandteil der Vorgänge im Rahmen eines Regierungswechsels. In diesem Zusammenhang verdienen sie aber doch Beachtung, da ihre Zulässigkeit gelegentlich unter Hinweis auf die Gefahr einer Umgehung der kodifizierten Vorschriften über den Vertrauensentzug in Frage gestellt wird[2].

1. Mißbilligung des Verhaltens gewählter Regierungsmitglieder oder der gesamten Landesregierung

Parlamentarische Mißbilligungsbeschlüsse können auf die Mißbilligung der allgemeinen Politik oder einzelner Handlungen des Regierungschefs oder der gesamten Landesregierung gerichtet sein.

Möglich ist auch, daß der Landtag sein Mißfallen an der Politik der Regierung zum Ausdruck bringt, indem er sie auffordert, ihrerseits die Vertrauensfrage zu stellen. Ein derartiges Vertrauensfrage-Ersuchen[3] hat nur in den Ländern Bayern, Hamburg, Saarland und Schleswig-Holstein einen Sinn, wo die Verfassung an die Verneinung einer vom Ministerpräsidenten oder der gesamten Landesregierung gestellten Vertrauensfrage Rechtsfolgen knüpft, die freilich nicht immer von Vorteil für einen zum Kampf gegen die Regierung angetretenen Landtag sind. In Bayern läßt die Ablehnung einer vom Ministerpräsidenten ausdrücklich gestellten Vertrauensfrage den Schluß zu, daß „die politischen Verhältnisse ein vertrauensvolles Zusammenarbeiten zwischen ihm und dem Landtag unmöglich machen“ (Art. 44 III S. 2 bayLV): der Regierungschef muß von Verfassungs wegen zurücktreten. Im Saarland muß die Landesregierung zurücktreten, wenn ihr der Landtag das Vertrauen entzieht, indem er eine Vertrauensfrage verneint (Art. 88 saarLV)[4]. In Hamburg und in Schleswig-Holstein hingegen ist für den Landtag wenig gewonnen, wenn es ihm gelingt, die Landesregierung zur Stellung der Vertrauensfrage zu bewegen. Denn ihre Verneinung hat in beiden

---

[1] Vgl. *Vogels*, Art. 52 Anm. 3, Art. 61 Anm. 2; *Stern* S. 777.

[2] Vgl. *Steiger* S. 277; *Münch* S. 179; *Sattler*, DöV 1967, S. 765 ff.

[3] Vgl. *Küchenhoff*, DöV 1967, S. 116 ff.

[4] Vgl. *Knies*, JuS 1975, S. 420, 422.

Ländern, die ja nur das konstruktive Mißtrauensvotum kennen[5], für den Bestand der Landesregierung keine Folgen; in Hamburg wird jedoch die Bürgerschaft gem. Art. 36 hambLV vor die Wahl gestellt, nun entweder einen neuen Senat zu wählen, dem alten noch nachträglich das Vertrauen auszusprechen oder aber sich selbst aufzulösen. In Schleswig-Holstein erhält der Ministerpräsident gem. Art. 31 I shLS das Recht, binnen 10 Tagen den Landtag aufzulösen, solange dieser nicht mit der Mehrheit seiner Mitglieder einen neuen Regierungschef wählt[6].

In der überwiegend bundesrechtlich orientierten Literatur sind Mißbilligungsbeschlüsse und Vertrauensfrage-Ersuchen als unzulässige Umgehung der beschränkenden Wirkung der Regelungen über das konstruktive Mißtrauensvotum angesehen worden, da sich die Mißbilligung praktisch nicht vom „Angriff auf die politische Existenz" des Regierungschefs abgrenzen lasse[7] und die Annahme eines derartigen Antrages nur als Mißtrauensbekundung (im Sinne eines einfachen Mißtrauensvotums) ihm gegenüber gewertet werden könne[8]. Mißtrauensbeschlüsse seien auch ausgeschlossen, da sie rechtlich nichts bewirken könnten[9]. Gegen ein förmliches Vertrauensfrage-Ersuchen wird zudem eingewandt, damit werde die Ausübung des dem Regierungschef allein zustehenden Rechtes, die Vertrauensfrage zu stellen, in unzulässiger Weise beeinflußt[10].

Diese Einwände sind nicht überzeugend. Zunächst läßt sich aus der Tatsache, daß Mißbilligungsbeschlüsse keine rechtlichen Folgen nach sich ziehen, kein Argument für ihre Unzulässigkeit herleiten: unzulässig sind nicht schon Anträge, deren Annahme rechtlich folgenlos bleibt, sondern nur solche, die auf die Herbeiführung einer rechtlich unmöglichen Folge gerichtet sind.

Ebensowenig kann das Vertrauensfrage-Ersuchen mit dem Hinweis auf das Recht des Regierungschefs, die Vertrauensfrage selbst zu stellen, für unzulässig erklärt werden. Dieses Recht wird ihm nicht genommen.

---

[5] s. o. S. 116.

[6] In Hessen gibt es trotz der Formulierung des Art. 114 III S. 1 hessLV („Über die Vertrauensfrage muß namentlich abgestimmt werden") keine von der Landesregierung zu stellende Vertrauensfrage. Art. 114 II S. 1 hessLV schreibt nämlich vor, der Antrag, dem Ministerpräsidenten das Vertrauen auszusprechen oder zu versagen, könne nur von mindestens einem Sechstel der gesetzlichen Zahl der Abgeordneten eingebracht werden.

[7] *Münch* S. 179; ähnl. *Kröger* S. 156 und *Barschel / Gebel*, Art. 31 Anm. C I 2 S. 195 zum Vertrauensfrage-Ersuchen.

[8] *Sattler*, DöV 1967, S. 765, 769, der allerdings zwischen allgemeinen und speziellen Mißbilligungsvoten unterscheiden und letztere von dem Verdikt ausnehmen will, wenn sie keine Fragen von grundsätzlicher „hochpolitischer" Bedeutung betreffen (ebd., S. 770); ähnl. *Scheuner*, Kontrolle, S. 40.

[9] *Steiger* S. 277.

[10] *Stern* S. 777.

Es gibt keinen Grundsatz, der dem Parlament verbietet, den Ministerpräsidenten zur Ausübung seiner Kompetenzen in der einen oder anderen Richtung aufzufordern. Die Frage nach einem rechtswidrigen Übergriff des Parlaments in den Bereich der Regierung[11] ließe sich nur stellen, wenn dem Vertrauensfrage-Ersuchen verpflichtende Kraft zukäme.

Auch die These, Mißbilligungsbeschlüsse und Vertrauensfrage-Ersuchen liefen auf eine Umgehung des Mißtrauensvotums hinaus und seien daher unzulässig, hält methodischer Kritik nicht stand. Von einer Umgehung einer Gesetzesnorm kann nur gesprochen werden, wenn die betroffene Vorschrift ein bestimmtes Ergebnis nur in einem bestimmten Verfahren zuläßt und nun — an diesem Verfahren vorbei — derselbe Erfolg auf einem anderen Wege erreicht werden soll. Vor diesem Hintergrund betrachtet können die Regeln über das einfache und konstruktive Mißtrauensvotum nicht durch die Annahme von Mißbilligungsbeschlüssen umgangen werden: diese bewirken rechtlich nichts, während jene den Sturz der Regierung herbeiführen. Es wird also nicht nur ein anderer Weg beschritten, sondern auch ein anderes Ergebnis erzielt.

Der Vorwurf der Umgehung kann auch nicht darauf gestützt werden, daß Mißbilligungsbeschlüsse und Vertrauensfrage-Ersuchen den Sturz der bestehenden Regierung intendieren können[12] und — quasi als ersten Schritt — ihren Verlust an Vertrauen offenbaren. Dies wäre nur als Umgehung zu werten, wenn nachgewiesen werden könnte, daß die Regeln über das Mißtrauensvotum das politische Sichtbarwerden des Vertrauensschwundes in einem anderen als dem durch sie vorgesehenen Verfahren ausschließen wollen. Ein solcher Nachweis kann aber nicht gelingen. Die Ergebnisse einer politischen Entwicklung können durch Rechtsnormen nicht vertuscht, sondern lediglich in ihrer rechtlichen Wirkung geregelt werden. Dürfte der Vertrauensverlust der Regierung auch politisch nur im Wege des Mißtrauensvotums sichtbar gemacht werden, müßte man letztlich auch andere, typisch vertrauensbezogene Voten wie etwa die Einzelabstimmung über den Etat des Regierungschefs für unzulässig erklären. Auch dessen Ablehnung kann den Sturz der Regierung intendieren. Von einem unerträglichen Wertungswiderspruch zwischen der Zulässigkeit der Offenbarung des Vertrauensverlustes durch Mißbilligungsbeschluß und der Beschränkung des Regierungssturzes auf das Verfahren des jeweiligen Mißtrauensvotums, der allein Ausgangspunkt durchgreifender Einwände sein könnte[13], kann daher keine Rede sein. Vielmehr bleibt es das selbstverständliche Recht

[11] Vgl. *Küchenhoff*, DöV 1967, S. 116, 120.

[12] So *Kröger* S. 156 zum Vertrauensfrage-Ersuchen; ähnl. *Scheuner*, Kontrolle, S. 40.

[13] *Canaris* S. 113; *Larenz* S. 323; vgl. dazu auch Kap. VI 3 e) bb) *a*).

des Parlaments, jederzeit an der Regierung Kritik zu üben und diese Kritik auch in die Form eines Mißbilligungsbeschlusses zu gießen[14]. Mißbilligungsanträge, auch in der Form des Vertrauensfrage-Ersuchens, sind daher nach Landesrecht zulässig[15].

Diese Feststellung wird durch die Geschäftsordnungen der Landtage Bayerns, Nordrhein-Westfalens, des Saarlandes und von Rheinland-Pfalz bestätigt, die mehr oder weniger deutliche Hinweise auf die Zulässigkeit von Mißbilligungsvoten in bestimmten Fällen enthalten. In diesen Geschäftsordnungen ist vorgesehen, daß im Zusammenhang mit der Aussprache über Große Anfragen, die in Bayern als Interpellation bezeichnet werden, Anträge zur Abstimmung gestellt werden können (§ 73 GObayLT, § 96 GOnwLT, § 92 GOrhpfLT, § 59 IV GOsaarLT). Die Geschäftsordnung des Bayerischen Landtages präzisiert: „Anträge zur Interpellation können nur lauten, daß die Antwort der Staatsregierung der Meinung des Landtages entspricht oder nicht entspricht.“ Beschließt der Landtag, die Antwort der Regierung entspreche nicht seiner Meinung, bedeutet dies gleichzeitig eine Mißbilligung der Politik der Landesregierung, wie sie in ihrer Antwort für den durch die Interpellation angesprochenen Bereich zum Ausdruck kommt. Dies gilt auch für die entsprechenden Geschäftsordnungsbestimmungen in den Ländern Nordrhein-Westfalen, Rheinland-Pfalz und Saarland. Damit wird zugleich deutlich, daß das Mißbilligungsrecht eine Ergänzung zum Interpellationsrecht ist[16], die dem Parlament eine förmliche Meinungsäußerung zu einer Stellungnahme der Regierung erlaubt[17].

2. Mißbilligung des Verhaltens von Ministern

a) Verfassungspraxis

Will ein Landtag seinem Mißfallen über die Politik einzelner Minister förmlich Ausdruck verleihen, so stehen ihm mehrere Möglichkeiten offen: er kann ein allgemeines, die gesamte Politik des Ministers verurteilendes, oder ein nur auf einen bestimmten Aspekt bezogenes spezielles Mißbilligungsvotum beschließen, und er kann den Ministerpräsidenten auffordern, den Minister zu entlassen. Eine derartige Aufforderung kann auch im Rahmen einer Großen Anfrage (Interpellation) beschlossen werden, ohne auf dieses Verfahren beschränkt zu sein.

---

[14] *H. Schneider*, VVDStRL 8, S. 3, 29; *Sellmann*, S. 87; *Kröger*, S. 156, der das Vertrauensfrage-Ersuchen hiervon allerdings ausnimmt.

[15] Vgl. *Geller / Kleinrahm*, Art. 61 Anm. 4; *Vogels*, Art. 61 Anm. 2; *Pfennig / Neumann*, Art. 42 Rdn. 5.

[16] *U. M.*, AöR 76 (1950/51), S. 338, 340.

[17] Eine entsprechende Forderung erhob *Hatschek*, Interpellationsrecht, S. 159, bereits im Jahre 1909.

Für alle Formen derartiger Mißbilligungsbeschlüsse können Beispiele aus der Praxis berichtet werden. In Bayern stellte im Jahre 1948 die WAV den Antrag, der Landtag möge den Ministerpräsidenten ersuchen, den Justizminister *Müller* (CSU) bis zum Abschluß eines gegen ihn laufenden Ermittlungsverfahrens vom Dienst zu suspendieren[18]. In der Begründung wurde ausgeführt, der beantragte Landtagsbeschluß solle den Ministerpräsidenten nicht — im Sinne einer rechtlichen Verpflichtung — „bevormunden", sondern sei nur als Anregung an ihn aufzufassen, von seinen Kompetenzen entsprechenden Gebrauch zu machen. Trotz dieser Einschränkung wurde der Antrag von der Landtagsmehrheit als verfassungs- und geschäftsordnungswidrig angesehen und nicht behandelt, da gem. Art. 45 bayLV die Entscheidung über die Entlassung von Ministern in die Hände des Ministerpräsidenten gelegt sei; der Landtag habe nur die Möglichkeit, entsprechenden Entscheidungen des Regierungschefs die Zustimmung zu erteilen oder zu versagen[19].

Der Versuch, dem Ministerpräsidenten die Entlassung eines Ministers zu empfehlen, scheiterte im Jahre 1968 auch im schleswig-holsteinischen Landtag[20] Die SPD hatte ein entsprechendes gegen Kultusminister *v. Heydebreck* gerichtetes Votum beantragt und ausdrücklich hervorgehoben, daß es sich nicht um einen Mißtrauensantrag handelte[21]. Der Antrag wurde vom Landtag jedoch nicht behandelt, sondern durch Übergang zur Tagesordnung erledigt. Hierfür waren eher politische als verfassungsrechtliche Aspekte ausschlaggebend: Sprecher der Regierungsfraktionen von CDU und FDP rügten zwar, der Antrag der SPD stehe aufgrund seiner Zielsetzung einem verfassungsrechtlich verbotenen Mißtrauensantrag nahe, bezeichneten ihn jedoch ausdrücklich als formal nicht unzulässig, sondern lehnten ihn ab, weil er rechtlich bedenklich und vor allem (politisch) inopportun sei[22].

In Bayern unternahmen im Jahre 1952 die Fraktionen von FDP und BP erneut einen Versuch, die Ablösung von Justizminister *Müller* (CSU) herbeizuführen. Im Wege einer Interpellation wurde der Ministerpräsi-

---

[18] Bayerischer Landtag, 1. Wahlperiode, 96. Sitzung am 16. 12. 1948, S. 442. Der Antrag hatte folgenden Wortlaut: „Der Herr Ministerpräsident wird ersucht, bis zum Abschluß des Verfahrens gegen den Justizminister Dr. *Josef Müller* wegen angeblicher räuberischer Erpressung diesen vom Dienst als Justizminister und stellvertretender Ministerpräsident zu suspendieren."

[19] Bayerischer Landtag, 1. Wahlperiode, 96. Sitzung am 16. 12. 1948, S. 442/443.

[20] Schleswig-Holsteinischer Landtag, 6. Wahlperiode, Drs. Nr. 185 vom 15. 1. 1968. Der Antrag lautete: „Dem Ministerpräsidenten wird empfohlen, den Kultusminister *Claus Joachim von Heydebreck* aus seinem Amt zu entlassen."

[21] Abg. *Schulz* (SPD), Schleswig-Holsteinischer Landtag, 6. Wahlperiode, 15. Sitzung am 6. 2. 1968, S. 519.

[22] Abg. *Mentzel* (CDU), Schleswig-Holsteinischer Landtag, 6. Wahlperiode, 15. Sitzung am 6. 2. 1968, S. 518; Abg. *Herbst* (FDP), ebd., S. 519.

dent gefragt, weshalb er den Justizminister noch nicht aus seinem Amt entfernt habe[23]. Ministerpräsident *Ehard* (CSU) antwortete auf die Interpellation, ohne ihre Zulässigkeit in Frage zu stellen[24]. Der anschließend gestellte Antrag, die Antwort des Ministerpräsidenten auf die Interpellation entspreche nicht der Meinung des Landtages, wurde abgelehnt[25].

Neben diesen an die Adresse des Ministerpräsidenten gerichteten Vorlagen reichte die FDP-Fraktion im Jahre 1947 einen Antrag ein, mit dem Wirtschaftsminister *Zorn* (SPD) ausdrücklich das Mißtrauen des Landtages ausgesprochen werden sollte[26]. Nachdem unter Hinweis auf Art. 45 bayLV Bedenken gegen die Zulässigkeit des Antrages geäußert worden waren, wurde er zunächst an den Verfassungsausschuß überwiesen. Der Ausschuß kam mit knapper Mehrheit zu dem Ergebnis, der Antrag sei zulässig, da eine Mißtrauenserklärung gegenüber einem einzelnen Minister grundsätzlich möglich sei; ein entsprechender Beschluß des Landtages habe aber keine rechtliche Wirkung. Es bleibe Sache des Ministerpräsidenten zu prüfen, ob er das betroffene Regierungsmitglied im Amt belassen oder dem Landtag seine Entlassung vorschlagen wolle[27]. Diese Rechtsauffassung wurde auch von den Antragstellern selbst vertreten: das vorgeschlagene Mißtrauensvotum enthalte „lediglich die Erklärung, daß das Verhalten eines Ministers . . . derart mißbilligt wird, daß ein Vertrauensverhältnis nicht mehr besteht“[28]. Der zur Abstimmung gestellte Antrag wurde schließlich dahingehend modifiziert und erweitert, daß das Verhalten des Ministers mißbilligt und ihm aus diesem Grunde das Mißtrauen des Landtages ausgesprochen werden sollte. Der Bayerische Landtag entschied jedoch im Gegensatz zur Auffassung seines Verfassungsausschusses, eine ausdrückliche Mißtrauenserklärung gegenüber einem Minister sei nicht zulässig; er bejahte aber einstimmig die Möglichkeit eines Mißbilligungsbeschlusses[29].

---

[23] Bayerischer Landtag, 2. Wahlperiode, 84. Sitzung am 7. 5. 1952, S. 2003. In dem Antrag heißt es: „Die Sauberkeit im Staate erfordert eine Entfernung des Justizministers vom Amt, um so mehr, als die Ermittlungen durch die ihm unterstellten Behörden geführt werden müssen. Warum ist dies noch nicht geschehen?“

[24] Bayerischer Landtag, 2. Wahlperiode, 84. Sitzung am 7. 5. 1952, S. 2006. Unzutreffend die Darstellung bei *Zacher*, JöR n. F. 15 (1966), S. 321, 358 mit Fn. 68, wonach die Interpellation abgelehnt worden sei.

[25] Bayerischer Landtag, 2. Wahlperiode, 85. Sitzung am 8. 5. 1952, S. 2030.

[26] Bayerischer Landtag, 1. Wahlperiode, 6. Sitzung am 31. 1. 1947, S. 130. Der Antrag lautete: „Dem Wirtschaftsminister Dr. *Zorn* wird das Mißtrauen des Bayerischen Landtages ausgesprochen.“

[27] Abg. *Lacherbauer* (CSU) als Berichterstatter, Bayerischer Landtag, 1. Wahlperiode, 8. Sitzung am 20. 2. 1947, S. 181 f. Das Abstimmungsverhältnis im Verfassungsausschuß betrug 13 : 12.

[28] Abg. *Dehler* (FDP), Bayerischer Landtag, 1. Wahlperiode, 8. Sitzung am 20. 2. 1947, S. 188.

[29] Bayerischer Landtag, 1. Wahlperiode, 8. Sitzung am 20. 2. 1947, S. 194, 195.

Der Versuch, dem Landtag einen Mißtrauensantrag gegen einen Minister vorzulegen, scheiterte im Jahre 1950 auch in Nordrhein-Westfalen. Auf Vorschlag der Abgeordneten der KPD sollte das Parlament einen Beschluß fassen, durch den Innenminister *Flecken* (CDU) das Vertrauen „versagt" wurde[30]. Der Antrag gelangte jedoch nicht auf die Tagesordnung, da der Ältestenrat ihn für verfassungswidrig hielt: gem. Art. 61 nwLV könnten Mißtrauensanträge nur gegen den Ministerpräsidenten gerichtet werden. Dem Landtag sei es allerdings unbenommen, Maßnahmen der Minister kritisch zu erörtern und dazu auch Stellung zu nehmen[31]. Demgegenüber vertraten die Antragsteller die Auffassung, Art. 61 nwLV betreffe nur den Regierungschef und sage über Mißtrauensvoten gegen einzelne Minister nichts aus; der Landtag müsse derartige Beschlüsse fassen und damit zum Ausdruck bringen können, daß ein Minister nicht mehr im Amt bleiben könne[32]. Damit gingen sie noch über die These der bayerischen FDP-Abgeordneten, die die aus der Annahme eines Mißtrauensvotums gegen einen Minister zu ziehenden Folgerungen dem Ministerpräsidenten überlassen hatten, hinaus. Der nordrhein-westfälische Landtag behandelte den KPD-Antrag nicht und stimmte auch nicht über seine Aufnahme in die Tagesordnung ab, sondern beließ es bei der Auffassung des Präsidiums, daß er unzulässig sei.

b) Eingeschränkte Verantwortlichkeit der Minister?

Die gegen die Zulässigkeit der hier behandelten Voten vorgebrachten Bedenken sind teilweise schon aus der Diskussion über Mißbilligungsbeschlüsse gegen die gesamte Regierung oder einzelne ihrer gewählten Mitglieder bekannt. Aus den dort erörterten Gründen kann dem Argument, die Beschlüsse seien wegen ihrer rechtlichen Unverbindlichkeit sinnwidrig[33] und unzulässig[34], nicht zugestimmt werden. Ebensowenig kann die Aufforderung an den Regierungschef, einen Minister zu entlassen, als unzulässiger Eingriff in seinen Entscheidungsbereich[35] oder als Umgehung des Ausschlusses[36] oder der besonderen Verfahrensregeln

---

[30] Landtag Nordrhein-Westfalen, 2. Wahlperiode, Drs. Nr. 74 vom 25. 10. 1950. Der Antrag lautete: „Dem Innenminister Abg. Dr. *Flecken* wird das Vertrauen versagt."

[31] Landtagspräsident *Gockeln* (CDU), Landtag Nordrhein-Westfalen, 2. Wahlperiode, 10. Sitzung am 24. 11. 1950, S. 275.

[32] Abg. *Schabrod* (KPD), Landtag Nordrhein-Westfalen, 2. Wahlperiode, 10. Sitzung am 24. 11. 1950, S. 276.

[33] *Nawiasky / Leusser / Schweiger / Zacher*, III, S. 18.

[34] *Steiger* S. 277, der im Widerspruch zu seiner allgemeinen These spezielle Mißtrauensbeschlüsse für zulässig hält.

[35] So *Münch* S. 187 für den Bereich des Bundes.

[36] So *Sellmann* S. 89 mit Fn. 47 für Bayern.

des Mißtrauensvotums gegen einzelne Minister angesehen werden. Dies gilt auch für Mißbilligungsbeschlüsse[37].

Zu diesen bereits erörterten Erwägungen kommt als weiterer Gesichtspunkt für den Bereich von Mißbilligungsvoten gegenüber ernannten Regierungsmitgliedern die Frage nach ihrer parlamentarischen Verantwortlichkeit hinzu. Wären Minister und ihre Tätigkeit dem Einfluß und dem Urteil der Landtage entzogen, könnten sie nicht zum Objekt parlamentarischer Mißbilligungsbeschlüsse gemacht werden; die Parlamente wären insoweit kompetenzlos[38].

In den meisten Ländern ist die parlamentarische Abhängigkeit der Minister aber schon deshalb offensichtlich, weil der Regierungschef sie nur mit Zustimmung des Landtages ernennen kann[39]. Nur in Nordrhein-Westfalen und Schleswig-Holstein, wo der Ministerpräsident bei der Berufung der Mitglieder seines Kabinetts nicht an ein Votum des Landtages gebunden ist, bedarf die Frage der parlamentarischen Abhängigkeit der Minister bei der Ausübung ihrer Tätigkeit einer besonderen Erörterung. Für sie gilt zunächst, daß jeder Minister innerhalb der vom Regierungschef festgelegten Richtlinien der Politik seinen Geschäftsbereich selbständig und unter eigener Verantwortung leitet (Art. 55 II nwLV, Art. 24 II shLS). Diese Formulierung entspricht Art. 65 S. 2 GG. Auf sie ist für den Bereich des Bundes die These gestützt worden, die Minister seien nicht dem Bundestag, sondern nur dem Kanzler verantwortlich[40] und überhaupt dem parlamentarischen System ganz entzogen[41]. Die Konsequenz dieser Auffassung[42] lautet, daß gegen die Tätigkeit einzelner Minister gerichtete Parlamentsbeschlüsse in Form von Mißbilligungsvoten oder Aufforderungen an den Kanzler, dem Bundespräsidenten die Entlassung eines Ministers vorzuschlagen, als unzulässig anzusehen sind[43].

Zur Stützung einer entsprechenden Auslegung der Verfassungen von Nordrhein-Westfalen und Schleswig-Holstein könnte ein Umkehrschluß aus ähnlichen Bestimmungen anderer Landesverfassungen versucht werden. In den Ländern Bayern, Hessen und Rheinland-Pfalz gilt nämlich ebenfalls, daß die Minister innerhalb der vom Regierungschef fest-

[37] Zustimmend *Hoegner*, Lehrbuch, S. 72.

[38] Auf die Kompetenzfrage weist zutreffend *Steiger*, S. 281, hin.

[39] s. o. Kap. II 3 b).

[40] *Maunz / Dürig / Herzog / Scholz*, Art. 65 Rdn. 4; *Eschenburg*, DöV 1954, S. 193, 199; *Scheuner*, DöV 1957, S. 633, 634; *Meder*, BK Art. 64 Anm. II 2, Art. 65 II 6; *Schambeck* S. 34.

[41] *Münch* S. 150.

[42] Die von *Maunz / Dürig / Herzog / Scholz*, Art. 65 Rdn. 4 und *Schambeck* S. 34 jedoch ausdrücklich nicht gezogen wird.

[43] *Münch* S. 187.

gelegten Richtlinien der Politik ihren Geschäftsbereich selbständig und unter eigener Verantwortung führen; die Verfassungen präzisieren jedoch, daß diese Verantwortlichkeit „gegenüber dem Landtag" besteht (Art. 51 I bayLV, Art. 102 S. 2 hessLV, Art. 104 S. 2 rhpfLV). Gilt ohne diesen Zusatz, daß den Ministern eine Verantwortung nur gegenüber dem Regierungschef obliegt, der den Rahmen ihrer Politik festlegt? Ein solcher Umkehrschluß wird durch das Gegenbeispiel der baden-württembergischen Landesverfassung falsifiziert: Art. 49 I S. 4 bwLV ordnet ebenfalls an, innerhalb der Richtlinien der Politik leite jeder Minister seinen Geschäftsbereich selbständig unter eigener Verantwortung. Dennoch kann hier die parlamentarische Abhängigkeit der Minister keinem Zweifel unterliegen, da ihre Berufung der Zustimmung des Landtages bedarf und sie gem. Art. 56 bwLV sogar einem (qualifizierten) Mißtrauensvotum ausgesetzt sind.

Ist somit die Formulierung der Art. 55 II nwLV, 24 II shLS kein verläßliches Indiz für das Fehlen einer parlamentarischen Verantwortung der Minister, so scheitert ihr Nachweis auch nicht am fehlenden Mißtrauensvotum. Dieses ist eine, aber nicht die einzige Grundlage parlamentarischer Ministerverantwortlichkeit[44]. Diese Verantwortung kann auch in anderen Bestimmungen zum Ausdruck kommen, die gleichzeitig eine gegenüber dem Mißtrauensvotum abgeschwächte Form der Geltendmachung vorsehen[45]. Zu ihnen gehört das Zitierrecht, das dem Landtag und seinen Ausschüssen in Nordrhein-Westfalen die Möglichkeit gibt, die Anwesenheit jedes Mitgliedes der Landesregierung zu verlangen (Art. 45 II nwLV); in Schleswig-Holstein können Landtagsausschüsse nur die Anwesenheit von Ministern fordern (Art. 16 I shLS). Die Kehrseite dieses Zitierrechts ist die Pflicht der Regierungsmitglieder, vor dem parlamentarischen Gremium Rede und Antwort zu stehen; sonst hätten die entsprechenden Verfassungsbestimmungen keinen Sinn[46]. Diese Pflicht unterstreicht ihre Verantwortlichkeit: ginge den Landtag die Tätigkeit der einzelnen Minister nichts oder nur insoweit an, als er für sie den Regierungschef selbst zur Verantwortung ziehen will, so hätte er den einzelnen Kabinettsmitgliedern keine Fragen zu stellen, sondern lediglich dem Ministerpräsidenten, der sich möglicherweise durch einen Minister vertreten lassen könnte.

Als weitere Beispiele parlamentarischer Ministerverantwortlichkeit werden das Recht des Landtages zur Einrichtung von Untersuchungsausschüssen (Art. 41 nwLV, Art. 15 shLS), das Informationsrecht der

[44] *v. Wick*, DöV 1956, S. 113, 114; *M. Friedrich*, JöR n. F. 24 (1975), S. 61, 65; *Friesenhahn*, VVDStRL 16, S. 9, 58 mit Fn. 145, S. 150 (Disk.); *Böhmert*, VVDStRL 16, S. 142 (Disk.).

[45] Vgl. *Kölble*, DöV 1973, S. 1, 12; *Lutz* S. 46 f.

[46] *Geller / Kleinrahm*, Art. 51 Anm. 4 b; *Barschel / Gebel*, Art. 16 Anm. C I 1, 4 (S. 147 f.).

Petitionsausschüsse (Art. 41 a nwLV, Art. 15 a shLS), das Anklagerecht (Art. 63 nwLV) und — gegenüber dem Finanzminister — das Recht auf Rechnungskontrolle (Art. 86 nwLV, Art. 48 shLS) genannt[47]. Ob diese Argumente eine gleichwertige Rolle spielen, kann dahingestellt bleiben.

Zu beachten ist schließlich, daß bei einer Ablehnung parlamentarischer Ministerverantwortlichkeit ein weiter Bereich der Regierungstätigkeit überhaupt unverantwortet bliebe, da der Ministerpräsident nicht für jede einzelne Maßnahme selbst einstehen kann, wenn die Verfassung ausdrücklich vorschreibt, innerhalb seiner Richtlinien solle jeder Minister seinen Geschäftsbereich selbständig und unter eigener Verantwortung leiten[48].

Minister sind also auch in Nordrhein-Westfalen und Schleswig-Holstein dem Landtag für ihre Tätigkeit verantwortlich[49]. Damit kann der Landtag sich auch in diesen Ländern über ihr Verhalten zustimmend oder ablehnend äußern. Mißbilligungsbeschlüsse gegenüber einzelnen Ministern sind auch in Nordrhein-Westfalen und Schleswig-Holstein zulässig[50].

c) Mißbilligung und Mißtrauen

Abschließend ist noch der Frage nachzugehen, ob entsprechend einer 1947 im Bayerischen Landtag[51] und auch jüngst wieder vertretenen Meinung[52] gegen Minister gerichtete Mißbilligungsanträge — etwa, um ihre Eindringlichkeit zu unterstreichen — als Mißtrauensanträge bezeichnet werden dürfen, wenn der Antragsteller selbst zugesteht, daß sie keine rechtlichen Folgen haben und insbesondere keinen Sturz herbeiführen. Diese Frage ist zu verneinen. Der Begriff der Mißtrauenserklärung oder des Vertrauensentzuges wird in allen Landesverfassungen mit dem Rücktritt der Regierung verknüpft; durch diese Folge wird er geprägt. Sein Inhalt und seine Wirkung sind verfassungsrechtlich abschließend definiert. Es gibt kein Mißtrauensvotum ohne die Folgen eines Mißtrauensvotums. Anträge, deren Annahme keinen Regierungssturz herbeiführt, dürfen daher nicht als Mißtrauens-, sondern nur als Mißbilligungsanträge bezeichnet werden[53]. Dem steht die Zulässigkeit rechtlich folgenloser Mißtrauensanträge gegen geschäftsführende Lan-

---

[47] *Geller / Kleinrahm*, Art. 51 Anm. 4 b.

[48] So zutreffend *E. Klein*, JuS 1974, S. 362, 363.

[49] *Geller / Kleinrahm*, Art. 51 Anm. 4 b; *Barschel / Gebel*, Art. 24 Anm. C III 3 (S. 178).

[50] *Geller / Kleinrahm*, Art. 61 Anm. 3; *Barschel / Gebel*, Art. 24 Anm. C III 3 (S. 178).

[51] Abg. *Dehler* (FDP), Bayerischer Landtag, 1. Wahlperiode, 8. Sitzung am 20. 2. 1947, S. 188.

[52] *H. Meyer*, VVDStRL 33, S. 173 (Disk.).

[53] *Geller / Kleinrahm*, Art. 61 Anm. 3.

desregierungen[54] nicht entgegen: da derartige Regierungen ohnehin nicht mehr voll im Amt sind, kann nicht der Eindruck entstehen, die Annahme eines förmlichen Mißtrauensvotums hinterlasse eine „normale", in ihrer staatsrechtlichen Stellung nicht erschütterte Regierung.

---

[54] s. o. Kap. VIII 1.

XI. Rücktritt der Regierung

Will ein Mitglied einer Landesregierung sein Amt aufgeben, so steht ihm der Rücktritt offen. Rücktrittserklärungen werden typischerweise von voll im Amt befindlichen Regierungsmitgliedern abgegeben; ihre Erörterung steht somit im Zusammenhang der Bestimmungen über „normale“ Landesregierungen. Aber auch, wer nur geschäftsführend tätig ist, kann die Aufgabe dieser Tätigkeit und das völlige Ausscheiden wünschen. Ob und unter welchen Bedingungen ein Rücktritt aus einer nur geschäftsführenden Regierung in Betracht kommt, hängt von der Pflicht zur Geschäftsführung ab[1]; diese Frage ist im Zusammenhang mit den für geschäftsführende Landesregierungen geltenden Regelungen zu behandeln[2].

1. Gewählte Regierungsmitglieder und gesamte Landesregierung

Das Recht der gewählten Regierungsmitglieder, von ihrem Amt zurückzutreten, ist mit Ausnahme von Rheinland-Pfalz in den Verfassungen aller Länder verankert (Art. 55 I bwLV, Art. 44 III S. 1 bayLV, Art. 41 IV berlLV, Art. 107 VI bremLV, Art. 35 I S. 1 hambLV, Art. 113 I S. 1 hessLV, Art. 24 I ndsLV, Art. 62 I nwLV, Art. 87 II saarLV. Art. 21 III S. 1 shLS). In Rheinland-Pfalz ist eine entsprechende Regelung in § 4 I rhpfMinG enthalten. Diese Bestimmung sieht ebenso wie Art. 55 I bwLV, 35 I S. 1 hambLV vor, daß auch die Landesregierung als Ganzes ihren Rücktritt erklären kann. Das ist überflüssig, da in den genannten drei Ländern — wie in den meisten anderen auch (s. u.) — jedem einzelnen Regierungsmitglied der Rücktritt ausdrücklich freigestellt ist.

Die in Art. 114 IV bremLV getroffene Regelung, daß derjenige, der das Art des Präsidenten des Bremischen Senats oder des Bürgermeisters niederlegen will, hierzu der Zustimmung des Senats bedarf, hat Anlaß zu der Vermutung gegeben, dem Inhaber dieser Ämter sei ein jederzeitiger Rücktritt verwehrt[3]. Eine derartige Auslegung, die auf eine Einschränkung des Art. 107 VI bremLV, nach dem jedem Senator der Austritt aus dem Senat jederzeit freisteht, hinausläuft, trifft nur teilweise zu. Art. 114 IV bremLV betrifft nur die Ämterverteilung eines in seinem

[1] Vgl. *Bertram*, AöR n. F. 23 (1933), S. 129, 158.

[2] s. Kap. XIII.

[3] *Geller / Kleinrahm*, Art. 62 Anm. 3 a.

Bestand unveränderten Senats, sagt aber nichts über die Möglichkeiten aus, in die Landesregierung einzutreten oder aus ihr auszuscheiden. Die Bestimmung sieht vor, daß jeder Senator grundsätzlich verpflichtet ist, das Amt des Bürgermeisters oder Senatspräsidenten zu übernehmen; daher bedarf derjenige, der eine hierauf gerichtete Wahl ablehnen will, der Zustimmung des Senats. Das Zustimmungserfordernis zum Rücktritt von einem der beiden Ämter ist nur die Kehrseite dieser Verpflichtung. Art. 114 IV bremLV betrifft daher nur den Fall, daß ein Senator das Amt des Präsidenten des Senats oder des Bürgermeisters niederlegen, jedoch weiter der Regierung angehören will; hierzu bedarf er der Zustimmung des Senats. Will ein Mitglied der bremischen Landesregierung jedoch ganz aus dem Senat ausscheiden, ist ihm dies gem. Art. 107 VI bremLV einschränkungslos gestattet. Dies gilt um so mehr, als — in allen Ländern — das Recht zum Rücktritt als Kehrseite der Freiwilligkeit der Übernahme von Regierungsämtern unbestritten ist; es gibt keinen Amtszwang[4].

2. Ernannte Regierungsmitglieder

Ebenso wie den Ministerpräsidenten und den Senatoren steht auch den ernannten Regierungsmitgliedern das Recht zum Rücktritt zu. In den meisten Ländern ist es in der Verfassung (Art. 55 I bwLV, Art. 113 I S. 1 hessLV, Art. 24 I ndsLV, Art. 62 I nwLV, Art. 87 II saarLV, Art. 21 III S. 1 shLS), in Bayern und in Rheinland-Pfalz im Ministergesetz niedergelegt (Art. 9 I Nr. 4, V StRegG; § 4 I rhpfMinG).

In den Ländern Baden-Württemberg, Niedersachsen, Nordrhein-Westfalen, Saarland und Schleswig-Holstein ist die Ausstellung einer Entlassungsurkunde für ausscheidende Minister durch den Ministerpräsidenten vorgesehen[5]. Aus diesen Bestimmungen ist der Schluß gezogen worden, der Ministerpräsident könne durch ein Hinauszögern der Ausstellung der Entlassungsurkunde die Wirksamkeit des Rücktritts eines Ministers in Frage stellen oder beliebig verzögern[6]. Dem kann nicht zugestimmt werden. Ist ein Minister zum Rücktritt berechtigt, so wird ihm dieses Recht nicht dadurch genommen, daß er über seine Entlassung eine Urkunde erhält. Dies gilt um so mehr, wenn der Rücktritt in der Verfassung, das Entlassungsverfahren jedoch nur in einem einfachen Ge-

[4] Vgl. *Süsterhenn / Schäfer*, Art. 98 Anm. 4; *Geller / Kleinrahm*, Art. 62 Anm. 3 a; *Lutz* S. 23; *T. Müller* S. 103; ebenso während der Verfassungsberatungen bereits *Nawiasky* (als Sachverständiger), Verfassungs-Ausschuß der Bayerischen Verfassunggebenden Landesversammlung, 24. Sitzung am 28. 8. 1946, S. 515.

[5] § 8 II bwMinG, § 3 S. 2 ndsMinG, §§ 6, 2 I nwMinG, § 2 V saarMinG, § 6 II shMinG.

[6] *T. Müller* S. 57 für Hessen und Rheinland-Pfalz.

setz geregelt ist. Ein Minister, der zurücktritt, hat Anspruch auf Entlassung und die damit verbundene Urkunde[7]. Dies schließt allerdings eine vorübergehende Verpflichtung zur Weiterführung der Geschäfte nicht aus.

[7] *Geller / Kleinrahm*, Art. 62 Anm. 3 a; *Süsterhenn / Schäfer*, Art. 98 Anm. 4;

XII. Ausscheiden des Regierungschefs und Einheit der Regierung

1. Vorbemerkung

Rücktritt, Sturz, Tod und Amtsenthebung[1] führen das Ausscheiden des Regierungschefs aus seinem Amt herbei. Mit diesem Ausscheiden verknüpfen die Verfassungen der Länder Baden-Württemberg, Hessen, Niedersachsen, Nordrhein-Westfalen und Saarland ausdrücklich den Rücktritt der gesamten Landesregierung oder der Erledigung der Regierungsämter (Art. 55 II bwLV, Art. 113 I S. 2 hessLV, Art. 24 III nds-LV, Art. 62 II nwLV, Art. 87 III saarLV). In Schleswig-Holstein, das keine Amtsenthebung, und in Bayern, das außerdem auch keinen förmlichen Sturz des Regierungschefs kennt[2], gilt eine entsprechende Regelung nur für den Rücktritt des Ministerpräsidenten (Art. 21 III S. 2 shLS, Art. 44 III S. 3 bayLV); sie fehlt für seinen Tod. In Berlin und Rheinland-Pfalz ist für keinen der genannten vier Fälle eine Regelung getroffen. Die sich hieraus ergebenden Fragen nach der Abhängigkeit der Regierung vom Regierungschef haben bisher für die Praxis im Bereich des Rücktritts eine wichtige Rolle gespielt.

2. Verfassungspraxis

Im Saarland, wo die ausdrückliche Regelung des Art. 87 III erst durch die Verfassungsreform von 1979 geschaffen wurde, kam es im Jahre 1954 zu einer heftigen Kontroverse über die Auswirkungen des Rücktritts des Ministerpräsidenten auf die übrigen Minister. Ministerpräsident *Hoffmann* (CVP), der zunächst eine von CVP und SPS gebildete Regierung geleitet hatte, war zurückgetreten und wollte nach seiner Wiederwahl eine Regierung nur aus Mitgliedern der CVP bilden. Als er seine neue Regierung dem Landtag zur Bestätigung vorstellte, erklärte der Justizminister der vorangegangenen Regierung *Braun* (SPS), trotz des Rücktritts des Ministerpräsidenten sei er als Minister weiter voll im Amt, da seine Entlassung — mit Zustimmung des Landtages — bisher nicht erfolgt sei. Bestätige der Landtag die Regierung entsprechend dem Vorschlag des Ministerpräsidenten, werde es zwei Justizminister geben[3].

[1] Vgl. dazu Kap. XIV 1.

[2] s. o. Kap. VII 2.

[3] Landtag des Saarlandes, 2. Wahlperiode, 28. Sitzung am 17. 7. 1954, S. 417 ff.

Der These, der Rücktritt des Ministerpräsidenten bedeute nicht automatisch den Rücktritt des gesamten Kabinetts, wurde vor allem mit dem Argument widersprochen, der Nachfolger des zurückgetretenen Regierungschefs müsse bei der Zusammenstellung seiner Regierung freie Hand haben und dürfe nicht durch das Fortdauern des Amtes der früheren Minister gebunden sein[4]. Diese Auffassung wurde auch von Ministerpräsident *Hoffmann* selbst geteilt. Zu einer parlamentarischen Entscheidung der Streitfrage kam es jedoch nicht, da der Ministerpräsident — ohne Anerkennung einer rechtlichen Verpflichtung — den Antrag auf Zustimmung zur Entlassung der beiden der SPS angehörenden Minister stellte, dem der Landtag stattgab[5].

3. Abhängigkeit der Regierung vom Regierungschef

a) Rücktritt

Die Auffassung der saarländischen Regierung des Jahres 1954, der Rücktritt des Ministerpräsidenten ziehe den Rücktritt des gesamten Kabinetts nach sich, verdient Zustimmung. Diese — im Saarland inzwischen kodifizierte — Konsequenz für die Minister ist notwendig, um dem nach einem Rücktritt neu zu wählenden Regierungschef die für ihn von der Verfassung vorgesehene Position zu sichern. Gem. Art. 87 I S. 2 saarLV ernennt der Ministerpräsident — mit Zustimmung des Landtages — die Minister. Diese Bestimmung könnte nicht angewandt werden, wenn der Nachfolger eines zurückgetretenen Ministerpräsidenten dessen Kabinett zu übernehmen hätte. Als Regierungschef ohne Teilhabe am materiellen Kabinettsbildungsrecht[6] wäre er ein Ministerpräsident minderer Kompetenz und müßte möglicherweise für längere Zeit mit aufgedrängten Ministern regieren, da er gem. Art. 87 I S. 2 saarLV kein Mitglied seines Kabinetts ohne Zustimmung des Landtages entlassen kann.

Diese Erwägungen gelten auch für die Frage, ob der Rücktritt des Regierenden Bürgermeisters von Berlin den Rücktritt des gesamten Senats nach sich zieht. Zwar werden die Senatoren nicht vom Regierenden Bürgermeister ernannt, sondern vom Abgeordnetenhaus gewählt. Entscheidend ist jedoch, daß diese Wahl gem. Art. 41 II berlLV nur auf Vorschlag des Regierenden Bürgermeisters erfolgen kann. Die Bestimmung soll sicherstellen, daß dem Regierenden Bürgermeister vom zur Wahl berufenen Abgeordnetenhaus nicht Senatoren aufgedrängt werden, mit denen er nicht zusammenarbeiten will; deshalb weist sie ihm einen Teil

---

[4] Innenminister *Hector* (CVP), Landtag des Saarlandes, 2. Wahlperiode, 28. Sitzung am 17. 7. 1954, S. 420.

[5] Landtag des Saarlandes, 2. Wahlperiode, 28. Sitzung am 17. 7. 1954, S. 420, 427.

[6] s. o. S. 40.

des materiellen Kabinettsbildungsrechts zu[7]. Dieser Zweck kann nur erreicht werden, wenn auch der Nachfolger eines zurückgetretenen Regierungschefs entscheidend Einfluß auf die Zusammensetzung des Senats nehmen kann und nicht die Landesregierung seines Vorgängers übernehmen muß[8].

Nichts anderes gilt für Rheinland-Pfalz, wo der Ministerpräsident gem. Art. 98 II S. 2 rhpfLV die Minister ernennt[9]. Dieses Recht darf nicht dadurch entzogen werden, daß der Nachfolger eines zurückgetretenen Regierungschefs an die Zusammensetzung des Kabinetts seines Vorgängers gebunden bleibt, indem er die früheren Minister übernehmen muß und auch nicht ohne Zustimmung des Landtages entlassen kann.

Diese Feststellung wird für Rheinland-Pfalz durch eine weitere Überlegung erhärtet. Art. 99 IV rhpfLV, der den Rücktritt im Anschluß an das (einfache) Mißtrauensvotum regelt, läßt erkennen, daß die Verfassung von einer Verknüpfung des politischen Schicksals der Landesregierung mit dem des Ministerpräsidenten ausgeht. Die Bestimmung sieht vor, daß nach einem Mißtrauensvotum gegenüber „dem Ministerpräsidenten, der Landesregierung oder einem Minister“ die Geschäfte solange weiterzuführen sind, „bis eine neue Regierung gebildet oder ein neuer Minister ernannt ist“. Eine zusätzliche Möglichkeit „oder ein neuer Ministerpräsident gewählt ist“ besteht nicht. Folge auch des nur gegen den Ministerpräsidenten gerichteten Mißtrauensvotums kann daher nur sein, daß eine neue Regierung gebildet wird. Die Neubildung einer Regierung ist mehr als nur die Neuwahl des Regierungschefs; sie umfaßt auch die Auswahl der übrigen Regierungsmitglieder. Zu einer Neuberufung von Ministern kann es aber nur kommen, wenn die bisherigen Amtsinhaber ihr Amt niedergelegt haben. Dies unterstellt Art. 99 IV rhpfLV auch dann, wenn nur der Ministerpräsident zum Rücktritt gezwungen worden ist.

Somit ist in allen Ländern außer Hamburg und Bremen, die keinen Regierungschef im eigentlichen Sinne kennen, der Rücktritt der gesamten Landesregierung an den Rücktritt ihres Leiters geknüpft.

---

[7] s. o. S. 46.

[8] Diese Abhängigkeit bestätigte zuletzt der Rücktritt des Regierenden Bürgermeisters *Schütz* (SPD) im Jahre 1977, der den Rücktritt des gesamten Senats auslöste. Die Rücktrittserklärung lautete: „Gemäß Artikel 41 Abs. 4 der Verfassung von Berlin erkläre ich hiermit meinen Rücktritt. Gleichzeitig stellen damit die übrigen Mitglieder des Senats ihre Ämter zur Verfügung.“ (Abgeordnetenhaus von Berlin, 7. Wahlperiode, 56. Sitzung am 2. 5. 1977, S. 2384); ebenso der Rücktritt des Regierenden Bürgermeisters *Albertz* (SPD) mit seinem gesamten Senat am 26. 9. 1967 (Abgeordnetenhaus von Berlin, 5. Wahlperiode, 13. Sitzung am 12. 10. 1967, S. 374).

[9] Und mit seiner gesamten Regierung zur Übernahme der Geschäfte der ausdrücklichen Bestätigung des Landtages bedarf (Art. 98 III S. 3 rhpfLV).

b) Sturz, Tod und Amtsenthebung

Ebenso wie für Rheinland-Pfalz haben die vorstehenden Überlegungen für die Verknüpfung des Schicksals der Regierung mit dem Sturz ihres Chefs auch in Schleswig-Holstein und Berlin Gültigkeit; dies ergibt sich für Berlin bereits daraus, daß der Sturz des Regierenden Bürgermeisters in der Form eines erzwungenen Rücktritts erfolgt (Art. 42 III S. 3 berlLV). Im übrigen ist hier ebenso wie in Schleswig-Holstein die verfassungsrechtliche, durch das Recht zur Auswahl der Regierungsmannschaft geprägte Stellung des Regierungschefs zu Beginn seiner Amtszeit sicherzustellen. Diese Notwendigkeit bedingt auch das Ende der Amtszeit der gesamten Regierung beim Tod[10] oder der Amtsenthebung des Regierungschefs, soweit sie im Wege der Ministeranklage vorgesehen ist.

Nach alledem bezeichnet das Ausscheiden des Regierungschefs zugleich das Ende der Amtszeit der gesamten Landesregierung. Diese Verknüpfung wird gelegentlich für „selbstverständlich" gehalten[11] und kann als Ausdruck der Einheit und Geschlossenheit des Kabinetts angesehen werden[12], ist aber in erster Linie Zeichen der Abhängigkeit der Minister vom Regierungschef[13]. Insoweit paßt sie vor allem in den Zusammenhang der Landesverfassungen von Baden Württemberg, Nordrhein-Westfalen und Schleswig-Holstein, wo der Ministerpräsident die Minister ohne Zustimmung des Landtages entlassen kann[14].

---

[10] Zustimmend *Nawiasky / Leusser / Schweiger / Zacher,* Art. 43 Rdn. 7; Art. 44 Rdn. 6; ähnl. *Pfennig / Neumann,* Art. 41 Rdn. 13, der eine Pflicht zum Rücktritt annimmt.

[11] *Nawiasky / Leusser / Schweiger / Zacher,* Art. 44 Rdn. 6.

[12] *Bertram,* AöR n. F. 23 (1933), S. 129, 133; *Lutz* S. 27.

[13] Vgl. *v. Mangoldt / Klein,* Art. 69 Anm. IV 2 c (S. 1320); ebenso bei den Verfassungsberatungen bereits Abg. *Katz* (Schleswig-Holstein/SPD), Parlamentarischer Rat, Hauptausschuß, 34. Sitzung am 11. 1. 1949, S. 425.

[14] s. o. Kap. IV 2 c) aa).

XIII. Geschäftsführende Landesregierungen

Geschäftsführende Landesregierungen sind nicht illegitim; ihnen fehlt jedoch die parlamentarische Legitimation[1]. Dieses Defizit folgt aus dem Erlöschen des durch das Parlament erteilten Regierungsauftrages, der durch Zeitablauf entfallen, der Regierung durch ein Mißtrauensvotum entzogen oder von ihr durch einen freiwilligen Rücktritt an den Landtag zurückgegeben werden kann.

1. Grundlagen der Geschäftsführungspflicht

a) Gewählte Regierungsmitglieder

aa) Ablauf der Amtszeit

Eine Verpflichtung zur Weiterführung der Geschäfte nach Ablauf der Amtszeit kann nur für die Ministerpräsidenten und Senatoren der Länder Baden-Württemberg, Bayern, Bremen, Hessen, Niedersachsen, Nordrhein-Westfalen und Saarland in Betracht kommen, deren Verfassungen eine Befristung der Amtsperiode der Regierung enthalten[2]. Mit Ausnahme Bayerns ist in diesen Ländern die Verpflichtung zur Weiterführung der Geschäfte verfassungsmäßig festgelegt (Art. 55 III bwLV, Art. 107 III bremLV, Art. 113 II, III hessLV, Art. 24 II, IV ndsLV, Art. 62 III nwLV, Art. 87 V saarLV).

In Bayern enthält jedoch auch das Ministergesetz keine Regelung für den Fall, daß die gem. Art. 44 I bayLV auf vier Jahre begrenzte Amtszeit des Ministerpräsidenten abläuft, bevor ein Nachfolger das Amt übernimmt[3]. Dennoch ist auch der bayerische Regierungschef nicht berechtigt, nach Ablauf von vier Jahren quasi alles stehen und liegen zu lassen. Die Pflicht zur Weiterführung der Geschäfte bis zur ordnungsgemäßen Übergabe an einen Nachfolger entspricht einem allgemeinen Grundsatz, der auch ohne ausdrückliche Anordnung gilt[4]. Sie ist notwendig im Interesse der Kontinuität der Staatsleitung, ohne die die Funktionsfähigkeit des Staates aufs Spiel gesetzt würde[5]. Sie entspricht auch einem Ge-

---

[1] *Spreng / Birn / Feuchte,* Art. 47 Anm. 1; *Geller / Kleinrahm,* Art. 62 Anm. 5; *Nawiasky,* BayVBl. 1932, S. 33.

[2] Vgl. Kap. VI 1.

[3] Vgl. Kap. VI 1 a).

[4] *Münch* S. 189.

[5] *Bertram,* AöR n. F. 23 (1933), S. 129, 151; *Lutz* S. 35.

bot der Demokratie: soll alle Staatsgewalt vom Volke ausgehen[6], so bilden zumindest die gewählten Regierungsmitglieder das unentbehrliche Bindeglied in der Legitimationskette, durch die die von den Organen der Exekutive ausgeübte Staatsgewalt auf das Volk zurückgeführt werden kann[7]. Dies gilt auch für bloß geschäftsführende Regierungen, denen zwar die parlamentarische Legitimation fehlt, die aber gleichwohl der Volksvertretung voll verantwortlich sind[8]. Der Verpflichtung, diesen Erfordernissen zu entsprechen, kann sich kein Regierungsmitglied entziehen, da es sein Amt freiwillig übernommen hat und die Notwendigkeit der ordnungsgemäßen Übergabe an einen Nachfolger ein schon beim Amtsantritt feststehender Teil der Pflicht zur Amtsführung ist[9].

bb) *Mißtrauensvotum*

Eine Weiterführung der Geschäfte nach Annahme eines Mißtrauensvotums kann nur in den Ländern Bayern, Berlin, Hessen, Rheinland-Pfalz und Saarland in Betracht kommen, wo der Sturz der Regierung nicht entsprechend den Regeln des konstruktiven Mißtrauensvotums mit der Wahl eines neuen Regierungschefs verknüpft ist[10]. Nicht denkbar ist eine derartige Geschäftsführung auch in Bremen, dessen Verfassung zwar kein konstruktives Mißtrauensvotum kennt, ihm durch die Bindung der Wirksamkeit des Mißtrauensvotums an die Wahl eines neuen Senators aber formal nahekommt[11].

Die Pflicht zur Weiterführung der Geschäfte nach Annahme eines Mißtrauensvotums ist in den meisten Ländern in der Verfassung (Art. 42 III S. 3 berlLV, Art. 113 III hessLV, Art. 99 IV rhpfLV, Art. 87 V saarLV), in Bayern, dessen Verfassung kein Mißtrauensvotum, sondern gem. Art. 44 III S. 2 bayLV nur eine Rücktrittspflicht des Ministerpräsidenten bei Unmöglichkeit vertrauensvoller Zusammenarbeit zwischen ihm und dem Landtag kennt, in Art. 8 III StRegG niedergelegt. Diese Bestimmung erlaubt dem bayerischen Ministerpräsidenten jedoch auch, die Weiterführung der Geschäfte ausdrücklich abzulehnen. Für diesen Fall wird in Art. 8 IV StRegG sein Stellvertreter zur Geschäftsführung verpflichtet.

Art. 42 III S. 3 berlLV sieht vor, daß jedes Mitglied des Senats nur „auf Verlangen" verpflichtet ist, die Geschäfte bis zum Amtsantritt eines

---

[6] Art. 20 II S. 1 GG, der von *Kriele*, VVDStRL 29, S. 46, zu Recht als Ausgangspunkt jeder Demokratiediskussion bezeichnet wird.

[7] Vgl. auch *Geller / Kleinrahm*, Art. 62 Anm. 5.

[8] *Klemm*, S. 6; *Geller / Kleinrahm*, Art. 62 Anm. 5; *Oldiges*, DVBl. 1975, S. 79, 81.

[9] Vgl. *Lutz* S. 36; *Hedergott* S. 10.

[10] Soweit in den übrigen Ländern ein kurzes Interregnum entstehen kann, wird die Frage der Geschäftsführungspflicht im Zusammenhang mit dem konstruktiven Mißtrauensvotum behandelt; s. o. Kap. VIII 7 a).

[11] s. o. S. 133.

Nachfolgers weiterzuführen. Der Wortlaut der Verfassung läßt offen, von wem dieses Verlangen ausgehen kann. Der Regierende Bürgermeister selbst kann nicht gemeint sein, da die Bestimmung auch auf ihn als Mitglied des Senats anwendbar ist, er aber schwerlich an sich selbst eine Aufforderung richten kann. Mit Blick auf Art. 37 II hambLV, der eine Entscheidung des gesamten Senates vorsieht, ob ein einzelner Senator nach seinem Rücktritt die Geschäfte weiterzuführen hat, ist zu fragen, ob das Verlangen gem. Art. 42 III S. 3 berlLV vom Berliner Senat ausgesprochen werden kann. Ein derartiges Recht wäre jedoch ein Fremdkörper in der Berliner Landesverfassung, da der Senat als Ganzes keinerlei Einfluß auf die Bildung der Landesregierung hat; sie ist in die Hände von Regierendem Bürgermeister und Abgeordnetenhaus gelegt[12]. Auch der Sturz einzelner Senatoren ist allein Sache des Landesparlaments. Diese Machtverteilung läßt erkennen, daß ein Verlangen zur Weiterführung der Geschäfte nur vom Abgeordnetenhaus ausgehen kann: wer über die Ablösung einzelner Senatoren entscheidet, kann auch festlegen, ob und wie lange ein Regierungsmitglied seine Geschäfte fortzuführen hat[13].

Die Regelung des Art. 42 III S. 3 berlLV wirft jedoch erhebliche Probleme auf, falls sie dazu führen kann, daß nach dem durch Mißtrauensvotum erzwungenen Rücktritt eines nicht um die Weiterführung der Geschäfte ersuchten Senators innerhalb der Staatsverwaltung ein Bereich entsteht, der nicht von einer parlamentarisch verantwortlichen Spitze geleitet wird. Diese Gefahr scheint zwar dadurch gebannt, daß die Geschäftsordnung des Berliner Senats — ebenso wie die Geschäftsordnungen anderer Landesregierungen — Regelungen über die gegenseitige Stellvertretung der einzelnen Senatoren enthält. Nach einer für das Bundesverfassungsrecht entwickelten Meinung soll aber kein Fall der Stellvertretung vorliegen, wenn der zu Vertretende bereits völlig aus dem Amt ausgeschieden ist; mit seiner Person entfalle eine wesentliche allgemeine Voraussetzung für die Stellvertretung, und die charakteristische Sonderbeziehung zwischen ihm und seinem Stellvertreter könne nicht mehr entstehen[14].

---

[12] s. o. Kap. IV 2 b).

[13] Vgl. *Pfennig / Neumann*, Art. 42 Rdn. 10. Zu einer Anwendung des Art. 42 III S. 3 berlLV kam es bisher nicht. Beim Rücktritt des Regierenden Bürgermeisters *Albertz* (SPD) und seines Senats bat allerdings der Präsident des Abgeordnetenhauses *Sickert* (SPD) in einem Schreiben „in analoger Anwendung" der genannten Bestimmung alle Mitglieder des Senats um die Weiterführung ihrer Geschäfte bis zum Amtsantritt der Nachfolger (Abgeordnetenhaus von Berlin, 5. Wahlperiode, 13. Sitzung am 12. 10. 1967, S. 374). Für eine derartige eigene Kompetenz des Parlamentspräsidenten, der zwar gem. Art. 37 berlLV das Abgeordnetenhaus vertritt, aber dennoch dessen verfassungsmäßige Zuständigkeiten nicht vertretungsweise an sich ziehen kann, bestehen keine Anhaltspunkte.

[14] *Wahl* S. 76; *Beckmann* S. 126.

Dieser begrifflichen Deduktion ist zwar zuzugeben, daß ein ausgeschiedener Amtsinhaber weniger eines Stellvertreters als vielmehr eines Nachfolgers bedarf. Sie wird jedoch den Anforderungen des Berliner Verfassungsrechts nicht gerecht. Könnte der Stellvertreter eines gestürzten Senators dessen Amtsgeschäfte nicht vorübergehend weiterführen, so entstände innerhalb der Staatsverwaltung ein Bereich, der sich dem Einfluß der parlamentarisch verantwortlichen Landesregierung und damit auch dem Einfluß des Parlaments selbst entzöge, das auf sie als Angelpunkt seiner Einwirkungsmöglichkeiten angewiesen ist; ein zugleich ministerial- und parlamentsfreier Raum[15]. Denn da dem Regierenden Bürgermeister das Recht zur Ressortverteilung nur gemeinsam mit dem Abgeordnetenhaus zusteht[16], hat er nicht die Macht, den verwaisten Geschäftsbereich vorübergehend selbst zu übernehmen oder einen der verbliebenen Senatoren mit der Verwaltung zu beauftragen. Erst recht ist der Senat nicht berechtigt, nach einem Sturz des Regierenden Bürgermeisters dessen Funktionen vorübergehend an sich als Gremium zu ziehen oder einem einzelnen Senator anders als im Rahmen der Stellvertretung zuzuweisen. Dem Entstehen eines parlamentsfreien Raumes und den damit verbundenen Gefahren für das durch die Rückführbarkeit aller Staatsgewalt auf das Volk und sein Repräsentationsorgan charakterisierte Demokratieprinzip[17] könnte zwar dadurch begegnet werden, daß ein nach einem Mißtrauensvotum zurückgetretener Senator auch ohne das in Art. 42 III S. 3 berlLV erwähnte Verlangen als zur Weiterführung der Geschäfte verpflichtet angesehen wird. Damit würde jedoch entgegen dem ausdrücklichen Willen der Verfassung dem Abgeordnetenhaus die Möglichkeit genommen, die sofortige Entfernung eines Senators von jeglicher Regierungstätigkeit herbeizuführen. Rein begriffliche, hauptsächlich an typischen Fallgestaltungen orientierte Bedenken über die Zulässigkeit der Stellvertretung haben demgegenüber zurückzutreten. Das Ressort eines durch Mißtrauensvotum zum Rücktritt gezwungenen Senators wird also nicht jeder parlamentarisch verantwortlichen Leitung beraubt, wenn das Abgeordnetenhaus kein Verlangen gem. Art. 42 III S. 3 berlLV ausspricht, sondern ist von dem nach dem Geschäftsverteilungsplan mit der Vertretung beauftragten Senatsmitglied weiterzuführen.

cc) Rücktritt

In der überwiegenden Zahl der Länder sind die gewählten Regierungsmitglieder durch Bestimmungen der Verfassung oder eines Ministergesetzes zur Weiterführung der Geschäfte nach einem freiwilligen Rück-

---

15 Vgl. *Fichtmüller*, AöR 91 (1966), S. 297, 327 f.; *Böckenförde*, Organisationsgewalt, S. 145 f.

16 s. o. S. 52 f.

17 Vgl. *E. Klein*, S. 162 ff.; BVerfGE 9, S. 267, 282; 22, S. 106, 113.

tritt verpflichtet (Art. 55 III bwLV, Art. 8 III StRegG, Art. 113 III hess. LV, Art. 24 IV ndsLV, Art. 62 III nwLV, Art. 87 V saarLV, § 4 I rhpf-MinG, Art. 21 IV shLS). In Hamburg besteht diese Pflicht nur, wenn die gesamte Landesregierung zurückgetreten ist; will nur ein einzelner Senator ausscheiden, so bestimmt der Senat, ob er seine Geschäfte vorerst weiterzuführen hat (Art. 37 I, II hambLV). In Berlin und Bremen besteht keine entsprechende Regelung. Hier ist auf den allgemeinen Grundsatz zurückzugreifen[18], daß jedes Regierungsmitglied seine Geschäfte bis zur ordnungsgemäßen Übergabe an einen Nachfolger weiterzuführen hat. Ob dieser Grundsatz in Berlin gem. Art .42 III S. 3 berlLV dahingehend eingeschränkt ist, daß die Geschäftsführungspflicht nur „auf Verlangen" des Abgeordnetenhauses entsteht, bleibt nach dem Wortlaut der Verfassung offen.

Beim Rücktritt des Regierenden Bürgermeisters *Albertz* (SPD) und der übrigen Mitglieder des Senats am 26. 9. 1967, deren Nachfolger erst am 19. 10. 1967 gewählt wurden, bat der Präsident des Abgeordnetenhauses *Sickert* (SPD) in einem Schreiben „in analoger Anwendung" des Art. 42 III S. 3 berlLV um eine Weiterführung der Geschäfte bis zum Amtsantritt der Nachfolger[19]. Gegen ein derartiges Ersuchen bestehen schon deshalb Bedenken, weil der Parlamentspräsident allein dafür keinesfalls kompetent sein kann[20]. Im übrigen erscheint es überflüssig. Art. 42 III S. 3 berlLV steht im Zusammenhang mit den Regeln über das Mißtrauensvotum und kann daher nicht ohne weiteres auf den in Art. 41 IV berlLV vorgesehenen freiwilligen Rücktritt bezogen werden. Art. 42 III S. 3 berlLV bedeutet eine Einschränkung der allgemeinen Geschäftsführungspflicht und hat im Rahmen des Mißtrauensvotums seinen besonderen Sinn, da er dem Abgeordnetenhaus die Möglichkeit gibt, durch den Verzicht auf ein entsprechendes Verlangen die sofortige Entfernung eines Senators von jeglicher Regierungstätigkeit zu bewirken. Ein derartiges Interesse des Abgeordnetenhauses besteht beim freiwilligen Rücktritt jedoch nicht. Die Systematik der Verfassung spricht somit gegen eine analoge Anwendung des Art. 42 III S. 3 berlLV auf den freiwilligen Rücktritt; auch Sinn und Zweck dieser Norm erfordern sie nicht. Ein Senator, der freiwillig zurücktritt, ist daher auch ohne entsprechendes Verlangen zur Weiterführung seiner Geschäfte bis zum Amtsantritt eines Nachfolgers verpflichtet[21].

---

[18] s. o. Kap. XIII 1 a) aa).

[19] Abgeordnetenhaus von Berlin, 5. Wahlperiode, 13. Sitzung am 12. 10. 1967, S. 374.

[20] s. o. Kap. XIII 1 a) bb) mit Fn. 13.

[21] So wohl auch *Landsberg / Goetz*, Art. 41 Anm. 4.

b) Ernannte Regierungsmitglieder

Die Regelungen über die Weiterführung der Geschäfte durch gewählte Regierungsmitglieder gelten im wesentlichen auch für Minister und andere Mitglieder der Landesregierungen. Daher sind auch sie verpflichtet, nach Ablauf der Amtszeit, einem etwaigen Mißtrauensvotum oder einem freiwilligen Rücktritt ihre Geschäfte bis zur Übergabe an einen Nachfolger weiterzuführen (Art. 55 III bwLV, Art. 113 III hessLV, Art. 24 IV ndsLV, Art. 62 III nwLV, Art. 99 IV rhpfLV — Mißtrauensvotum — und § 4 I rhpfMinG — freiwilliger Rücktritt —, Art. 87 V saarLV, Art. 21 IV shLS). In Bayern besteht eine entsprechende Verpflichtung nur, wenn das Ende des Amtsverhältnisses eines Ministers durch den Rücktritt des Ministerpräsidenten ausgelöst wurde oder wenn ein nach der Neuwahl des Landtages neugewählter Ministerpräsident ein Mitglied der Regierung bittet, die Geschäfte bis zur Ernennung eines Nachfolgers weiterzuführen (Art. 9 III, IV StRegG). Eine entsprechende Regelung fehlt für den Fall des Rücktritts, der in Art. 9 I Nr. 4 StRegG ausdrücklich als Grund für die Beendigung der Amtszeit genannt wird. Das partielle Schweigen des Gesetzes deutet darauf hin, daß in diesem Fall ein Minister zur Weiterführung der Geschäfte nicht verpflichtet ist und auch nicht verpflichtet werden kann; der Ministerpräsident muß sich um eine anderweitige Lösung bemühen, indem er das betroffene Ressort entweder vorübergehend selbst übernimmt oder ein anderes Kabinettsmitglied mit der Verwaltung beauftragt. Dagegen kann nicht eingewendet werden, ein Regierungschef sei aufgrund des ihm zustehenden materiellen Kabinettsbildungsrechts berechtigt, von ihm ernannte Regierungsmitglieder nach der Beendigung ihres Amtes um die Weiterführung ihrer Geschäfte zu ersuchen[22]. Denn da keine Pflicht zur Übernahme von Regierungsämtern besteht und das materielle Kabinettsbildungsrecht somit nicht gegen den Willen der Betroffenen ausgeübt werden kann, bildet es allein keine Grundlage, einen Minister mit der Geschäftsführung zu beauftragen.

2. Grenzen der Geschäftsführungspflicht

Muß ein Regierungsmitglied aufgrund geschriebenen oder ungeschriebenen Rechts nach der Beendigung seines Amtes seine Geschäfte zunächst weiterführen, so kann es sich dieser Pflicht grundsätzlich nicht entziehen. Insbesondere kommt ein Rücktritt aus einer geschäftsführenden Landesregierung mit dem Ziel, der Geschäftsführungspflicht zu entgehen, nicht in Betracht[23]. Dies schließt natürlich nicht aus, daß etwa ein Minister, dessen Amt sich nur infolge des Erlöschens des Regierungsauftrags des

[22] So aber *Lutz* S. 55; *Kölble*, DöV 1973, S. 1, 4 f.; ähnl. auch *T. Müller* S. 14.
[23] *Geller / Kleinrahm*, Art. 62 Anm. 5.

Ministerpräsidenten erledigt hat, auf seinen Wunsch hin aus einer geschäftsführenden Regierung ausscheidet[24]; er muß jedoch den Amtsantritt seines Nachfolgers abwarten.

Diese Ausgangslage schließt nicht aus, daß in Einzelfällen ein beachtliches Interesse an einem Ausscheiden aus dem Amt ohne Weiterführung der Geschäfte bestehen kann. Dem trägt seit der Verfassungsreform 1979 Art. 87 V S. 2 saarLV Rechnung, der vorsieht, daß der Präsident des Landtages den Ministerpräsidenten und dieser die Minister von der Geschäftsführungspflicht freistellen kann.

Eine Beschränkung der Pflicht zur Geschäftsführung kommt in Betracht, wenn sie für den bisherigen Amtsinhaber unzumutbar ist. Der Gedanke der Unzumutbarkeit ist freilich aus anderen Rechtsgebieten als dem Staatsrecht bekannt. Im Strafrecht ist die Zumutbarkeit nach verbreiteter Auffassung ein Tatbestandsmerkmal der Handlungspflicht, an die die Strafbarkeit wegen Unterlassens anknüpft[25]. Ebenso wird die Unzumutbarkeit im Zivilrecht zur Begrenzung vertraglicher oder gesetzlicher Leistungspflichten herangezogen und teils als Konkretisierung der Grundsätze von Treu und Glauben und vom Verbot des Rechtsmißbrauchs, teils als eigenständiges Prinzip verstanden[26]. Diese Grundsätze gelten auch im Verwaltungsrecht[27] und beherrschen die gesamte Rechtsordnung unter Einschluß des Staatsrechts[28]. Hier ist bei der Anwendung des Unzumutbarkeitsprinzips jedoch Vorsicht geboten, da es als Regulativ für Individualbeziehungen entwickelt worden und damit typischerweise personenbezogen ist, nicht jedoch den Rechtsverkehr zwischen Staatsorganen zum Gegenstand hat[29].

Diese Bedenken treffen den Fall der Geschäftsführungspflicht jedoch nicht. Ein Regierungsmitglied, das von seinem Amt zurückgetreten ist, wird eher als Individuum denn als Staatsorgan angesprochen, wenn ihm die vorübergehende Weiterführung seiner Geschäfte auferlegt wird. Daher kann es sich auch auf für den Individualverkehr entwickelte Rechtsgrundsätze berufen. Besteht somit bei Unzumutbarkeit keine Pflicht zur Geschäftsführung[30], so sind an den Nachweis dieser Voraussetzung strenge Maßstäbe anzulegen, da zwischen den berechtigten Interessen des Amtsinhabers und den Erfordernissen des Demokratieprinzips und der

---

[24] Vgl. dazu auch *Bertram*, AöR n. F. 23 (1933), S. 129, 158.

[25] Vgl. *Schönke / Schröder / Stree*, vor § 13 Rdn. 155.

[26] Vgl. *Esser* S. 41; *Fikentscher*, Schuldrecht, S. 111 ff.; *Staudinger / Weber*, BGB, § 242 Anm. B 3, B 16.

[27] *Wolff / Bachof* I, § 25 I a 1.

[28] *E. Kaufmann*, VVDStRL 9, S. 1, 15; *Schenke* S. 49.

[29] *Schenke* S. 49; *Schüle*, AöR 38 (1933), S. 399, 420; ihm folgt *Bayer* S. 47 f.

[30] *Maunz / Dürig / Herzog / Scholz*, Art. 69 Rdn. 5; *Nawiasky*, Grundgedanken, S. 98 und 110; *ders.*, DöV 1950, S. 161, 162; *Lutz* S. 37; ablehnend allerdings *Arndt / Schweitzer*, JuS 1974, S. 622, 623; *Oldiges*, DVBl. 1975, S. 79, 82.

Kontinuität der Staatsleitung[31] abzuwägen ist. Diese Gegenüberstellung läßt freilich erkennen, daß es eine absolute Unzumutbarkeit, die die Verpflichtung zu einer noch so kurzen Weiterführung der Geschäfte ausschließt, nicht geben kann. Damit wird dem Gesichtspunkt der Unzumutbarkeit aber nicht jede Bedeutung entzogen; je mehr Gründe die Geschäftsführungspflicht als nicht mehr zumutbar erscheinen lassen, desto stärker wird der Anspruch des Betroffenen, daß seine Nachfolge so schnell wie möglich, auch durch interimistische Übertragung seines Amtes auf ein gleichfalls nur geschäftsführendes Regierungsmitglied, geregelt wird. Mit dem Hinweis auf Unzumutbarkeit kann daher kein Wegfall, wohl aber eine Verkürzung der Pflicht zur Geschäftsführung beansprucht werden[32].

3. Kompetenzen im Rahmen des Regierungswechsels

a) Ausscheiden von Ministern

Im Bereich des Regierungswechsels gewinnt die Frage nach den Kompetenzen geschäftsführender Landesregierungen nur Bedeutung, wenn es um die Möglichkeiten des Ministerpräsidenten geht, Mitglieder seiner Regierung ausscheiden zu lassen und für sie Nachfolger zu berufen. Die Frage des Ausscheidens stellt sich freilich nicht unter dem Aspekt der — möglicherweise parlamentarischer Zustimmung bedürftigen — Entlassung: ein geschäftsführender Ministerpräsident hat es aufgrund der Verknüpfung seines Amtes mit demjenigen seiner Minister stets nur mit geschäftsführenden Ministern zu tun[33], deren Amt sich bereits erledigt hat und deren geschäftsführende Tätigkeit durch den Amtsantritt ihrer Nachfolger begrenzt wird. Die Entscheidung über ihr endgültiges Ausscheiden ist damit identisch mit der Berufung eines Nachfolgers. Entscheidend ist also, ob ein geschäftsführender Ministerpräsident noch zur Ernennung von Regierungsmitgliedern befugt ist; fehlt eine derartige Kompetenz, kommt als Notlösung nur die Beauftragung eines anderen Ministers mit der Verwaltung des Geschäftsbereichs des ausscheidenden Regierungsmitgliedes in Betracht.

b) Berufung von Ministern

Die Kompetenzen eines geschäftsführenden Ministerpräsidenten werden von den Verfassungen und Ministergesetzen der Länder mit unterschiedlichen Formulierungen beschrieben. In Baden-Württemberg, Nord-

---

[31] s. o. Kap. XIII 1 a) aa).

[32] Dies deutet auch *Nawiasky*, Grundgedanken, S. 98 und 110, an, der Unzumutbarkeit vor allem bei einer lang andauernden Regierungskrise annehmen will.

[33] s. o. Kap. XII 3.

rhein-Westfalen und im Saarland hat er „das Amt" (Art. 55 III bwLV, Art. 62 III nwLV, Art. 87 V S. 1 saarLV), in Bayern „die Amtsgeschäfte" (Art. 8 III StRegG), in Niedersachsen, Rheinland-Pfalz und Schleswig-Holstein „die Geschäfte" (Art. 24 IV ndsLV, Art. 99 IV rhpfLV — Mißtrauensvotum —, § 4 I rhpfMinG — Rücktritt —, Art. 21 IV shLS) und in Hessen lediglich „die laufenden Geschäfte" (Art. 113 III hessLV) weiterzuführen. Der Wortlaut der hessischen Verfassung läßt eine grundsätzliche Beschränkung der Kompetenzen erkennen, die durch den Unterschied zu den übrigen Landesverfassungen noch unterstrichen wird. Zwar wurde in der Weimarer Zeit die Auffassung vertreten, die Formulierung „laufende" Geschäfte in manchen Verfassungen sei eher zufällig gewählt[34]; zwischen ihnen und wichtigen politischen Entscheidungen bestehe kein notwendiger Widerspruch[35]. Die These, es sei nicht erkennbar, daß dem Merkmal „laufende" überhaupt eine eigenständige Bedeutung zukomme[36], erhielt zusätzlich Auftrieb, als das Reichsgericht das Recht einer geschäftsführenden preußischen Landesregierung zum Erlaß von Notverordnungen bejahte, obwohl sie gem. Art. 59 II preußLV auf die Führung der laufenden Geschäfte beschränkt war[37]. Dem konnte jedoch mit Recht entgegengehalten werden, daß aus der Schwierigkeit der Abgrenzung nicht resignierend auf ihre völlige Unmöglichkeit geschlossen werden mußte[38].

Auch wenn die Einordnung von Grenzfällen schwierig ist, gibt es Kernbereiche laufender und nicht laufender Geschäfte, denen typische Fallgestaltungen zugeordnet werden können. Die Neuberufung eines Ministers oder eine Regierungsumbildung ist kein laufendes Geschäft im Rahmen der Tätigkeit eines Ministerpräsidenten, sondern ein außergewöhnlicher Akt, der im allgemeinen erhebliche politische Konsultationen erforderlich macht. Ein Ministerwechsel ist daher durch Art. 113 III hessLV nicht mehr gedeckt. Demnach ist das Ausscheiden eines geschäftsführenden Ministers in Hessen nur möglich, wenn die Verwaltung seines Geschäftsbereichs von einem der übrigen Regierungsmitglieder übernommen wird.

Die übrigen Landesverfassungen lassen hingegen mit der Anordnung einer Weiterführung der Geschäfte oder des Amtes keine Beschränkung der Kompetenzen des Ministerpräsidenten erkennen. Seine Befugnisse unterscheiden sich daher nach fast einhelliger Meinung grundsätzlich nicht von den Rechten eines voll im Amt befindlichen Regierungschefs[39].

---

[34] *Lucas*, JR 1925, Sp. 516, 536 zu Art. 59 II preußLV.

[35] *Stier-Somlo*, AöR n. F. 9 (1925), S. 211, 216.

[36] *Hieronymos* S. 7.

[37] RGZ 112, Anh. 1, 5.

[38] *E. R. Huber*, DJZ 1932, Sp. 194, 196.

[39] *Spreng / Birn / Feuchte*, Art. 55 Anm. 5; *Göbel*, Anm. zu Art. 55 III; *Geller / Kleinrahm*, Art. 62 Anm. 5; *Süsterhenn / Schäfer*, Art. 99 Anm. 3; *Knies*, JuS 1975, S. 420, 422; *Mannzen*, JöR n. F. 6 (1957), S. 251, 272.

Nach einer verbreiteten Auffassung ist hiervon jedoch die Neuberufung von Regierungsmitgliedern ausgeschlossen, da mit dem Amt des Ministerpräsidenten auch das Amt jedes Ministers ende[40]. Die Ernennung zum vollamtlichen Minister scheitere auch daran, daß ein zurückgetretener Regierungschef nicht mehr Rechte übertragen könne, als er selbst besitze; andererseits sei auch keine Berufung eines nur geschäftsführenden Ministers vorgesehen[41]. Schließlich dürfe es in den Ländern, wo eine Zustimmung des Parlaments zum Amtsantritt der Regierung vorgesehen sei, nicht dazu kommen, daß das Kabinett teils vom Vertrauen des Parlaments getragen sei, teils jedoch nicht[42].

Diese Erwägungen sind nur zum Teil überzeugend. Die unterschiedliche parlamentarische Legitimation der einzelnen Regierungsmitglieder ist nichts Ungewöhnliches; sie entsteht auch, wenn eine Regierung nicht als Ganzes zurücktritt, sondern nur einzelne Minister ihr Amt aufgeben wollen. Zum Scheitern verurteilt ist auch der Versuch, am Wegfall der parlamentarischen Legitimation des Regierungschefs unter dem Gesichtspunkt der Rechtsübertragung anzuknüpfen. Der Ministerpräsident überträgt seinen Ministern keine eigenen Rechte; insbesondere verkörpert er nicht allein die Regierung, sondern ist verpflichtet, ein Kabinett zu bilden, dessen Mitglieder — wie etwa der Finanzminister in den Ländern Hessen, Niedersachsen, Nordrhein-Westfalen, Rheinland-Pfalz, Saarland und Schleswig-Holstein[43] — von der Verfassung mit eigenen Kompetenzen ausgestattet sind.

Zuzugeben ist allerdings, daß die Verfassungen keine Berufung zum geschäftsführenden Minister vorsehen, ein Akt, der schon begrifflich unmöglich erscheint, da nach verfassungsrechtlichem Sprachgebrauch die Ernennung untrennbar mit der Amtsübertragung verknüpft ist, der nur geschäftsführende Minister jedoch gerade nicht Amtsinhaber ist. Es trifft auch zu, daß ein neuernannter Minister nicht von den Folgen der Abhängigkeit seines Amtes von dem — bereits erledigten — Amt des Ministerpräsidenten verschont werden könnte. Diese Aspekte beleuchten das Problem jedoch nur aus der Perspektive des Ministers. Rechnung zu tragen ist aber auch der Rechtsstellung des Ministerpräsidenten, der sein Amt oder seine Geschäfte weiterführen kann und damit in seinen Kompetenzen keiner Beschränkung unterliegt. Gestützt auf diese Position kann er einen neuen Minister berufen und, soweit erforderlich, den Landtag um Zustimmung zur Ernennung ersuchen; das neue Regierungsmitglied erfährt jedoch sofort nach seiner Ernennung das rechtliche Schick-

[40] *Geller / Kleinrahm*, Art. 62 Anm. 5; *Lutz* S. 77; ähnl. auch *Spreng / Birn / Feuchte*, Art. 55 Anm. 5.

[41] *Kratzer*, BayVBl. 1931, S. 338, 339; ihm folgend *Hieronymos* S. 35.

[42] *Bertram*, AöR n. F. 23 (1933), S. 129, 154, 161.

[43] Art. 143 I S. 1 hessLV, Art. 51 I S. 1 ndsLV, Art. 85 I S. 1 nwLV, Art. 119 S. 1 rhpfLV, Art. 107 I saarLV, Art. 45 I S. 1 shLS.

sal, das sich aus der Verknüpfung seines Amtes mit dem des Ministerpräsidenten ergibt. Der Minister ist nur für eine logische Sekunde voll im Amt, das sich im Anschluß an dasjenige des Ministerpräsidenten sogleich erledigt. Der Minister bleibt aber geschäftsführend tätig. Praktisch läuft dies auf eine Ernennung zum geschäftsführenden Minister hinaus; der erhebliche rechtstechnische Unterschied sichert jedoch die Einhaltung der organisatorischen Verfahrensregeln der Verfassung.

XIV. Ministeranklage

1. Die Ministeranklage als Mittel zum Regierungssturz

Mit Ausnahme von Berlin, Hamburg und Schleswig-Holstein ist in den Verfassungen aller Länder das Institut der Ministeranklage verankert[1]. Sie kann gegen jedes Mitglied der Regierung gerichtet werden. Als Instrument des Regierungssturzes ist sie jedoch nur in den Ländern Baden-Württemberg, Hessen, Niedersachsen, Nordrhein-Westfalen, Rheinland-Pfalz und Saarland geeignet, wo der Staatsgerichtshof den Angeklagten für seiner Ämter verlustig erklären kann; in Rheinland-Pfalz ist dies sogar die einzig mögliche Folge einer Verurteilung[2].

Diese Kompetenz fehlt den Verfassungsgerichten in Bayern und Bremen; sie müssen sich auf die Feststellung beschränken, ob der Angeklagte die ihm zur Last gelegte Verfassungs- oder Gesetzesverletzung begangen hat (Art. 33 I bayVerfGHG, § 7 I bremStGHG); die aus einer derartigen Feststellung zu ziehenden Folgerungen bleiben dem Parlament überlassen[3].

2. Kreis der Angeklagten

Der Kreis der Angeklagten ist nur in Bremen auf die Mitglieder der jeweils amtierenden Landesregierung begrenzt. In den übrigen Ländern wird die Möglichkeit der Erhebung und Durchführung der Anklage durch das Ausscheiden des betroffenen Regierungsmitgliedes nicht berührt; daher kann sich hier niemand dem Verfahren durch Rücktritt entziehen. Die einschlägigen Bestimmungen enthält in Baden-Württemberg, Hessen, Niedersachsen und — mit einer Befristung auf zehn Jahre — Rheinland-Pfalz die Verfassung[4].

In Bayern, Nordrhein-Westfalen und im Saarland wird jedoch lediglich in den Gesetzen über den Verfassungsgerichtshof die Möglichkeit geschaffen, ein Anklageverfahren auch gegen ausgeschiedene Regie-

---

[1] Art. 57 I bwLV, Art. 59 bayLV, Art. 111 bremLV, Art. 115 I hessLV, Art. 31 II ndsLV, Art. 63 I nwLV, Art. 131 I rhpfLV, Art. 94 saarLV; unzutreffend die Angabe von *Korte*, Verfassung, S. 181, in Bremen gebe es keine Ministeranklage.

[2] Art. 57 III bwLV, § 27 II hessStGHG, Art. 31 II ndsLV, Art. 63 II nwLV, Art. 131 III rhpfLV, § 34 II saarVerfGHG.

[3] *Nawiasky / Leusser / Schweiger / Zacher*, Art. 61 Rdn. 3.

[4] Art. 57 II S. 4 bwLV, Art. 115 II hessLV, Art. 31 II S. 2 ndsLV, Art. 131 I rhpfLV.

rungsmitglieder durchzuführen[5]; im Saarland gilt einschränkend, daß die Anklage nur binnen drei Monaten erhoben werden kann, nachdem der ihr zugrunde liegende Sachverhalt dem Landtag bekannt geworden ist (§ 28 saarVerfGHG). Zweifel an der Zulässigkeit einer derartigen Erweiterung des Kreises der Angeklagten gegenüber dem Verfassungstext[6] sind nicht berechtigt[7]. Die genannten Gesetze gehen zwar über den Wortlaut der Verfassungen hinaus, der den Ministerpräsidenten, die Minister und — in Bayern — auch die Staatssekretäre als Ziel der Anklage nennt und damit offensichtlich die Mitglieder der jeweils amtierenden Landesregierung meint. Über ausgeschiedene Regierungsmitglieder ist damit nichts ausgesagt. Die Vergrößerung des Kreises der Angeklagten bedeutet daher keine Verfassungsänderung; auch gibt es keinen Grundsatz, der die Aufnahme dieser Erweiterung in die Verfassungsurkunde erfordern würde. Dies gilt um so mehr, als in den drei Ländern der Verfassungsgerichtshof nicht nur in den von der Verfassung erwähnten, sondern auch in allen ihm sonst durch Gesetz zugewiesenen Fällen entscheidet (Art. 67 bayLV, Art. 75 Nr. 4 nwLV, Art. 97 Nr. 4 saarLV).

3. Gegenstand der Anklage

Gegenstand der Anklage kann in Bremen nur eine Verletzung der Verfassung, in den übrigen Ländern jedoch auch eine einfache Gesetzesverletzung sein. „Verfassung" ist dabei nicht nur die jeweilige Landesverfassung, sondern auch das Grundgesetz; ebenso sind Landes- und Bundesgesetz gleichermaßen geschützt[8]. In Rheinland-Pfalz kann jedoch zusätzlich der Vorwurf erhoben werden, der Angeklagte habe „die öffentliche Sicherheit und Wohlfahrt des Landes schwer gefährdet" (Art. 131 I rhpfLV). Der Begriff der Gefährdung der öffentlichen Sicherheit darf freilich nicht im polizeirechtlichen Sinne verstanden werden: auch eine schwere Gefährdung eines nur durch einen untergesetzlichen Rechtssatz geschützten Gutes[9] rechtfertigt nicht ein Verfahren, dessen Einleitung gem. Art. 131 II rhpfLV vom Landtag nur mit verfassungsändernder Mehrheit beschlossen werden kann. In Anlehnung an Überlegungen, die zu dem Merkmal „öffentliche Sicherheit" und „öffentlicher Friede" in § 125 StGB (Landfriedensbruch) und § 126 StGB (Androhung eines gemeingefährlichen Verbrechens — Landzwang) entwickelt worden sind[10],

[5] Art. 25 bayVerfGHG, § 36 nwVerfGHG, § 29 saarVerfGHG.

[6] *Geller / Kleinrahm / Fleck*, Art. 63 Anm. 4 b.

[7] Vgl. *Vogels*, Art. 63 Anm. 4; *Nawiasky / Leusser / Schweiger / Zacher*, Art. 61 Anm. 3.

[8] *Vogels*, Art. 63 Anm. 3; *Geller / Kleinrahm / Fleck*, Art. 63 Anm. 4 a aa; *Korte*, Verfassung, S. 181/182.

[9] Zur polizeilichen Begriffsbildung vgl. *Wolff* III, § 125 II Nr. 1 (S. 47 f.); *Friauf*, in: v. Münch, S. 174.

[10] *Schönke / Schröder / Lenckner*, § 125 Rdn. 15; § 126 Rdn. 2; *Hübner*, LK § 125 Rdn. 15; § 126 Rdn. 7.

kann eine schwere Gefährdung der öffentlichen Sicherheit im Sinne des Art. 131 I rhpfLV nur darin gesehen werden, daß das Verhalten der Landesregierung allgemein den Eindruck rechtlicher Schutzlosigkeit, vor allem gegenüber staatlicher Gewalt, entstehen läßt; die öffentliche Sicherheit des Landes ist die Sicherheit, die durch die Herrschaft des Rechts gewährleistet wird.

Strapaziert Art. 131 I rhpfLV bereits mit dem genannten Merkmal die Möglichkeiten rechtlicher Begriffsbildung, so gilt dies erst recht, wenn außerdem eine schwere Gefährdung der „Wohlfahrt des Landes" zum Gegenstand einer Anklage gemacht werden kann. Hier beginnt ein Verfahren ein neues Leben, das im vorigen Jahrhundert vor dem Übergang von der rechtlichen zur politischen Ministerverantwortlichkeit als „Anklage wegen Mißregierung" bekannt war und damals zu Recht bekämpft worden ist[11]. Der Staatsgerichtshof wird zur Feststellung politischen Fehlverhaltens aufgerufen[12], das Urteil der Geschichte in die Hände von vier Berufsrichtern und fünf Beisitzern gelegt. Das Gericht wird sich allerdings hüten müssen, allzu sorglos in die Rolle eines Schiedsrichters zu schlüpfen, eine Gefahr, der es hier weitaus mehr ausgesetzt ist als der Bayerische Verfassungsgerichtshof bei der Entscheidung über die Frage, ob der Ministerpräsident gem. Art. 44 III S. 2 bayLV zurücktreten muß, weil die politischen Verhältnisse ein vertrauensvolles Zusammenarbeiten zwischen ihm und dem Landtag unmöglich machen[13]. Die Ausgestaltung der Verfassungsgerichtsbarkeit als politische Schiedsgerichtsbarkeit erscheint mit dem grundgesetzlichen Bild der gewaltenteilenden Demokratie kaum vereinbar, wie sie gem. Art. 28 I GG auch für die Länderverfassungen vorgeschrieben ist[14] und hier dadurch besonders konkretisiert wird, daß eine Anklage gegen den Bundespräsidenten gem. Art. 61 GG nur auf den Vorwurf der vorsätzlichen Verletzung von Bundesrecht gestützt werden kann. Die Feststellung einer Gefährdung der „Wohlfahrt des Landes" wird sich daher auf evident eindeutige Fälle beschränken müssen.

Nur die Verfassungen von Niedersachsen und Rheinland-Pfalz schreiben vor, daß die angeklagte Rechtsverletzung „in Ausübung des Amtes" (Art. 31 I ndsLV) oder „in oder bei (der) Amtsführung" (Art. 131 I rhpfLV begangen sein muß. Ob dieser Ausschluß von im Privatleben begangenen Verstößen auch ohne ausdrückliche Anordnung gilt, ist nicht eindeutig. Teils wird er für selbstverständlich gehalten[15], teils unabhängig

---

[11] Vgl. *Bischof* S. 18; *Pistorius* S. 170.

[12] *Süsterhenn / Schäfer*, Art. 131 Anm. 4 b; *Drath*, VVDStRL 9; S. 17, 30.

[13] Vgl. dazu S. 106 ff.

[14] Vgl. *Maunz / Dürig / Herzog / Scholz*, Art. 28 Rdn. 24.

[15] *Süsterhenn / Schäfer*, Art. 131 Anm. 4 a; ähnl. auch *Vogel*, Art. 63 Anm. 3; *Geller / Kleinrahm / Fleck*, Art. 63 Anm. 4 a cc; *Geiger*, Vorbem. vor § 49 (S. 175) zur Anklage gegen den Bundespräsidenten.

von der Unterscheidung zwischen privatem und öffentlichem Bereich darauf abgestellt, ob der gerügte Verstoß nach Schwere und Bedeutung den Amtsverlust des Regierungsmitgliedes erfordern kann[16] und es als „politisch untragbar" erscheinen läßt[17].

Da die Ministeranklage kein typisches Institut des parlamentarischen Regierungssystems, sondern ein historisches Relikt aus der Frühzeit des Konstitutionalismus ist[18], erweist sich hier ein Blick auf ihr entwicklungsgeschichtliches Bild als besonders hilfreich. Die Ministeranklage wurde im 19. Jahrhundert, häufig sogar lange vor dem Höhepunkt der Revolutionsbestrebungen im Jahre 1848, in einer Reihe deutscher Verfassungen verankert[19]. Die erfolgreiche Durchführung des Verfahrens führte zwar zur Entlassung des angeklagten Ministers. Dennoch war die Ministeranklage kein Instrument des Regierungssturzes, da die betroffenen Staaten als erbliche Monarchien mit einem König oder Fürsten als Inhaber aller Staats- und Regierungsgewalt verfaßt waren, so daß es einen Regierungssturz von Verfassungs wegen gar nicht geben konnte. Die Ministerklage war vielmehr ein Instrument des Verfassungsschutzes und wurde von den Verfassungen im Abschnitt „Gewähr der Verfassung" geregelt. Diese Funktion hat sie im parlamentarischen Regierungssystem, das neben dem Mißtrauensvotum auf ein weiteres Mittel zum Regierungssturz nicht angewiesen ist, nicht verloren[20]. Daher muß der Bereich des anklagefähigen Verhaltens von den Notwendigkeiten des Schutzes der Verfassung her bestimmt werden. Ihre typische Bedrohung durch ein Regierungsmitglied wird zwar im Amtsmißbrauch bestehen. Notwendig ist dies aber nicht; etwa könnten Vorbereitungen zum Hochverrat auch ohne Einsatz des Amtes getroffen werden. Außer in Niedersachsen und Rheinland-Pfalz können daher auch gegen die Verfassung gerichtete Handlungen aus dem privaten Bereich zum Gegenstand einer Anklage gemacht werden.

In den Ländern Bayern, Bremen, Niedersachsen und Saarland ist die Anklage auf den Vorwurf vorsätzlicher Rechtsverletzung beschränkt;

---

[16] *Spreng / Birn / Feuchte*, Art. 57 Anm. 3.

[17] Vgl. *v. Mangoldt / Klein*, Art. 61 Anm. III 2 b (S. 1188).

[18] *Spreng / Birn / Feuchte*, Art. 57 Anm. 1; *Geller / Kleinrahm / Fleck*, Art. 63 Anm. 2 a; *Nawiasky / Leusser / Schweiger / Zacher*, Art. 59 Rdn. 2; vgl. auch *Maunz / Dürig / Herzog / Scholz*, Art. 61 Rdn. 1; *Scheuner*, Bundesverfassungsgericht und Grundgesetz I, S. 1, 32.

[19] § 67 a Verfassung für das Großherzogtum Baden vom 22. 8. 1818; § 203 Verfassung für das Königreich Württemberg vom 25. 9. 1819; § 148 Verfassung für das Königreich Sachsen vom 4. 9. 1831; § 110 Neue Landschaftsordnung für das Herzogtum Braunschweig vom 12. 10. 1832; Art. 205 § 1 Revidiertes Staatsgrundgesetz für das Großherzogtum Oldenburg vom 22. 11. 1852 (Texte in *Stoerk / v. Rauchhaupt*).

[20] Vgl. zum Aspekt des Verfassungsschutzes *Menzel*, BK Art. 61 Anm. II 3 b; *Maunz / Schmidt-Bleibtreu / Klein / Ulsamer*, § 49 Rdn. 4; *Scheuner*, Bundesverfassungsgericht und Grundgesetz I, S. 1, 4.

in Baden-Württemberg, Nordrhein-Westfalen und Rheinland-Pfalz kann auch eine grobfahrlässige Verletzung gerügt werden, während in Hessen jede Verschuldensform, also auch leichte Fahrlässigkeit, ausreichend ist[21]. Die Beschränkung der Anklagemöglichkeit auf Vorsatz soll die Regierungsmitglieder vor Verfahren schützen, in denen ihnen die Verletzung unklarer, in ihrer Auslegung umstrittener Verfassungs- oder Gesetzesbestimmungen vorgeworfen wird[22]. Schon vor über hundert Jahren hat *Otto Bähr* freilich treffend darauf hingewiesen, daß dem Instrument der Ministeranklage damit nahezu jede Wirkung genommen wird: ein zum Rechtsbruch bereites Regierungsmitglied wird nicht erklärtermaßen gegen Verfassung und Gesetz verstoßen, sondern sich auf eine den Nachweis des Vorsatzes ausschließende unzutreffende Interpretation berufen[23], wie überhaupt der Verfassung die größten Gefahren nicht durch offenen Bruch, sondern durch die latente Überschreitung der Grenzen zulässiger Auslegung drohen[24]. Eine zum erklärten Verfassungsbruch entschlossene Regierung stände ohnehin dem Staatsstreich näher als der Unterwerfung unter den Spruch eines Verfassungsgerichts.

4. Wichtige Verfahrensregeln

Zur Erhebung der Anklage ist der Landtag berufen; dies entspricht seiner Stellung als Kontrollorgan der Regierung[25]. Sie ist von den Verfassungen jedoch extrem erschwert worden. Während in Nordrhein-Westfalen noch eine Mehrheit von zwei Dritteln der anwesenden Abgeordneten ausreichend ist (Art. 63 I S. 3 nwLV), ist in Baden-Württemberg, Bayern, Rheinland-Pfalz und im Saarland eine verfassungsändernde Mehrheit vorgeschrieben, die in Baden-Württemberg nur von mehr als der Hälfte der Mitglieder des Landtages, in den übrigen Ländern sogar nur von einer Zweidrittelmehrheit aufgebracht werden kann (Art. 57 II S. 2, 64 II bwLV; Art. 61 IV S. 1, 75 II S. 1 bayLV; Art. 131 II, 129 I rhpfLV; Art. 94 II, 101 I S. 2 saarLV). In Bremen ist das Mehrheitserfordernis für die Ministeranklage gegenüber der Verfassungsänderung sogar noch verschärft, indem zusätzlich zur Mehrheit der Abgeordneten noch die Anwesenheit von zwei Dritteln der Mitgliederzahl der Bürgerschaft verlangt wird (Art. 111 II, 125 III lit. a bremLV). Eine derartige Erschwerung gilt auch in Hessen und Niedersachsen, wo für eine Verfassungsänderung die Zustimmung (von mehr als) der Hälfte der gesetzlichen Zahl der Abgeordneten ausreicht, während für die Anklage-

[21] Vgl. *Schranil*, Art. 96 Anm. 2 (zu Art. 96 saarLV a. F.).
[22] *Spitta*, Anm. zu Art. 111; vgl. auch *Menzel*, BK Art. 61, Anm. II 3.
[23] *Bähr* S. 80.
[24] Vgl. *Ossenbühl*, DöV 1965, S. 649, 650.
[25] *Pistorius* S. 171.

erhebung eine Zweidrittelmehrheit erforderlich ist (Art. 115 I S. 2, 123 II hessLV; Art. 31 I S. 2, 13 II S. 2, 38 S. 2 ndsLV)[26].

In Baden-Württemberg und Niedersachsen kann auch jedes Regierungsmitglied mit Zustimmung der Landesregierung eine Entscheidung des Staatsgerichtshofs im Verfahren der Ministeranklage beantragen (Art. 57 IV bwLV, Art. 31 III ndsLV). Art. 61 IV S. 2 bayLV gewährt diese Möglichkeit nicht, sondern stellt lediglich jedem Mitglied der Staatsregierung einen Antrag auf Anklageerhebung gegen sich selbst im Landtag frei[27].

In den Ländern Niedersachsen, Nordrhein-Westfalen und Saarland kann das Verfassungsgericht nach Erhebung der Anklage durch einstweilige Anordnung bestimmen, daß das angeklagte Regierungsmitglied an der Ausübung seines Amtes verhindert ist (§ 25 ndsStHG, Art. 63 II S. 2 nwLV, § 31 saarVerfGHG). In den übrigen Ländern besteht diese Möglichkeit nicht.

5. Die Ministeranklage im System der Landesverfassungen

In der Weimarer Diskussion um den Standort der Ministeranklage im Verfassungssystem wurde vertreten, ihre Anwendungsbereiche schließe den Gebrauch anderer Instrumente zur Geltendmachung der Ministerverantwortlichkeit aus; insbesondere sei kein Mißtrauensvotum mehr zulässig, wenn es um die Verletzung eines Reichsgesetzes gehe[28]. Für die Richtigkeit dieser These, die bereits damals ohne Wirkung blieb[29], gibt es keine Anhaltspunkte; da die Anwendbarkeit des Mißtrauensvotums nicht von einer bestimmten Begründung abhängig ist[30], kann seine Zulässigkeit auch nicht durch seinen Anlaß in Frage gestellt werden.

Im übrigen erweist sich das Institut der Ministeranklage als Fremdkörper im System der Landesverfassungen. Als Instrument des Regierungssturzes ist sie zwar grundsätzlich verwendbar, seit die Regierungsgewalt nicht mehr bei einem unabsetzbaren Monarchen, sondern allein bei anklagbaren Amtsinhabern liegt; in dieser Funktion ist sie jedoch wegen des Mißtrauensvotums überflüssig und wegen der extremen Mehrheitserfordernisse auch wenig geeignet. Abgesehen von Nordrhein-Westfalen, wo für die Einleitung des Verfahrens eine Zweidrittelmehrheit der anwesenden Abgeordneten ausreichend ist, gilt dies auch unter dem

---

[26] In Bayern, Bremen und Hessen kann die Verfassung nur mit Zustimmung durch einen Volksentscheid geändert werden.

[27] *Nawiasky / Leusser / Schweiger / Zacher*, Art. 61 Rdn. 7.

[28] *Finger*, AöR n. F. 9 (1925), S. 289, 300 f.

[29] Vgl. *Anschütz*, Art. 59 Anm. 1.

[30] s. o. Kap. VIII 6.

Aspekt einer Umgehung des konstruktiven Mißtrauensvotums: die gerade deshalb zur Anklageerhebung entschlossene Mehrheit, die nur eine verfassungsändernde sein kann, könnte rechtlich ebensogut zu seiner Abschaffung und zur Einführung eines einfachen Mißtrauensvotums schreiten. Geht es hingegen in erster Linie um die objektive Feststellung einer Verfassungsverletzung, so bieten sich andere verfassungsgerichtliche Verfahren, vor allem die Organklage, an[31].

Zutreffend ist es, in der Ministeranklage ein Instrument zur Geltendmachung der Verantwortlichkeit der Regierung zu sehen[32]. Damit ist freilich nicht die parlamentarische, sondern die staatsrechtliche Verantwortlichkeit gemeint. Soweit ein Mißtrauensvotum gegen Minister nicht möglich ist, kann der Anklagemöglichkeit eine gewisse Bedeutung als Erfüllungsgarantie für Rechte des Parlaments insbesondere gegenüber einzelnen Regierungsmitgliedern zukommen[33]. Darauf ist das Parlament freilich kaum angewiesen, da es in der Praxis einen Ministerrücktritt auch außerhalb des Mißtrauensvotums erzwingen kann[34]. Daß die staatsrechtliche Verantwortlichkeit der Regierung mit der Einführung ihrer parlamentarischen Abhängigkeit die eigenständige Bedeutung verlieren würde[35], ist eine Entwicklung, deren Verlauf schon vor ihrem Beginn im vorigen Jahrhundert richtig vorausgesagt wurde[36]. Damit ist zugleich ausgesprochen, daß der Schutz der Verfassung vor einer gesetzesuntreuen Regierung heute durch die Geltendmachung der parlamentarischen Verantwortlichkeit gewährleistet wird. In diesem Rahmen kommt der Ministeranklage vor allem die Bedeutung einer zusätzlichen Prävention zu[37]. Die erfolgreiche Durchführung eines Anklageverfahrens würde den Verurteilten als Rechtsbrecher stigmatisieren und damit auch eine politische Wirkung entfalten, die durch Anwendung anderer Instrumente, die heute die Funktion der Ministeranklage übernommen haben, nicht erzielt werden kann.

---

[31] Vgl. *Geller / Kleinrahm / Fleck*, Art. 63 Anm. 2 c.

[32] *Spreng / Birn / Feuchte*, Vorbemerkungen vor Art. 45 (S. 171); *Nawiasky / Leusser / Schweiger / Zacher*, Art. 59 Rdn. 2.

[33] *Korte, Verfassung*, S. 181.

[34] Vgl. *Scheuner*, Kontrolle, S. 38 f.

[35] Vgl. *v. Beyme*, S. 399; *Scheuner*, Bundesverfassungsgericht und Grundgesetz I, S. 1, 9.

[36] Vgl. *Bischof* S. 22; *Pistorius* S. 27.

[37] Vgl. auch *Kassimatis* S. 205 zur Anklage gegen den Bundespräsidenten.

XV. Regierungswechsel in den Bundesländern — ein Teilaspekt des heutigen Regierungssystems

1. Die Eigenstaatlichkeit der Länder

Kein Vergleich ohne tertium comparationis — der verbindende Bezugspunkt läßt jede an Ähnlichkeiten und Unterschieden orientierte Darstellung auch nach der Feststellung von Gemeinsamkeiten streben. Die wichtigsten von ihnen sollen im folgenden hervorgehoben werden; daß damit zwar eine analytische Aufgabe wahrgenommen, aber noch kein gemeindeutsches Verfassungsrecht als zusätzliche Rechtsquelle niedergeschrieben wird, ist bereits bei der Diskussion um die Amtszeit der Landesregierungen deutlich geworden[1].

Zunächst ist aber an die zahlreichen Unterschiede der Verfassungen zu erinnern, die die Eigenstaatlichkeit der Länder unterstreichen und die Bedeutung ihrer Zugehörigkeit zu bestimmten Verfassungstypen relativieren. Dies gilt besonders für Berlin, das ebenso wie Bremen und Hamburg nur gewählte Regierungsmitglieder kennt, aufgrund des Vorschlagsrechts des Regierenden Bürgermeisters den übrigen Ländern jedoch näher steht als den beiden Stadtstaaten[2].

Ein bleibender Grundstein für die Autonomie des Verfassungslebens der Länder liegt bereits in der Entstehungsgeschichte ihrer Verfassungen. Es ist kein Kuriosum, wenn in den Verfassungsberatungen des einen Landes die in einem anderen Land vorgesehenen Regelungen mit abwertenden Worten abgelehnt werden[3]. Das Ringen um die eigene, beste aller möglichen Verfassungen ist vielmehr besonders ausgeprägt in den Ländern, die sich bereits vor Inkrafttreten des Grundgesetzes neu organisierten und sich, bundesstaatlicher Einbettung entbehrend, „Prunkbauten von Verfassungen" errichteten[4]. Diese Erscheinung tritt in ausführlichen Abschnitten über Grundrechte und Grundpflichten, das Gemeinschaftsleben und die Wirtschafts- und Sozialordnung sowie die Einrichtung einer zweiten (beratenden) Kammer in Bayern freilich deutlicher zutage als in den auch für ein reines Organisationsstatut unentbehrlichen Regelungen über den Regierungswechsel.

---

[1] s. o. Kap. VI 3 f) bb).

[2] Vgl. Kap. IV 2 b), Kap. XII 3 a).

[3] Vgl. S. 133 f.

[4] Davor warnte W. *Weber* in einem Vortrag die Abgeordneten des niedersächsischen Landtages, DVBl. 1950, S. 593, 594 und Niedersächsischer Landtag, 1. Wahlperiode, abgedruckt im Anschluß an die 109. Sitzung vom 14. 11. 1950.

Entscheidend für die Autonomie des Verfassungslebens der Länder ist zweitens die Unterschiedlichkeit der für den Regierungswechsel entwickelten Regelungsinstrumente. Entscheidend ist aber vor allem, daß die bisher aufgetretenen, häufig mehreren Ländern gemeinsamen Zweifelsfragen nicht unter unitarisierenden, bundesparteipolitischen Aspekten beantwortet worden sind.

2. Die Macht der Landtage

„Alle Macht dem Landtag" — für *Walter Jellinek* schien dies im Jahre 1947 das Motto der gerade verabschiedeten hessischen Landesverfassung zu sein[5]. In allen Bundesländern deuten eine Reihe von Verfassungsbestimmungen, durch unterschiedliche Häufung mehr oder weniger eindringlich, auf eine derart überragende Stellung der Parlamente hin. Ihnen gebührt die Wahl des Regierungschefs, in Berlin, Bremen und Hamburg auch die aller übrigen Regierungsmitglieder. Anderswo gewähren ihnen oft Zustimmung und Ablehnung in den einzelnen Phasen der Regierungsbildung Einfluß auf die Auswahl der Minister und damit Teilhabe am materiellen Kabinettsbildungsrecht; zusätzlich können sie bei der Geschäftsverteilung innerhalb der Regierung mitbestimmen und durch die Verweigerung ihrer Mitwirkung bei der Entlassung Minister auch gegen den Willen des Regierungschefs im Amt halten.

Den Landesparlamenten gebührt, außer in Bayern, auch die Ablösung der Regierung. Sie können sie insgesamt stürzen und in den drei Stadtstaaten sowie Baden-Württemberg, Rheinland-Pfalz und im Saarland das Ausscheiden einzelner Regierungsmitglieder erzwingen. Deren Politik können sie durch Mißbilligungsbeschlüsse bloßstellen und häufig überdies Anklage vor den Staatsgerichtshöfen erheben, um die Amtsenthebung einzelner Regierungsmitglieder oder zumindest ihre öffentliche Brandmarkung wegen Verfassungsbruchs zu bewirken.

Diese Zusammenschau landesparlamentarischer Macht beim Regierungswechsel kann das eingangs erwähnte Motto jedoch nicht bestätigen. Das Trugbild, das sie entwirft, lebt von der Unkenntnis aller Sicherungen, die parlamentarischem Machtmißbrauch vorgeschaltet sind. Im Rahmen des Regierungswechsels können die Landtage ihre Macht nur nutzen, wenn sie eine konstruktive, leztlich auf Regierungsbestellung zielende Rolle zu übernehmen bereit sind. Reine Obstruktion können sie hier weder leisten noch glaubhaft androhen. Die Wünschbarkeit einer quasi wertgebundenen, in ihrer Finalität auf konstruktive Mitgestaltung stetigen Staatslebens festgelegte Machtausübung liegt zwar auf der Hand; ebenso unverkennbar ist aber, daß der Ausschluß des Machtmißbrauchs auch eine Einschränkung des regulären Gebrauchs

[5] DJZ 1947, S. 4, 7.

von Macht bedeutet, da die Verfassungen zwischen richtig und falsch eingesetzter Macht nur unterscheiden, indem sie Machtmißbrauch durch Machtbeschränkung bekämpfen. Hieraus resultieren die Grenzen der Landtage; die Landesregierungen, denen parlamentarische Machtausübung am ehesten gefährlich werden könnte, ziehen aus ihnen den größten Nutzen.

3. Die Übermacht der Landesregierungen

Die Macht der Landtage steht im Schatten der Übermacht der Landesregierungen. Diese wird durch eine Vielzahl von Regelungen ermöglicht, die einem einmal eingesetzten Regierungschef und später der von ihm gebildeten Regierung die Tätigkeit erleichtern und Konfliktfälle häufig auf Kosten der Parlamente lösen.

So müssen in einer Reihe von Ländern die Ministerpräsidenten mit der absoluten Mehrheit aller Abgeordneten gewählt werden, bedürfen aber nur einfacher Zustimmung für die Amtsübernahme des von ihnen gebildeten Kabinetts. Erweist sich die Regierungsbildung als schwierig oder droht sie zu scheitern, müssen einige Landtage Auflösung und Neuwahlen gewärtigen. Dieses Schicksal droht ihnen in Hessen, Rheinland-Pfalz und dem Saarland auch, wenn sie einen Regierungssturz herbeiführen, aber — in Hessen innerhalb kürzester Frist — keine neue Regierung einzusetzen vermögen. In anderen Ländern ist das Mißtrauensvotum nicht mit einem Existenzrisiko für die Landtage verknüpft, läßt in seiner verfahrensmäßigen Ausgestaltung aber das Mißvergnügen der Landesverfassungen am irregulären Regierungswechsel erkennen; in Bayern ist es sogar ganz ausgeschlossen. Selbst für einen Landtag, der nicht aus eigener Initiative zum Kampf gegen die Regierung antreten will, rückt in Hamburg und Schleswig-Holstein eine Auflösung in den Bereich des Möglichen, wenn die Regierung ihm mit der Vertrauensfrage den Fehdehandschuh hingeworfen hat und er, will er ihn überhaupt aufnehmen, nicht umgehend eine neue Exekutive einsetzt. Die Privilegierung der bestehenden Regierung wird besonders deutlich durch das Erfordernis qualifizierter Mehrheit für jedes Mißtrauensvotum, das auch Minderheitsregierungen punktuell zu Mehrheitsregierungen aufwertet. Das parlamentarische Interesse an einer Homogenität von Landtagsmehrheit und Regierung tritt vor allem im Geltungsbereich des konstruktiven Mißtrauensvotums hinter dem Wunsch nach einer Stabilisierung der Regierung zurück. Vor einer ernstzunehmenden Drohung mit der Ministeranklage meist durch das wirklichkeitsferne Erfordernis mindestens verfassungsändernder Mehrheiten geschützt, kann die Regierung in vier Ländern sogar ohne feste zeitliche Grenze solange amtieren, bis ihr Sturz ihrer Amtszeit ein Ende setzt und ihre Geschäfte von Nachfolgern übernommen werden. Hält man sich die abgesehen von Hessen unbeschränkten Kompetenzen geschäftsführender Landesregierungen vor Augen, so gilt auch in den übrigen Ländern, daß die Regierungszeit nicht von vornherein festgelegt ist, sondern erst durch den Amtsantritt von Nachfolgern beendet wird.

Die Vorliebe der Landesverfassungen für stabile Regierungen ist nichts Verwunderliches. In einem am Gewaltentrennungsmodell orientierten System muß zur Wahrnehmung jeder der drei Funktionen ein Organ eingesetzt werden; für die Staatswillensbildung im der Exekutive zugewiesenen Bereich ist die Regierung unentbehrlich[6]. Zu Recht suchen die Verfassungen die Einsetzung einer Regierung um fast jeden Preis zu ermöglichen, andererseits aber ihren Sturz zu verhindern, sofern er nicht mit einer Regierungsneubildung verbunden ist.

Die auf die Stabilisierung der Regierung zielenden Bestimmungen sind auch entwicklungsgeschichtlich aus der Fixierung der Verfassungsväter auf die Weimarer Verhältnisse zu verstehen. Hierbei ist freilich zu berücksichtigen, daß eine instabile Regierung nur Ausdruck, nicht aber Ursache unsicherer politischer Verhältnisse ist. Da die Verfassung deren Ursachen nicht bekämpfen kann, bleibt sie auf eine symptomatische Therapie beschränkt; deren Grenzen sind bereits bei der Regelung des Mißtrauensvotums sichtbar geworden[7]. Vor allem können die Regierungen zwar vor allzu leichtem Sturz bewahrt, aber doch nicht aus ihrer anderweitigen Abhängigkeit von fruchtbarer Zusammenarbeit mit der Legislative befreit werden, solange diese nicht ersetzt oder für überflüssig erklärt wird. Die Übermacht der Landesregierungen, mangels einer legislativen Reserve nur im Bereich des Regierungswechsels möglich, bleibt punktuell[8].

4. Entwicklungsgeschichtliche Belastung und Reformbedürftigkeit der Landesverfassungen

Läßt man bei der Betrachtung des Regierungswechsels für einen Moment die Entwicklungsgeschichte außer acht, so erscheint manche Regelung unangemessen, ja unverständlich.

Auffallend ist vor allem das Fehlen jeglichen Mißtrauensvotums in der bayerischen, dennoch auf ein parlamentarisches System hin konzipierten Verfassung, und die unbegrenzte, quasi zeitlose Amtszeit der Regierungen in den Ländern Berlin, Hamburg, Rheinland-Pfalz und Schleswig-Holstein. Dieses Defizit wird in Bayern nicht durch die ob-

[6] Vgl. *Kelsen* S. 267 f.

[7] Vgl. Kap. VIII 9 d).

[8] Vgl. den zutreffenden Hinweis der Enquête-Kommission Verfassungsreform, Schlußbericht, S. 108, auf den untrennbaren Zusammenhang von Minderheitsregierung und Gesetzgebungsnotstand im Grundgesetz.

ligatorische Neuwahl zu Beginn der Legislaturperiode, in den übrigen Ländern nicht durch das jederzeit mögliche Mißtrauensvotum kompensiert. Teils vom irregulären, teils vom regulären Regierungswechsel ausgeschlossen, stehen die Parlamente in diesem Bereich keineswegs im Zentrum des Verfassungslebens. In Bayern scheinen die Verfassungsväter die Regierungsbildung dem Landtag eher notgedrungen übertragen zu haben, um ihn sogleich für vier Jahre von möglichen Störaktionen weitgehend auszuschließen. In den übrigen vier Ländern ist das Parlament, tritt eine möglicherweise vor Jahren eingesetzte Regierung nicht freiwillig zurück, auf Attacken von außen verwiesen; als Organ regelmäßiger innerer Erneuerung wird es nicht gebraucht.

Die Auflösungsdrohungen gegenüber den Landtagen für den Fall von Regierungskrisen machen deutlich, daß die Verfassungen den Wert der Parlamente anhand ihrer Nützlichkeit oder Schädlichkeit für die Aktionsfähigkeit der Regierungen taxieren. Die Volksvertretung als mächtigster Außenseiter, aus dem Staatsaufbau nicht wegzudenken, aber doch nicht in seinem Mittelpunkt stehend, sondern nur auf die Regierung bezogen — dieses Bild, historisch aus dem Hinzutreten des Parlaments zu einem bereits fertigen, exekutivisch ausgerichteten System verständlich[9], entspricht nicht den Möglichkeiten repräsentativer Demokratie. In ihrem Mittelpunkt steht das Volk. Soll dieses die Staatsgewalt aus mancherlei, nicht zuletzt technischen Gründen nicht selbst wahrnehmen, so gebührt seinem Repräsentanten der zentrale Platz im Verfassungssystem. Anstelle des Volkes konstituiert das Parlament die weitere staatliche Organisation. Den sich hieraus ergebenden Postulaten könnten die genannten fünf Landesverfassungen ebenso wie die übrigen gerecht werden, ohne ihren legitimen Wunsch nach einer stabilen Regierung preiszugeben. In der repräsentativen Demokratie ist das Parlament kein bloßer Zusatz zum bereits fertigen Staatsaufbau, ebensowenig wie das Volk selbst, von dem alle Staatsgewalt ausgeht.

---

[9] Vgl. Enquête-Kommission Verfassungsreform, Schlußbericht, S. 95 f.

Synopse

	Einsetzung von Minderheits-regierungen	Bestätigung der Regierung	Ernennung der Minister mit parl. Zustimmung	Ernennung der Minister ohne parl. Zustimmung	Entlassung der Minister mit parl. Zustimmung	Entlassung der Minister ohne parl. Zustimmung
BW		Art. 46 III LV	Art. 46 IV LV			Art. 46 II LV
Bay	Art. 44 I LV		Art. 45 LV		Art. 45 LV	
Bln	Art. 44 I LV					
Brem	Art. 107 LV					
Ham						
Hess		Art. 101 IV LV			Art. 112 LV	
Nds	Art. 21 II LV	Art. 20 III LV	Art. 20 IV LV		Art. 20 IV LV	
NW	Art. 52 II LV			Art. 52 III LV		Art. 52 III LV
RhPf		Art. 98 II LV			Art. 98 II LV	
Saar			Art. 87 I S. 2 LV		Art. 87 I S. 2 LV	
SH	Art. 22 II LS			Art. 21 II LS		Art. 21 II LS

Ablauf der Amtszeit

	mit Fristablauf	mit Ablauf der Legislaturperiode	mit Zusammentritt eines neugewählten Landtags	mit Neuwahl (außer konstr. Mißtrauensvotum)
BW			Art. 55 II LV	
Bay	Art. 44 I LV			(Art. 44 I LV)
Bln				
Brem		Art. 107 LV		
Ham				
Hess			Art. 113 II LV	
Nds			Art. 24 II LV	
NW			Art. 62 II LV	
RhPf				
Saar			Art. 87 III S. 1 LV	
SH				

	Mißtrauensvotum gegen gewählte Regierungsmitglieder		Mißtrauensvotum gegen ernannte Regierungsmitglieder	Rücktritt	Pflicht zur Geschäftsführung	Anklage
	einfach	konstruktiv				
BW		Art. 54 I LV	Art. 56 LV	Art. 55 I LV	Art. 55 III LV	Art. 57 LV
Bay				Art. 44 III LV, Art. 9 I, V StRegG	Art. 8 III, 9 III, IV StRegG	Art. 59 LV
Bln	Art. 42 LV			Art. 41 IV LV	Art. 42 III LV	
Brem	(Art. 110 LV)	(Art. 110 LV)		Art. 107 LV	Art. 107 LV	Art. 111 LV
Ham		Art. 35 II LV		Art. 35 LV	Art. 37 I LV	
Hess	Art. 114 LV			Art. 113 LV	Art. 113 III LV	Art. 115 LV
Nds		Art. 23 LV		Art. 24 I LV	Art. 24 IV LV	Art. 31 LV
NW		Art. 61 LV		Art. 62 I LV	Art. 62 III LV	Art. 63 LV
RhPf	Art. 99 LV		Art. 99 LV	§ 4 I MinG	Art. 99 LV, § 4 I MinG	Art. 131 LV
Saar	Art. 88 LV		Art. 88 LV	Art. 87 II LV	Art. 87 V LV	Art. 94 LV
SH		Art. 30 LS		Art. 21 III LS	Art. 21 IV LS	

Quellenverzeichnis

(Keesings) Archiv der Gegenwart, Wien 1931 ff., Essen 1945 ff.

Preußen

Sitzungsberichte des Preußischen Landtags, Berlin 1921 ff.

Baden-Württemberg

Verhandlungen der Verfassunggebenden Landesversammlung von Baden-Württemberg, Protokolle, Stuttgart 1952 f.

Verhandlungen des Landtags Baden-Württemberg, Protokolle, Stuttgart 1954 ff.

Bayern

Stenographische Berichte über die Verhandlungen des Verfassungs-Ausschusses der Bayerischen Verfassunggebenden Landesversammlung, München 1946.

Verhandlungen der Bayerischen Verfassunggebenden Landesversammlung, Stenographische Berichte, München 1946.

Verhandlungen des Bayerischen Landtags, Stenographische Berichte, München 1946 ff.

Berlin

Stadtverordnetenversammlung von Groß-Berlin, Stenographische Berichte und Protokolle, Berlin 1946 ff.

Abgeordnetenhaus von Berlin, Stenographische Berichte, Berlin 1951 ff.

Bremen

Verhandlungen der Bremischen Bürgerschaft, stenographisch aufgezeichnet, Bremen 1946 ff.

Hamburg

Stenographische Berichte über die Sitzungen der Bürgerschaft zu Hamburg, Hamburg 1946 ff.

Hessen

Drucksachen der Verfassungberatenden Landesversammlung Groß-Hessen, Abtlg. III a: Stenographische Berichte (zum Teil im Wortlaut gekürzt) über die Verhandlungen des Verfassungsausschusses, Wiesbaden 1946.

Drucksachen der Verfassungberatenden Landesversammlung Groß-Hessen, Abtlg. III: Stenographische Berichte über die Plenarsitzungen, Wiesbaden 1946.

Drucksachen des Hessischen Landtags, Abtlg. III: Stenographische Berichte über die Plenarsitzungen, Wiesbaden 1946 ff.

Niedersachsen

Beratungen im Verfassungsausschuß und Plenum des Niedersächsischen Landtages der 1. Wahlperiode, in: Vorläufige Niedersächsische Verfassung, Bd. I, o. J. (1952).

Verhandlungen des Niedersächsischen Landtags, Stenographische Berichte, Hannover 1946 ff.

Verhandlungen des Niedersächsischen Landtags, Drucksachen, Hannover 1946 ff.

Nordrhein-Westfalen

Landtag Nordrhein-Westfalen, Stenographische Berichte, Düsseldorf, 1946 ff.

Landtag Nordrhein-Westfalen, Drucksachen, Düsseldorf 1946 ff.

Rheinland-Pfalz

Beratende Landesversammlung Rheinland-Pfalz, Protokolle, Koblenz 1946.

Landtag Rheinland-Pfalz, Stenographische Berichte, Koblenz 1947 ff.

Landtag Rheinland-Pfalz, Drucksachen, Koblenz 1947 ff.

Saarland

Landtag des Saarlandes, Sitzungsberichte, Saarbrücken 1947 ff.

Landtag des Saarlandes, Drucksachen Abtlg. II, Saarbrücken 1947 ff.

Schleswig-Holstein

Schleswig-Holsteinischer Landtag, Stenographische Berichte, Kiel 1946 ff.

Schleswig-Holsteinischer Landtag, Drucksachen, Kiel 1946 ff.

Württemberg-Baden

Verhandlungen der Verfassunggebenden Landesversammlung für Württemberg-Baden, Stuttgart 1946.

Bundesrepublik Deutschland

Verfassungsausschuß des Ministerpräsidentenkonferenz der westlichen Besatzungszonen, Verfassungskonvent auf Herrenchiemsee vom 10. bis 23. August 1948, Protokolle der Sitzungen der Unterausschüsse, Unterausschuß III: Organisationsfragen — Aufbau, Gestaltung und Funktion der Bundesorgane.

Verfassungsausschuß der Ministerpräsidentenkonferenz der westlichen Besatzungszonen, Verfassungskonvent auf Herrenchiemsee vom 10. bis 23. August 1948, Protokolle der Sitzungen des Plenums.

Parlamentarischer Rat, Verhandlungen des Hauptausschusses, Stenographische Berichte.

Bundesrat, Drucksachen, Bonn 1950 ff.

Verhandlungen des Bundesrates, Stenographische Berichte, Bonn 1950 ff.

Literaturverzeichnis

Abendroth, Wolfgang: Die Verfassungsfrage in Niedersachsen. Vortrag vor den Abgeordneten des Niedersächsischen Landtages am 15. 11. 1950, abgedruckt in: Niedersächsischer Landtag, 1. Wahlperiode, 109. Sitzung am 14./15. 11. 1950 (Anhang).

Achterberg, Norbert: Probleme der Funktionslehre, München 1970.

Amphoux, Jean: Le chancelier fédéral dans le régime constitutionnel de la République fédérale d'Allemagne, Paris 1962.

Anschütz, Gerhard: Die Verfassung des Deutschen Reiches vom 11. August 1919, 14. Aufl., Berlin 1933.

Arndt, Hans-Wolfgang und Michael *Schweitzer:* Verfassungsrechtliche Aspekte des Kanzlerrücktritts, JuS 1974, S. 622 ff.

Aschauer, Stephen Istvân: Die parlamentarische Kontrolle der Regierung, Diss. Bonn 1966.

Badura, Peter: Parlamentarismus und parteienstaatliche Demokratie, in: Festschrift für Karl Michaelis, Göttingen 1972, S. 9 ff.

Bähr, Otto: Der Rechtsstaat, Kassel 1864, Neudruck Darmstadt 1963.

Baldus, Paulheinz und Günther *Willms* (Hrsg.): Strafgesetzbuch, Leipziger Kommentar, 9. Aufl., Berlin 1974.

Barschel, Uwe und Volkram *Gebel:* Landessatzung für Schleswig-Holstein, Kommentar, Neumünster 1976.

Battis, Ulrich: Systemgerechtigkeit, in: Hamburg — Deutschland — Europa, Festschrift für Hans Peter Ipsen zum 70. Geburtstag, Tübingen 1977, S. 11 ff.

Bayer, Hermann-Wilfried: Die Bundestreue, Tübingen 1961.

Beckmann, Ulrich: Die Rechtsstellung des Stellvertreters des Bundeskanzlers, München 1966.

Belz, Reiner: Die Diskontinuität der Parlamente, Diss. Tübingen 1968.

Bernzen, Uwe und Michael *Sohnke:* Verfassung der Freien und Hansestadt Hamburg, Kommentar mit Entscheidungsregister, Hamburg 1977.

Bertram, Alfred: Rücktritt und Geschäftsführung von Ministerium und Minister nach der Verfassung der Länder und des Reiches, AöR n. F. 23 (1933), S. 129 ff.

Beutler, Bengt: Die Länderverfassungen in der gegenwärtigen Verfassungsdiskussion, JöR n. F. 26 (1977), S. 1 ff.

Beyer, Hartmut: Die Unvereinbarkeit von Ämtern innerhalb der Bundesregierung, Diss. Tübingen 1976.

Beyme, Klaus von: Die parlamentarischen Regierungssysteme in Europa, München 1970.

Birke, Adolf M.: Das konstruktive Mißtrauensvotum in den Verfassungsverhandlungen der Länder und des Bundes, ZParl. 1977, S. 77 ff.

Bischof, Hermann: Ministerverantwortlichkeit und Staatsgerichtshöfe in Deutschland, Archiv für das öffentliche Recht des deutschen Bundes, Bd. 2, Heft 3, Gießen 1859.

Bluntschli, J. C.: Allgemeines Staatsrecht, Bd. I, 4. Aufl., München 1868.

Bluntschli, J. C. und K. *Brater:* Deutsches Staats-Wörterbuch, 2. Bd. Stuttgart 1857.

Böckenförde, Ernst-Wolfgang: Die Methoden der Verfassungsinterpretation — Bestandsaufnahme und Kritik, NJW 1976, S. 2089 ff.

— Die Organisationsgewalt im Bereich der Regierung, Berlin 1964.

Böhmert, Viktor: Diskussionsbeitrag in VVDStRL 16, S. 141 ff.

Bonner Kommentar: Kommentar zum Bonner Grundgesetz von Abraham, Bühler, Dennewitz u. a., Hamburg 1950 ff.

Bornhak, Conrad: Preußisches Staatsrecht, Bd. I, Freiburg 1888.

Brünneck, Wiltraud von: Die Verfassung des Landes Hessen vom 1. 12. 1946, JöR n. F. 3 (1954), S. 213 ff.

Bucher, Lothar: Der Parlamentarismus wie er ist, 2. Aufl., Stuttgart 1881.

Bundesverfassungsgericht: Bemerkungen des Bundesverfassungsgerichts zu dem Rechtsgutachten von Professor Richard Thoma, JöR n. F. 6 (1957), S. 194 ff.

Buschmann, Hans-Rudolf und Heribert *Ostendorf:* Die geheime Abstimmung im Parlament — Postulat oder Relikt? ZRP 1977, S. 153 ff.

Canaris, Claus-Wilhelm: Systemdenken und Systembegriff in der Jurisprudenz, Berlin 1969.

Dittmann, Armin: Unvereinbarkeit von Regierungsamt und Abgeordnetenmandat — eine unliebsame Konsequenz des „Diätenurteils"?, ZRP 1978, S. 52 ff.

Domes, Jürgen: Regierungskrisen in Bund und Ländern seit 1949 und die Funktion des konstruktiven Mißtrauensvotums, in: Res Publica, Studien zum Verfassungswesen, Dolf Sternberger zum 70. Geburtstag, München 1977.

Drath, Martin: Die Grenzen der Verfassungsgerichtsbarkeit, VVDStRL 9, S. 17 ff.

Drexelius, Wilhelm und Renatus *Weber:* Die Verfassung der Freien und Hansestadt Hamburg vom 6. Juni 1952, 2. Aufl., Berlin 1972.

Dürig, Günter: Stichwort „Staatsformen", III. Demokratie, in: Handwörterbuch der Sozialwissenschaften, Bd. 9, hrsg. von Erwin von Beckerath u. a., Stuttgart/Tübingen/Göttingen 1956.

Ehmke, Horst: Prinzipien der Verfassungsinterpretation, VVDStRL 20, S. 53 ff.

Engisch, Karl: Die Einheit der Rechtsordnung, Heidelberg 1935.

Enquête-Kommission Verfassungsreform des Deutschen Bundestages: Beratungen und Empfehlungen zur Verfassungsreform, Schlußbericht, Teil I: Parlament und Regierung, in: Zur Sache 3/76, hrsg. vom Presse- und Informationszentrum des Deutschen Bundestages.

Ermacora, Felix: Die Organisationsgewalt, VVDStRL 16, S. 191 ff.

Eschenburg, Theodor: Die Richtlinien der Politik im Verfassungsrecht und in der Verfassungswirklichkeit, DöV 1954, S. 193 ff.

Esser, Josef: Schuldrecht, Bd. I, Allgemeiner Teil, 4. Aufl., Karlsruhe 1970.

Feuchte, Paul: Die staatsrechtliche Stellung von Parlament und Regierung, Staatsanzeiger für Baden-Württemberg, 1. Jg., Nr. 45 vom 18. 10. 1952, S. 2 f.

Feuerstein, Hartwig: Muß einem neugewählten Landtage das bisherige Staatsministerium nach der preußischen Verfassung von Rechts wegen sein Amt zur Verfügung stellen? Diss. Breslau 1931.

Fichtmüller, Carl Peter: Zulässigkeit ministerialfreien Raums in der Bundesverwaltung, AöR 91 (1966), S. 297 ff.

Fikentscher, Wolfgang: Methoden des Rechts in vergleichender Darstellung, Bd. IV, Dogmatischer Teil, Tübingen 1977.

— Schuldrecht, 6. Aufl., Berlin 1976.

Finger, August: Der Staatsgerichtshof als Gericht über Anklagen des Reichstags gegen Reichspräsidenten, Reichskanzler, Reichsminister, AöR n. F. 9 (1925), S. 289 ff.

Friedrich, Manfred: Zur Entwicklung und Lage der Parlamentskontrolle in den Bundesländern der Bundesrepublik Deutschland, JöR n. F. 24 (1975), S. 61 ff.

Friesenhahn, Ernst: Der politische Eid, Bonn 1928.

Frotscher, Werner: Regierung als Rechtsbegriff, Berlin 1970.

Gallwas, Hans-Ulrich: Zur Aktualität des Prinzips bundesstaatlicher Gleichheit, in: Festgabe für Theodor Maunz zum 70. Geburtstag, München 1971, S. 103.

Geiger, Willi: Gesetz über das Bundesverfassungsgericht, Kommentar, Berlin 1952.

Geller, Gregor und Kurt *Kleinrahm*: Die Verfassung des Landes Nordrhein-Westfalen, Göttingen 1977 (Loseblatt).

Geller, Gregor, Kurt *Kleinrahm* und Hans-Joachim *Fleck*: Die Verfassung des Landes Nordrhein-Westfalen, 2. Aufl., Göttingen 1963.

Gerber, Carl Friedrich von: Grundzüge des deutschen Staatsrechts, 3. Aufl., Leipzig 1880.

Glum, Friedrich: Das parlamentarische Regierungssystem in Deutschland, Großbritannien und Frankreich, 2. Aufl., München 1965.

Gmelin, Hans: Die Frage der Wirkung eines Mißtrauensvotums gegen ein zurückgetretenes Ministerium oder eines seiner Mitglieder, AöR n. F. 22 (1932), S. 224 ff.

Göbel, Kurt: Die Verfassung des Landes Baden-Württemberg, Stuttgart 1953.

Gross, Rolf: Die Entwicklung des Hessischen Verfassungsrechts, JöR n. F. 21 (1972), S. 309 ff.

Grosser, Dieter: Demokratietheorie in der Sackgasse?, in: Öffentliches Recht und Politik, Festschrift für H. U. Scupin, Berlin 1973, S. 107 ff.

Großkreutz, Peter: Normwidersprüche im Verfassungsrecht, Köln 1966.

Häberle, Peter: Freiheit, Gleichheit und Öffentlichkeit des Abgeordnetenstatus, NJW 1976, S. 537 ff.

— „Landesbrauch" oder parlamentarisches Regierungssystem?, JZ 1969, S. 613 ff.

— Zeit und Verfassung. Prolegomena zu einem „zeit-gerechten" Verfassungsverständnis, ZfP 1974, S. 111 ff.

Hatschek, Julius: Das Interpellationsrecht im Rahmen der modernen Ministerverantwortlichkeit, Leipzig 1909.

— Deutsches und preußisches Staatsrecht, Bd. I, Berlin 1922.

Hedergott, Winfried: Wie lange müssen in Niedersachsen Minister einer infolge Rücktritts des Ministerpräsidenten zurückgetretenen Landesregierung die Geschäfte weiterführen? Schriftenreihe des Niedersächsischen Landtages, Hannover 1976.

Herrfahrdt, Heinrich: Die Kabinettsbildung nach der Weimarer Verfassung unter dem Einfluß der politischen Praxis, Berlin 1927.

Hess, Adalbert: Zur Parlamentsmitgliedschaft der Minister in Bund und Ländern (1946 - 1971), ZParl. 1971, S. 262 ff.

Hesse, Konrad: Bundesstaatsreform und Grenzen der Verfassungsänderung, AöR 98 (1973), S. 1 ff.

— Grundzüge des Verfassungsrechts der Bundesrepublik Deutschland, 10. Aufl., Karlsruhe 1977.

Hieronymus, Wolf: Die Stellung der geschäftsführenden Regierung im Reich und in Preußen, Diss. Marburg 1932.

Hoegner, Wilhelm: Der schwierige Außenseiter, München 1959.

— Lehrbuch des Bayerischen Verfassungsrechts, München 1949.

Hofmann, Rupert: Abgeordnetenfreiheit und parlamentarischer Abstimmungsmodus, ZfP 1978, S. 32 ff.

Hsü, Dau-Lin: Die Verfassungswandlung, Berlin 1932.

Huber, Ernst Rudolf: Die Stellung der Geschäftsregierung in den deutschen Ländern, DJZ 1932, Sp. 194 ff.

Ipsen, Hans Peter: Zur neuen Hamburgischen Verfassung, DVBl. 1953, S. 521.

— Hamburgs Verfassung und Verwaltung, Hamburg 1956.

Jellinek, Georg: Allgemeine Staatslehre, 3. Aufl., 7. Neudruck, Darmstadt 1960.

— Verfassungsänderung und Verfassungswandlung, Berlin 1906.

Jellinek, Walter: Die Verfassung des Landes Hessen, DRZ 1947, S. 4 ff.

Kaja, Helmut: Ministerialverfassung und Grundgesetz, AöR 89 (1964), S. 381 ff.

Kalkbrenner, Helmut: Ein Staat ohne Staatsangehörige, BayVBl. 1976, S. 714 ff.

Kassimatis, Georg: Der Bereich der Regierung, Berlin 1967.

Kaufmann, Erich: Die Grenzen der Verfassungsgerichtsbarkeit, VVDStRL 9, S. 1 ff.

— Zur Problematik des Volkswillens, Beiträge zum ausländischen öffentlichen Recht und Völkerrecht,. Heft 17, Berlin 1931.

Kelsen, Hans: Allgemeine Staatslehre, Berlin 1925.

Kelsen, Hans: Wesen und Entwicklung der Staatsgerichtsbarkeit, VVDStRL 5, S. 30 ff.

Kimminich, Otto: Das Staatsoberhaupt in der parlamentarischen Demokratie, VVDStRL 25, S. 2 ff.

Klein, Eckart: Die verfassungsrechtliche Problematik des ministerialfreien Raumes, Berlin 1974.

— Ministerielle Weisungsbefugnis und Stellvertretung in der Befehls- und Kommandogewalt — BVerwG, NJW 1973, S. 865, JuS 1974, S. 362 ff.

Klein, Hans H.: Mehr geheime Abstimmungen in den Parlamenten!, ZRP 1976, S. 81 ff.

Kleinrahm, Kurt: Verfassung und Verfassungswirklichkeit in Nordrhein-Westfalen, JöR n. F. 11 (1962), S. 313 ff.

Klemm, Dieter: Der Zwischenausschuß nach dem Grundgesetz und der Bayerischen Verfassung, Berlin 1971.

Kluxen, Kurt (Hrsg.): Parlamentarismus, Köln 1967.

Knies, Wolfgang: Diskontinuität des Parlaments — Kontinuität der Regierung?, JuS 1975, S. 420 ff.

Kölble, Josef: Ist Artikel 65 GG (Ressortprinzip im Rahmen von Kanzlerrichtlinien und Kabinettsentscheidungen) überholt?, DöV 1973, S. 1 ff.

Koellreutter, Otto: Die Staatsministerien und die Regierungssysteme in den Ländern mit Ministerialverfassung, in: Handbuch des Deutschen Staatsrechts, Bd. I, hrsg. von Gerhard Anschütz und Richard Thoma, Tübingen 1930, S. 667 ff.

— Der Streit um Art. 45 der preuß. Verfassung, DJZ 1925, Sp. 243 ff.

Köttgen, Arnold: Der Einfluß des Bundes auf die deutsche Verwaltung und die Organisation der bundeseigenen Verwaltung, JöR n. F. 11 (1962), S. 173 ff.

Korte, Heinrich: Verfassung und Verwaltung des Landes Niedersachsen, JöR n. F. 5 (1956), S. 1 ff.

— Verfassung und Verwaltung des Landes Niedersachsen, Göttingen 1962.

Kratzer, Jakob: Anmerkung zum Urteil des Bundesverfassungsgerichts vom 11. 7. 1969 — 2 BvK 1/67 (= BVerfGE 27, S. 44 ff.), BayVBl. 1969, S. 349.

— Das Geschäftsministerium, BayVBl. 1931, S. 338 ff.

— Ein neuer Kommentar zur Verfassung des Freistaates Bayern, BayVBl. 1964, S. 79.

Krause, Peter: Der Stimmengleichstand im saarländischen Landtag und seine verfassungsrechtlichen Auswirkungen, DöV 1975, S. 401 ff.

Kriele, Martin: Das demokratische Prinzip im Grundgesetz, VVDStRL 29, S. 46 ff.

Kröger, Klaus: Die Ministerverantwortlichkeit in der Verfassungsordnung der Bundesrepublik Deutschland, Frankfurt/Main 1972.

Krüger, Hildegard: Gibt es eine Inkompatibilität für die Mitglieder der Gesetzgebungsorgane nach dem Grundgesetz? ZgesStW 106 (1950), S. 700 ff.

Kruis, Konrad: Die Geschäftsbereiche und ihre Abgrenzung nach bayerischem Verfassungsrecht, in: Verfassung und Verfassungsrechtsprechung, Festschrift zum 25jährigen Bestehen des Bayerischen Verfassungsgerichtshofes, München 1972, S. 133 ff.

Küchenhoff, Erich: Mißtrauensantrag und Vertrauensfrage-Ersuchen, DöV 1967, S. 116 ff.

Kulenkampff, Engelbert und Helmut *Coenen:* Die Landesverfassung der Freien Hansestadt Bremen vom 21. Oktober 1947, JöR n. F. 3 (1954), S. 179 ff.

Landsberg, Kurt und Harry *Goetz:* Verfassung von Berlin, Berlin 1951.

Larenz, Karl: Methodenlehre der Rechtswissenschaft, 3. Aufl., Berlin 1975.

Lassalle, Ferdinand: Über Verfassungswesen, Vortrag vom 16. 4. 1862, Nachdruck der Wissenschaftlichen Buchgesellschaft, Darmstadt o. J.

Leibholz, Gerhard: Das Wesen der Repräsentation und der Gestaltwandel der Demokratie im 20. Jahrhundert, 3. Aufl., Berlin 1966.

Leinemann, Wolfgang: Die parlamentarische Diskontinuität und ihre Wirkungen im Gesetzgebungsverfahren, JZ 1973, S. 618 ff.

Lippert, Michael R.: Bestellung und Abberufung des Regierungschefs und ihre funktionale Bedeutung für das parlamentarische Regierungssystem, Berlin 1973.

Loening, O.: Artikel 45 der preußischen Verfassung, PrVBl. 46 (1925), S. 190 ff.

Loewenstein, Karl: Staatsrecht und Staatspraxis in Großbritannien, Berlin 1967.

— Verfassungslehre, 2. Aufl., Tübingen 1969.

Löwenthal, Richard: Kontinuität oder Diskontinuität: Zur Grundproblematik des Symposiums, in: Der moderne Parlamentarismus, hrsg. von Karl Bosl und Karl Möckl, Berlin 1977, S. 341 ff.

Lucas: Zum Verfassungsstreit in Preußen, JR 1925, Sp. 516 ff.

Lutz, Rudolf: Die Geschäftsregierung nach dem Grundgesetz, Berlin 1969.

Mang, Johann, Theodor *Maunz,* Franz *Mayer* und Klaus *Obermayer:* Staats- und Verwaltungsrecht in Bayern, 4. Aufl., München 1975.

Mangoldt, Hermann von und Friedrich *Klein:* Das Bonner Grundgesetz, Bd. I, II, 2. Aufl., Berlin 1966.

Mannzen, Karl: Die Landessatzung für Schleswig-Holstein, JöR n. F. 6 (1957), S. 251 ff.

Maunz, Theodor, Günter *Dürig,* Roman *Herzog* und Rupert *Scholz:* Grundgesetz, Kommentar (Loseblatt), München, Stand: Juni 1978.

Maunz, Theodor, Bruno *Schmidt-Bleibtreu,* Franz *Klein* und Gerhard *Ulsamer:* Bundesverfassungsgerichtsgesetz, Kommentar (Loseblatt), München, Stand: Februar 1978.

Meinzolt, Hans: Das Gewohnheitsrecht als Quelle des Staats- und Verwaltungsrechts, BayVBl. 1928, S. 225 ff.

Mejer, Otto: Einleitung in das Deutsche Staatsrecht, Rostock 1861.

Menzel, Eberhard: Das parlamentarische System in den deutschen Ländern und die Toleranzgrenze des Art. 28 GG, DöV 1969, S. 765 ff.

Meyer, Hans: Diskussionsbeitrag in VVDStRL 33, S. 173.

Mohl, Robert von: Die Geschichte und Literatur der Staatswissenschaften, Bd. II, Erlangen 1856, Neudruck Graz 1960.

Monz, Heinz: Die parlamentarische Verantwortlichkeit im deutschen Staatsrecht einst und heute, Göttingen 1965.

Müller, Trudpert: Der Rücktritt der Regierung und die Rechtsstellung der Regierung nach der Rücktrittserklärung, Diss. Freiburg 1951.

Münch, Fritz: Die Bundesregierung, Frankfurt/Main 1954.

Münch, Ingo von (Hrsg.): Besonderes Verwaltungsrecht, Berlin 1976.

Nawiasky, Hans: Diskussionsbeitrag in VVDStRL 9, S. 122 ff.

— Der Einfluß des Bundespräsidenten auf Bildung und Bestand der Bundesregierung, DöV 1950, S. 161 ff.

— Das Geschäftsministerium in Bayern, BayVBl. 1932, S. 33 ff.

— Die Grundgedanken des Grundgesetzes für die Bundesrepublik Deutschland, Stuttgart 1950.

— Ein Jahrzehnt bayerischer Verfassung, BayVBl. 1956, S. 355 ff.

— Die Stellung der Regierung im modernen Staat, Tübingen 1925.

Nawiasky, Hans, Claus *Leusser,* Karl *Schweiger* und Hans *Zacher:* Die Verfassung des Freistaates Bayern, Kommentar (Loseblatt), München, Stand: August 1976.

Nebinger, Robert: Kommentar zur Verfassung für Württemberg-Baden, Stuttgart 1948.

O'Connell, D. P.: International Law, Second Edition, Volume II, London 1970.

Oldiges, Martin: Die interimistische Weiterführung der Amtsgeschäfte des Bundeskanzlers durch den Vizekanzler, DVBl. 1975, S. 79 ff.

Oppermann, Thomas: Das parlamentarische Regierungssystem des Grundgesetzes, VVDStRL 33, S. 7 ff.

Ossenbühl, Fritz: Probleme und Wege der Verfassungsauslegung, DöV 1965, S. 649 ff.

— Verwaltungsvorschriften und Grundgesetz, Bad Homburg v. d. H. 1968.

Partsch, K. J. und W. E. *Genzer:* Inkompatibilität der Mitgliedschaft in Bundestag und Bundesrat, AöR 76 (1950/51), S. 186 ff.

Peters, Hans: Diskussionsbeitrag in VVDStRL 9, S. 118.

— Entwicklungstendenzen der Demokratie in Deutschland seit 1949, in: Demokratie und Rechtsstaat, Festgabe zum 60. Geburtstag von Zaccaria Giacometti, Zürich 1953, S. 228 ff.

Pfennig, Gero und Manfred J. *Neumann:* Verfassung von Berlin, Kommentar, Berlin 1978.

Pistorius, Theodor: Die Staatsgerichtshöfe und die Ministerverantwortlichkeit nach heutigem deutschem Staatsrecht, Tübingen 1891.

Preuß, Hugo: Der Streit um Artikel 45 der preußischen Verfassung, DJZ 1925, Sp. 173 f.

Preußischer Justizminister: Gutachten des Preußischen Justizministers zu Art. 45 der Preußischen Verfassung, JR 1925, Sp. 122 ff.

Rauschning, Dietrich: Das parlamentarische Prinzip des Grundgesetzes in der Rechtsprechung des Bundesverfassungsgerichts, in: Bundesverfassungsgericht und Grundgesetz, Bd. II, Tübingen 1976, S. 214 ff.

Reißfelder, Manfred: Verfassungsautonomie und Verfassungshomogenität der deutschen Einzelstaaten in den Verfassungssystemen seit 1815, Diss. Frankfurt/Main 1959.

Ritter, Ernst-Hasso: Die Verfassungswirklichkeit — eine Rechtsquelle?, Der Staat 7 (1968), S. 352 ff.

Roelleke, Gerd: Prinzipien der Verfassungsinterpretation in der Rechtsprechung des Bundesverfassungsgerichts, in: Bundesverfassungsgericht und Grundgesetz, Bd. II, Tübingen 1976, S. 22 ff.

Röttger, Heinrich-Eckhart: Nochmals: Konstruktives Mißtrauensvotum gegen geschäftsführenden Bundeskanzler?, JuS 1975, S. 358 ff.

Ruthenberg, Otto: Verfassungsgesetze des Deutschen Reiches und der deutschen Länder nach dem Stande vom 1. Februar 1926, Berlin 1926.

Sattler, Andreas: Vertrauensfrage-Ersuchen und Art. 67 GG, DöV 1967, S. 765 ff.

Schäfer, Hans: Anmerkung zum Urteil des Bundesverfassungsgerichts vom 22. 7. 1969 — 2 BvK 1/67 (=BVerfGE 27, S. 44 ff.), DVBl. 1969, S. 737 ff.

— Der Bundesrat, Köln 1955.

Schätzel, Walter: Die neue rheinisch-pfälzische Verfassung, DRZ 1947, S. 245 ff.

Schambeck, Herbert: Die Ministerverantwortlichkeit, Karlsruhe 1971.

Scharpf, Fritz: Demokratietheorie zwischen Utopie und Anpassung, Konstanz 1970.

Schenke, Wolf-Rüdiger: Die Verfassungsorgantreue, Berlin 1977.

Scheuner, Ulrich: Der Bereich der Regierung, in: Rechtsprobleme in Staat und Kirche, Festschrift für Rudolf Smend zum 70. Geburtstag, Göttingen 1952, S. 253 ff.

— Diskussionsbeitrag in VVDStRL 10, S. 47.

— Diskussionsbeitrag in VVDStRL 19, S. 147.

— Diskussionsbeitrag in VVDStRL 20, S. 125.

— Entwicklungslinien des parlamentarischen Regierungssystems der Gegenwart, in: Festschrift für Adolf Arndt zum 65. Geburtstag, Frankfurt/Main 1969, S. 385 ff.

— Über die verschiedenen Gestaltungen des parlamentarischen Regierungssystems, Teil I, AöR 13 (1927), S. 209 ff.

— Das Grundgesetz in der Entwicklung zweier Jahrzehnte, AöR 95 (1970), S. 353 ff.

— Die Kontrolle der Staatsmacht im demokratischen Staat, Schriften der Niedersächsischen Landeszentrale für Politische Bildung, Hannover 1977.

— Die Lage des parlamentarischen Regierungssystems in der Bundesrepublik, DöV 1974, S. 433 ff.

— Vom Nutzen der Diskontinuität zwischen Legislaturperioden, DöV 1965, S. 510 ff.

— Das parlamentarische Regierungssystem in der Bundesrepublik, DöV 1957, S. 633 ff.

— Die Überlieferung der deutschen Staatsgerichtsbarkeit im 19. und 20. Jahrhundert, in: Bundesverfassungsgericht und Grundgesetz, Bd. I, Tübingen 1976, S. 1 ff.

Schmidt-Assmann, Eberhard: Verwaltungsorganisation zwischen parlamentarischer Steuerung und exekutivischer Organisationsgewalt, in: Hamburg — Deutschland — Europa, Festschrift für Hans Peter Ipsen zum 70. Geburtstag, Tübingen 1977, S. 333 ff.

Schmidt-Jortzig, Edzard: Das rechtliche Fundament der Ministerkompatibilität unter dem Grundgesetz, ZgesStW 130 (1974), S. 123 ff.

Schmitt, Carl: Verfassungslehre, München 1928.

Schneider, Hans: Diskussionsbeitrag in VVDStRL 19, S. 136.

— Kabinettsfrage und Gesetzgebungsnotstand nach dem Bonner Grundgesetz, VVDStRL 8, S. 21 ff.

Schönke, Adolf und Horst *Schröder:* Strafgesetzbuch, Kommentar, 19. Aufl., München 1978.

Schranil, Rudolf: Verfassung des Saarlandes mit Kommentar, Saarbrücken o. J.

Schüle, Adolf: Treu und Glauben im deutschen Verwaltungsrecht, AöR 38 (1933), S. 399 ff.

Schultes, Karl: Die süddeutschen Länderverfassungen, Berlin 1948.

Schunck, Egon: Die Verfassung für Rheinland-Pfalz vom 18. 5. 1947, JöR n. F. 5 (1956), S. 159 ff.

Seidl-Hohenveldern, Ignaz: Völkerrecht, 3. Aufl., Köln 1975.

Sellmann, Klaus-Albrecht: Der schlichte Parlamentsbeschluß, Berlin 1966.

Smend, Rudolf: Verfassung und Verfassungsrecht, München 1928.

— Ungeschriebenes Verfassungsrecht im monarchischen Bundesstaat, in: Staatsrechtliche Abhandlungen, Berlin 1955, S. 39 ff.

Spitta, Theodor: Kommentar zur Bremischen Verfassung von 1947, Bremen 1960.

Spreng, Rudolf, Willi *Birn* und Paul *Feuchte:* Die Verfassung des Landes Baden-Württemberg, Stuttgart 1954.

Starck, Christian: Die Bindung des Richters an Gesetz und Verfassung, VVDStRL 34, S. 43 ff.

Staudinger, J. von: Kommentar zum Bürgerlichen Gesetzbuch, Bd. II, Teil 1 b, 11. Aufl., Berlin 1961.

Stern, Klaus: Das Staatsrecht der Bundesrepublik Deutschland, Bd. I, Grundbegriffe und Grundlagen des Staatsrechts, Strukturprinzipien der Verfassung, München 1977.

Steiger, Heinhard: Organisatorische Grundlagen des parlamentarischen Regierungssystems, Berlin 1973.

Stier-Somlo, Fritz: Geschäftsministerium, laufende Geschäfte, ständiger Ausschuß und Notverordnungen nach preußischem Verfassungsrecht, AöR n. F. 9 (1925), S. 211 ff.

Sturm, Gerd: Die Inkompatibilität im geltenden deutschen Staatsrecht, München 1967.

Stoerk, Felix und Fr. W. von *Rauchhaupt:* Handbuch der deutschen Verfassungen, München 1913.

Süsterhenn, Adolf und Hans *Schäfer:* Kommentar der Verfassung für Rheinland-Pfalz, Koblenz 1950.

Thieme, Werner: Die Entwicklung des Verfassungsrechts im Saarland von 1945 - 1958, JöR n. F. 9 (1960), S. 423 ff.

Thierfelder, Hermann: Die Entwicklung des öffentlichen Rechts im Lande Baden-Württemberg im ersten Halbjahr 1957, DVBl. 1957, S. 748 ff.

Thoma, Richard: Die rechtliche Ordnung des parlamentarischen Regierungssystems, in: Handbuch des Deutschen Staatsrechts, Bd. I, hrsg. von Gerhard Anschütz und Richard Thoma, Tübingen 1930, S. 503 ff.

— Das Reich als Demokratie, in: Handbuch des Deutschen Staatsrechts, Bd. I, hrsg. von Gerhard Anschütz und Richard Thoma, Tübingen 1930, S. 186 ff.

— Über Wesen und Erscheinungsformen der modernen Demokratie, Bonn 1948.

Toews, Hans-Jürgen: Die Regierungskrise in Niedersachsen (1969/1970), AöR 96 (1971), S. 354 ff.

Tomuschat, Christian: Verfassungsgewohnheitsrecht?, Heidelberg 1972.

Traumann, Erich: Die Verfassung des Landes Nordrhein-Westfalen, Tübingen 1951.

Triepel, Heinrich: Wesen und Entwicklung der Staatsgerichtsbarkeit, VVDStRL 5, S. 2 ff.

Tsatsos, Dimitris: Die Unzulässigkeit der Kumulation von Bundestags- und Bundesratsmandat, in: Recht und Staat, Heft 310/311, Tübingen 1965.

Uhlitz, Otto: Die Amtszeit der Landesregierungen, DöV 1956, S. 485 ff.

U. M.: Parlamentarisches Mandat und öffentliches Amt, AöR 75 (1949), S. 366 ff.

— Mißbilligungsvoten gegen Bundesminister, AöR 76 (1950/51), S. 338 ff.

Verdross, Alfred: Völkerrecht, 5. Aufl., Wien 1964.

Vogels, Alois: Die Verfassung für das Land Nordrhein-Westfalen, Stuttgart 1951.

Voigt, Alfred: Ungeschriebenes Verfassungsrecht, VVDStRL 10, S. 33 ff.

Wahl, Rainer: Stellvertretung im Verfassungsrecht, Berlin 1971.

Weber, Werner: Parlamentarische Unvereinbarkeiten (Inkompatibilitäten), AöR 58 (1930), S. 161 ff.

— Die Verfassungsfrage in Niedersachsen, DVBl. 1950, S. 593 ff. = Vortrag vor den Abgeordneten des Niedersächsischen Landtages am 15. 11. 1950, abgedruckt in: Niedersächsischer Landtag, 1. Wahlperiode, 109. Sitzung am 14./15. 11. 1950 (Anhang).

Wenzel, Max: Die reichsrechtlichen Grundlagen des Landesverfassungsrechts, in: Handbuch des Deutschen Staatsrechts, Bd. I, hrsg. von Gerhard Anschütz und Richard Thoma, Tübingen 1930, S. 604 ff.

Wern, Karl-Günther: Der Vertrauensgrundsatz im parlamentarischen System Deutschlands und des Saarlandes, Diss. Saarbrücken 1952.

Wick, Georg von: Die Verantwortung der Bundesminister, DöV 1956, S. 113 ff.

Wolff, Hans J.: Verwaltungsrecht, Bd. III, 3. Aufl., München 1973.

Wolff, Hans J. und Otto *Bachof:* Verwaltungsrecht, Bd. I, 9. Aufl., München 1974.

Wuttke, Horst: Die verfassungsrechtliche Entwicklung des Landes Schleswig-Holstein von 1957 - 1971, JöR n. F. 21 (1972), S. 361 ff.

Zacher, Hans: Verfassungsentwicklung in Bayern 1946 bis 1964, JöR n. F. 15 (1966), S. 321 ff.

Ziller, Gerhard: Die Unvereinbarkeit der Ämter eines Landesministers und eines Bundestagsabgeordneten, DVBl. 1962, S. 577 ff.

Zinn, Georg August und Erwin *Stein:* Verfassung des Landes Hessen, Kommentar (Loseblatt), Bad Homburg v. d. H., Stand: Dezember 1976.

Zuck, Rüdiger: Das Bundesverfassungsgericht als Dritte Kammer, ZRP 1978, S. 189 ff.

Zuleeg, Manfred: Die Auslegung des Europäischen Gemeinschaftsrechts, EuR 1969, S. 97 ff.

Gesetzesregister

Namen- und Sachregister

FSC
www.fsc.org
MIX
Papier | Fördert
gute Waldnutzung
FSC® C083411

Kolibri 360 GmbH
Ferdinand-Jühlke-Straße 7
99095 Erfurt, Deutschland
produktsicherheit@kolibri360.de

Druck:
CPI Druckdienstleistungen GmbH
im Auftrag der
Kolibri 360 GmbH
Ferdinand-Jühlke-Str. 7
99095 Erfurt